DR. MED. VET. DORIS QUINTEN

Gesundheits Ratgeber
HUNDE

VORSORGE | ERSTE HILFE | BEHANDLUNG | NATURHEILKUNDE

**...iografische Information
Der Deutschen Bibliothek**

Die Deutsche Bibliothek verzeichnet diese Publikation in der Deutschen Nationalbibliografie; detaillierte bibliografische Daten sind im Internet über http://dnb.ddb.de abrufbar.

Bildnachweis

Alle Fotos: Doris Quinten, außer
S. 43: Herrmann
S. 41: Marek
S. 2: Stuewer

Grafiken:
S. 19, 22, 90, 109, 122: Heidi Janiček
S. 10, 53, 58, 139: Anke Steinbicker

Zweite Auflage

BLV Verlagsgesellschaft mbH
München Wien Zürich
80797 München

© BLV Verlagsgesellschaft mbH,
München 2004

Das Werk einschließlich aller seiner Teile ist urheberrechtlich geschützt. Jede Verwertung außerhalb der engen Grenzen des Urheberrechtsgesetzes ist ohne Zustimmung des Verlages unzulässig und strafbar. Das gilt insbesondere für Vervielfältigungen, Übersetzungen, Mikorverfilmungen und die Einspeicherung und Verarbeitung in elektronischen Systemen.

Umschlaggestaltung: Anja Masuch, Puchheim bei München
Umschlagsfoto vorn: Arco Digital Images
Umschlagfoto hinten: Doris Quinten

Lektorat: Dr. Friedrich Kögel
Herstellung: Hermann Maxant

Layoutkonzept: Atelier Steinbicker
Layout/Satz: Volker Fehrenbach

Gedruckt auf chlorfrei gebleichtem Papier

Printed in Germany · ISBN 3-405-16768-X

VORWORT

Durch molekulargenetische Untersuchungen konnte inzwischen bewiesen werden, dass unsere Hunde ausschließlich vom Wolf abstammen. Bereits gegen Ende der letzten Eiszeit begann der Mensch, Wölfe in seinen Lebensbereich mit aufzunehmen und nach seinen Bedürfnissen zu formen. Der älteste Knochenfund eines domestizierten Urhundes ist 14000 Jahre alt.

Die Körperform und das Wesen der ursprünglich wild lebenden Tiere wurden im Laufe der Jahrtausende nach der Gebrauchsfähigkeit vom und für den Menschen verändert.

Die Anpassungen an die Anforderungen des Menschen garantierten dem Hund Vorteile im Überlebenskampf. Der Preis dafür ist der Verlust der Freiheit und aufgrund seiner veränderten Körperform (es gibt inzwischen unzählige Hunderassen) oft auch der Fähigkeit in Freiheit zu überleben. Unsere Hunde haben keinerlei Entscheidungsgewalt über ihren Fortpflanzungstrieb, ihre sozialen Kontakte, über die Nahrungs- und Wasseraufnahme; nicht einmal darüber, wann sie ihre Ausscheidungen verrichten können. Sie sind uns völlig ausgeliefert.

Wir haben dadurch eine Verantwortung übernommen – die Verantwortung für das Tier als Mitgeschöpf, dessen Leben und Wohlbefinden zu schützen (§1 Tierschutzgesetz).

Als Ausgleich für die verlorene Freiheit sind wir verpflichtet, die von uns aufgenommenen Tiere auch art- bzw. rassegerecht zu halten, sie harmonisch in das Leben in unserer Zivilisation zu integrieren und damit auch an den Errungenschaften der modernen Medizin teilhaben zu lassen.

Die nachfolgenden Kapitel geben Ihnen Informationen, wie Sie die Gesundheit Ihres Hundes erhalten und bei auftretenden Erkrankungen mit Unterstützung des Tierarztes nach Möglichkeit wieder herstellen können.

Die frühzeitige tierärztliche Behandlung, kompetente häusliche Pflege und die richtige Anwendung von Naturheilmitteln, dort wo es sinnvoll ist, helfen Gesundheitsstörungen zu überwinden und das Leben Ihres Schützlings zu verlängern.

Für meinen Vater

INHALT

Vorwort	5

Physiologische Daten des gesunden Hundes 8

Lebenserwartung	8
Geschlechtsreife	9
Zuchtreife	9
Der Zyklus der Hündin	9
Der Deckakt	10
Die Befruchtung	10
Trächtigkeit	10
Geburt	12
Zähne	12
Körpergewicht	13
Innere Körpertemperatur	13

Gesundheitsvorsorge 18

Augen	18
Ohren	18
Zahnkontrolle und Zahnpflege	18
Haut und Fell	19
Krallen	24
Analbeutel (Duftdrüse)	25
Äußere Geschlechtsorgane	25
Gewichtskontrolle	25
Entwurmung und Kotuntersuchung	26
Kastration	26
Kupieren	26
Schutzimpfungen	27
Blutuntersuchung	27
Herzkontrolle	27
Ernährung	28
Der Tierarztbesuch	29
In der Tierarztpraxis	29

Infektionskrankheiten 34

Staupe	34
Hepatitis contagiosa canis (H.c.c.)	37
Zwingerhusten	39
Tollwut	41
Aujeszkysche Krankheit	43
Leptospirose	44
Parvovirose	45
Borreliose (Lyme-Borreliose)	47

Hauterkrankungen 53

1. Ektoparasiten	**53**
Flöhe	53
Zecken	56
Läuse	58
Demodikose (Hautmilben)	59
Räudemilben	61
Cheyletiellosis (Hautmilben)	62
Herbstgrasmilben	64
Haarlinge	65
2. Hautpilze	**66**
3. Allergien und Autoimmunerkrankungen	**69**
4. Ernährungsfehler	**73**
5. Hormonell bedingte Hauterkrankungen	**74**
6. Hauttumoren	**75**

Verdauungstrakt 77

1. Zähne und Zahnfleisch	**77**
Zahnstein	77
Persistierende Milchzähne	80
Abgebrochene Zähne	81
Karies	83
Epulis	84
2. Magen	**84**
Erbrechen	84
Magendrehung	86
3. Darm	**87**
Würmer	87
Giardia	90
Durchfall	92
Verstopfung	93
Analbeutelentzündung	95
Perianalfistel	96
Analtumoren	97
4. Leber	**97**
Leberfunktionsstörungen	97
5. Bauchspeicheldrüse	**99**
Erkrankungen des exkretorischen Teils	99
Diabetes mellitus (Zuckerkrankheit)	100

INHALT

Harnorgane	105
Eingeschränkte Nierenfunktion	105
Blasenentzündung	107
Blasensteine	109
Harninkontinenz	111

Fortpflanzungsorgane	112
Scheinträchtigkeit	112
Gesäugetumoren	113
Gebärmuttervereiterung	115
Geburtstetanie	116
Vorhautkatarr	118
Prostataerkrankungen	119
Kryptorchismus	120
Hodentumoren	121

Bewegungsapparat	122
Dackellähme	122
Hüftgelenksdysplasie (HD)	123
Ellbogengelenksdysplasie	125

Innere Hormondrüsen	127
1. Schilddrüse	127
Schilddrüsenunterfunktion	127
Schilddrüsenüberfunktion	129
2. Nebennieren	129
Morbus Cushing	130

Brustorgane	131
Infektionen der Atemwege	131
Trachealkollaps	134
Lungenödem	134
Tumoren des Atemtraktes	135
Herzerkrankungen	136

Sinnesorgane	139
Erkrankungen der Augenlider	139
Erkrankungen der Bindehaut	140
Erkrankungen der Nickhaut	142
Erkrankungen des Tränenapparates	143
Erkrankungen der Augenhornhaut	144
Grüner Star	145
Grauer Star	145

Schielen	146
Entzündungen des äußeren Gehörgangs	152
Mittelohrentzündung	153
Taubheit	154

Nervensystem	155
Epilepsie	155

Schlusswort	156

Register	157

Nützliche Adressen	159

WICHTIGE THEMEN FÜR HUNDEHALTER

Erste Hilfe	14–17
Kranken- und Körperpflege	20–23
Ernährung des Hundes	30–33
Reisekrankheiten	48–51
Zoonosen	70
Vergiftungen	103–104
Verhaltensprobleme	146–151

PHYSIOLOGISCHE DATEN DES GESUNDEN HUNDES

Lebenserwartung

Das biologische Höchstalter eines Hundes ist von Rasse zu Rasse verschieden. Grundsätzlich könnte man sagen, dass Hunde größerer Rassen im Durchschnitt eine geringere Lebenserwartung als Hunde kleinerer Rassen haben. Ein Schäferhund von 15 Jahren ist z. B. sehr selten, während Dackel ohne weiteres 15 Jahre und länger leben können. Aber auch von dieser Regel gibt es Ausnahmen. Sehr kleinwüchsige Hunde, wie Yorkshire oder Papillon werden oft nicht älter als 12 Jahre. Dagegen gibt es auch sehr langlebige Rassen, zu denen Pudel und Spitz gehören. Sie können bis zu 20 Jahre und darüber werden. Boxer werden selten älter als 10 Jahre, was sicher auch mit der Neigung zu Tumorerkrankungen dieser Rasse zusammenhängt.

Die individuelle Lebenserwartung eines Hundes innerhalb seiner Rasse hängt neben der Ernährung, der optimalen medizinischen Versorgung sicherlich auch von psychischen Faktoren ab. Ein Hund, der geliebt wird, lebt in der Regel länger.

Sehr kleine Hunderassen haben eine geringere Lebenserwartung.

Boxer werden selten älter als 10 Jahre.

Ein Hund, der geliebt wird, lebt länger.

Geschlechtsreife

Die erste Läufigkeit einer Hündin tritt zwischen dem 6. und 12. Lebensmonat ein, je nach Rasse und Individuum. Der Rüde wird im Durchschnitt mit 9 Monaten geschlechtsreif. Zwerghunde sind in der Regel etwas frühreifer als mittel- und großwüchsige Rassen. Ein interessantes äußeres Anzeichen für die beginnende Geschlechtsreife eines Rüden ist das Heben eines Beines beim Absetzen von Urin. Manche scharren danach mit den Hinterbeinen – eine Dominanzgebärde erwachsener Hunde. Noch unreife männliche Junghunde dagegen setzen sich beim Urinieren wie Weibchen.

Zuchtreife

Die Zuchtreife eines Hundes ist keine biologische Regel. Grundsätzlich kann eine Hündin schon bei der ersten Läufigkeit gedeckt und trächtig werden. Die meisten Rassehunde-Zuchtverbände haben jedoch in Ihren Statuten die Zuchtreife ihrer Rasse festgelegt. Diese liegt zwischen 18 und 24 Monaten. Damit soll verhindert werden, dass nicht vollständig ausgereifte Tiere trächtig werden und sich damit selbst und ihren Nachwuchs gesundheitlich gefährden.

Dem Deckakt geht ein unterschiedlich langes Liebesspiel voraus.

Der Zyklus der Hündin

Der normale Zyklus der Hündin lässt sich in 4 Stadien einteilen:

1. Vorbereitungsstadium
 (Proöstros)
Der Proöstros dauert etwa 9–12 Tage. Die Vulva (äußeres Geschlechtsorgan) schwillt an. Die Hündin hat blutigen Ausfluss, der sich bis zum Ende der Vorbereitungsphase immer mehr aufhellt. Die Menge des Blutes variiert von Hündin zu Hündin und hat keine Aussagekraft in Bezug auf den ordnungsgemäßen Verlauf der Läufigkeit. Manche Tiere bluten sehr stark, sodass es notwendig wird, Schutzmaßnahmen zu treffen (z. B. ein Läufigkeitshöschen), um Verschmutzungen der Wohnung zu vermeiden. Bei anderen Hündinnen wird die Läufigkeit vom Besitzer gar nicht bemerkt, da die geringe Blutmenge von der Hündin weggeleckt wird.
Die Hündin setzt häufiger, dafür aber kleinere Mengen Urin ab, um Pheromone (Geschlechtsduftstoffe) zu verteilen und damit die Rüden auf sich aufmerksam zu machen.

Die Hündin spielt mit einem oder mehreren Rüden, ist jedoch noch **nicht deckbereit**.

2. Eisprungstadium (Östrus)
Der Östrus dauert durchschnittlich 9 Tage.
Der Eisprung erfolgt normalerweise am 1.–4. Tag des Östrus.
Der Läufigkeitsausfluss ist fast hell und enthält nur noch wenig Blut, das mit bloßem Auge kaum zu erkennen ist.
Die Hündin ist **nur** während des Östrus deckbereit.

3. Nachphase (Metöstrus)
Der Metöstrus dauert ca. 60 Tage.
Die Schwellung der Vulva (äußeres Geschlechtsorgan) bildet sich zurück.
Der Ausfluss wird nach und nach weniger bis er völlig versiegt.
Wird die Hündin nicht gedeckt, entsteht gegen Ende des Metöstrus häufig eine Scheinträchtigkeit (siehe S. 112).

4. Ruhephase (Anöstrus)
Die Ruhephase dauert durchschnittlich 4 Monate. Es gibt allerdings Hunderassen, wie z. B. die afrikanischen Basenji, die nur einmal im Jahr läufig werden und damit eine wesentlich längere Ruhephase haben.

Der Deckakt

Nach unterschiedlich langem Spielritual mit Schnüffeln, Hüpfen und versuchsweisem Aufspringen des Rüden bleibt die Hündin irgendwann ruhig stehen. Der Rüde besteigt sie von hinten und führt seinen Penis in die Vulva ein. Zwangsmaßnahmen, wie das Festhalten der Hündin am Kopf oder Anziehen eines Maulkorbes, um das Wegbeißen eines unerwünschten Rüden zu verhindern, ist aus Tierschutzgründen abzulehnen.
Während des Deckaktes dreht sich der Rüde um 180°, sodass die Tiere mit dem Kopf in entgegengesetzte Richtungen schauen. Bis zum Abklingen der Erektion, was bis zu $1/2$ Stunde und länger dauern kann, ist der Rüde nicht in der Lage, sich von der Hündin zu lösen. Eine gewaltsame Trennung durch Erschrecken, Auseinanderziehen, mit Wasser übergießen oder ähnlichen Unsinn, kann zu schwersten Verletzungen an den Genitalien beider Tiere führen.

Die Befruchtung

Wird die Hündin 10–12 Tage nach Beginn der Blutung gedeckt, besteht die höchste Wahrscheinlichkeit, dass sie Nachwuchs bekommt. Der Läufigkeitsausfluss ist nun weniger und heller.
Um relativ sicher Nachwuchs zu erhalten, ist der richtige Deckzeitpunkt dann, wenn die Hündin gerade aufgehört hat zu bluten. Nach dem Eisprung, der zwischen dem 9. und 12. Tag der Läufigkeit erfolgt, dauert es noch weitere 3 Tage bis die, sich nun in den Eileitern befindlichen Eier (Ova), befruchtungsfähig sind. Die Spermien des Rüden können 7 Tage im Genitaltrakt der gedeckten Hündin überleben. Damit ist gesichert, dass die befruchtungsfähigen Eier und die Spermien zum richtigen Zeitpunkt zusammentreffen. Wiederholtes Decken innerhalb 24 bis 48 Stunden erhöht die Wahrscheinlichkeit, dass die Hündin trächtig wird.

Trächtigkeit

Die Trächtigkeit dauert im Durchschnitt **64–66 Tage**. Sie kann jedoch zwischen 58 und 72 Tagen variieren. Trächtig sein ist ein natürlicher Zustand und keine Erkrankung. Dennoch sollte die Hündin zur Sicherheit während der Trächtigkeit mindestens ein-

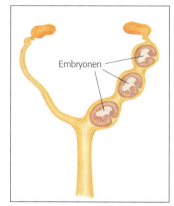

Die befruchteten Eier nisten sich in der Gebärmutter ein und werden zu kleinen Hunden.

bis zweimal einem Tierarzt zur Untersuchung vorgestellt werden. Damit können eventuelle verdeckte Störungen rechtzeitig erkannt und behandelt werden.

Körperliche Veränderungen der werdenden Mutter:
Bis zum 45. Tag ist **keine** Vergrößerung des Bauches zu erkennen.
Ab dem 25.–30. Tag kann man eine vermehrte Blutversorgung des Gesäuges an den deutlicher hervortretenden bläulichen Venen um die Zitzen erkennen. Häufig tritt ein schleimiger, heller Ausfluss auf. Das ist in der Regel harmlos. Da jedoch auch Ausfluss bei Entzündungen der Gebärmutter entstehen kann, sollte hier auf jeden Fall ein Tierarzt zur Begutachtung herangezogen werden.
In der Mitte der Trächtigkeitszeit vermindert sich bei vielen Hündinnen der Appetit. Das ist normal und ungefährlich für das Wachstum der Welpen. Der Hündin sollte das Fressen nicht aufgezwungen werden.
Die körperlichen Veränderungen sind keine beweisenden Zeichen für eine Trächtigkeit. Folgende Untersuchungsmethoden sind diesbezüglich aussagekräftiger:
Blutuntersuchung
Ab dem 33.–37. Trächtigkeitstag kann man ein Ansteigen spezieller Proteine im Blut nachweisen.
Abtasten
Ab dem 21. Tag ist die Feststellung einer Trächtigkeit durch

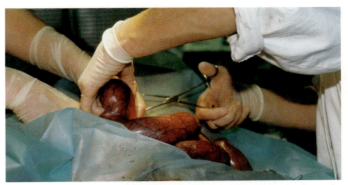

Bei Wehenschwäche müssen die Welpen per Kaiserschnitt zur Welt gebracht werden.

Abtasten zwar möglich, aber nicht 100%ig sicher beurteilbar.
Ultraschall
Diese Methode kann ab dem 21. Tag zur Diagnose herangezogen werden. Bisher wurden keine Schädigungen der Welpen durch Ultraschall beobachtet. Da Ultraschall auch in der Humanmedizin bei der Schwangerschaftsdiagnostik und Betreuung angewandt wird, kann man relativ sicher sein, dass keine Gefahr davon ausgeht.
Röntgen
Ab dem 45. Tag kann man die kleinen Wirbelsäulen der Welpen auf dem Röntgenbild deutlich erkennen und ihre Anzahl mit großer Genauigkeit bestimmen. Bisher wurden keine schädigenden Auswirkungen von Röntgenstrahlen auf Hunde beobachtet, deren Mütter während der Trächtigkeit geröntgt wurden. Sicherheitshalber sollten jedoch nach Möglichkeit keine Aufnahmen vor dem 35. Trächtigkeitstag durchgeführt werden.

Vorbereitung der Mutter auf die Geburt:
Das Futter sollte in mehreren kleinen Mahlzeiten über den Tag verteilt gegeben werden.
Kein Kalzium während der Trächtigkeit zufüttern, da dies zu Wehenschwäche oder Krämpfen (Eklampsie) während und nach der Geburt führen kann (siehe auch S. 116).
Bei Hündinnen mit langem Fell empfiehlt es sich, die Haare um die Zitzen zu kürzen, damit sie für die Welpen besser zugänglich sind und nicht mit Milchresten verkleben.
Eine Woche vor dem errechneten Geburtstermin (wobei von 63 Tagen ausgegangen wird), sollte die Körpertemperatur dreimal täglich rektal (im After) gemessen werden. Ein Absinken der Temperatur unter 37,5 °C deutet auf die Geburt innerhalb der nächsten 24 Stunden hin.
Treten 48 Stunden nach dem Temperaturabfall keine Zeichen der Geburt auf, müssen die

Welpen per Kaiserschnitt zur Welt gebracht werden.
Jeglicher Stress (z. B. viele Menschen, Fotografieren mit Blitzlicht, Zwingen in eine unwillkommene Wurfkiste) kann zu Wehenschwäche führen und sollte vermieden werden.
Hunde lieben ruhige und leise klassische Musik. Besonders vor und während der Geburt wurde eine entspannende Wirkung solcher Musik auf die Hündin beobachtet. Geburtskomplikationen traten seltener auf.

Geburt

Die Geburt verläuft in 3 Stadien:

1. Eröffnungsphase
Sie dauert zwischen 3–12 Stunden und länger. Die anfangs noch seltenen Wehen werden nach und nach stärker und häufiger, bis die Geburtswege so weit geöffnet sind, dass der erste Welpe hindurchtreten kann. Während der Eröffnungsphase tritt dünnflüssiger Schleim aus der Vulva.

2. Austreibungsphase
Die Eröffnungsphase geht unmittelbar in die Austreibungsphase über. Mit Hilfe von Presswehen wird dann der erste Welpe geboren. Er steckt in einem Fruchtwasserbeutel (Amnion), den die Mutter sofort nach der Geburt aufbeißt. Danach durchtrennt sie mit den Zähnen die Nabelschnur und leckt den neugeborenen Welpen trocken.
Die Welpen können mit dem Kopf zuerst oder in Steißlage geboren werden. Zwischen den Geburten können Pausen bis zu 6 Stunden auftreten, wobei keine Presswehentätigkeit zu beobachten ist.
Presswehen, die länger als 30 Minuten andauern, ohne dass ein Welpe geboren wird, deuten auf eine Geburtsstörung hin. In diesem Fall sollte man unverzüglich einen Tierarzt hinzuziehen.
Ist ein Welpe geboren, so folgt ihm nach einigen Presswehen gleich die dazugehörige Nachgeburt.

3. Nachwehenstadium
Haben alle Neugeborenen den Geburtskanal verlassen, kontrahiert sich die leere Gebärmutter noch einige Zeit.

Die meisten Hunde werden problemlos geboren.

Zähne

Der Hund hat ein Fleischfressergebiss, mit dem er ursprünglich Beutetiere ergriffen und getötet hat. Die Nahrung wird nicht, wie z. B. beim Wiederkäuer oder bei uns Menschen, zwischen den Zähnen zermahlen. Hunde zerlegten ihre Beutetiere (heute die von uns gereichte artgerechte Nahrung) mit Hilfe von Zähnen und Vorderläufen und schlingen große Fleischstücke unzerkaut hinunter. Knochen werden durch die Reißzähne (Backenzähne im Ober- und Unterkiefer) brechscherenartig zerkleinert. Die Kiefergelenke sind so konstruiert, dass sie keine Seitwärtsbewegungen, wie es zum Zermahlen von Nahrung notwendig wäre, erlauben.
Fangzähne werden die 4 langen Eckzähne des Hundes genannt. Als **Reiß-** oder **Brechzähne** werden die Zähne P4 (Prämolar 4) im Oberkiefer und M1 (Molar 1) im Unterkiefer bezeichnet, mit deren Hilfe z. B. Knochen zerkleinert werden können.
Bei der Geburt sind noch keine Zähne vorhanden. Ab der 4. Lebenswoche beginnen die Hundewelpen »zu zahnen«, d. h. die ersten Milchzähne brechen durch. Es sind die Schneidezähne. Mit 6 Wochen folgen die Backenzähne und mit 8 Wochen, mit dem Durchbruch der Fangzähne (Eckzähne), ist das Milchgebiss vollständig. Das **Milchgebiss** des Hundes besteht aus **28 Zähnen**.

Der Zahnwechsel erfolgt im 3. Lebensmonat und sollte mit 7 Monaten abgeschlossen sein. Die Milchzähne werden durch bleibende Zähne ersetzt. Zusätzlich brechen im Alter von 5–6 Monaten im Ober- und Unterkiefer noch weitere Backenzähne durch das Zahnfleisch, sodass das **bleibende Gebiss 42 Zähne** hat.

Körpergewicht

Das Idealgewicht eines Hundes ist natürlich von Rasse zu Rasse verschieden. Dennoch gibt es 2 gemeinsame Kriterien, nach denen man sich bei der Kontrolle des Körpergewichtes richten kann:
1. Der Bereich vom Brustkorb bis zum Becken sollte sanduhrförmig verlaufen. Die Taille (zwischen Brustkorb und Becken) ist dabei deutlich eingeschnürt.
2. Die Rippen sollten spürbar, aber nicht sichtbar sein.
Jedes übermäßige Pfund ist in den meisten Fällen auf zu üppiges Essen zurückzuführen und belastet die Gesundheit. **Untergewicht** ist immer ein Alarmzeichen und sollte in jedem Fall Anlass zu einem Tierarztbesuch sein.

Innere Körpertemperatur

Die innere Körpertemperatur wird rektal, d. h. im Enddarm gemessen. Verwenden Sie bitte kein Glasthermometer mit Quecksilberfüllung. Bei starker Abwehr des Hundes könnte es zerbrechen und ihn verletzen. Es gibt praktische und recht preiswerte digitale Fieberthermometer zu kaufen. Sie haben nur einen geringen Durchmesser und lassen sich, mit etwas Vaseline gleitfähig gemacht, leicht in den After einführen. Die Messzeit beträgt etwa eine Minute. Das Ende der Messzeit wird, je nach Fabrikat, durch Blinkzeichen oder Signalton angezeigt.

Die **innere Körpertemperatur** eines **gesunden** Hundes ist nicht zu jeder Tageszeit gleich und wird von vielen Faktoren beeinflusst. Morgens um 6.00 Uhr ist sie am niedrigsten – zwischen 37,7 und 38,3 °C, gegen 15.00 Uhr am höchsten – zwischen 38,1 und 39,1 °C.

Sie ist auch von Rasse zu Rasse verschieden, wobei kleinere Hunde eine höhere Temperatur haben, als größere. Auch bei Welpen wird in der Regel eine etwas höhere Temperatur gemessen als bei ausgewachsenen Hunden. Bei Aufregung, körperlicher Anstrengung oder nach einer ausgiebigen Mahlzeit kann die Temperatur um 0,1–0,2 °C ansteigen.

Als Faustregel gilt:
Die innere Körpertemperatur eines Hundes liegt im Durchschnitt zwischen 38,0 °C und 39,0 °C.
Werte über 39,3 °C sind als Fieber zu interpretieren, Werte unter 37,7 °C als Untertemperatur.

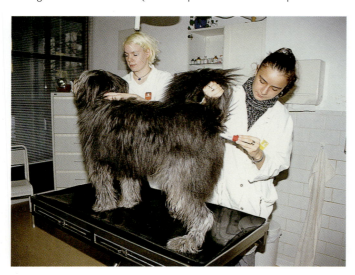

Die innere Körpertemperatur wird im Enddarm gemessen.

ERSTE HILFE

Der Erfolg von »Erste-Hilfe-Maßnahmen« hängt nicht nur von der richtigen Technik, sondern auch davon ab, ob der Besitzer »die Nerven behält«. Unnötige Hektik verhindert umsichtiges Handeln und kann dem kleinen Patienten das Leben kosten.

➤ Selbstschutz

Bei schmerzhaften Verletzungen und Krankheiten besteht die Gefahr, dass selbst der gutmütigste Hund aus Angst und Panik heraus beißt. Bei Erste-Hilfe-Maßnahmen ist daher der Selbstschutz von großer Bedeutung und steht an erster Stelle:

❐ Wichtig ist ruhiges Vorgehen. Panik und Hektik übertragen sich auf den Hund.
❐ Reden Sie beruhigend auf das verletzte Tier ein und schauen Sie ihm, wenn möglich dabei in die Augen. In den meisten Fällen reicht das aus, um ein Vertrauensverhältnis aufzubauen.
❐ Besteht dennoch die Gefahr, dass der Hund bei notwendigen Manipulationen (z. B. Legen auf eine Trage) beißt, sollte der Kopf von einem Helfer fixiert werden. Dazu legen Sie dem Tier kurzfristig eine Decke über die vordere Körperhälfte. **Vorsicht:** Der Hund muss noch Luft bekommen. Wenn vorhanden, sollte der Helfer zum Eigenschutz Lederhandschuhe tragen.
❐ Wenn Sie alleine sind, besteht die Möglichkeit dem Tier den Mund zuzubinden. Verwenden Sie eine Schnur aus nicht einschneidendem Material wie z. B. eine elastische Binde (aus Ihrem Auto-Verbandkasten), eine Krawatte oder ein Nylonstrumpf. Achten Sie darauf, dass Sie beim Zubinden eventuelle Kopf- oder Kieferverletzungen nicht verschlimmern.

➤ Schock

Der Schock (akutes Kreislaufversagen) ist eine lebensbedrohliche Situation, die sofort tierärztlich behandelt werden muss. Bei allen Notfällen ist es daher wichtig, zuerst auf Schocksymptome zu achten:

1. Drücken Sie mit dem Finger auf das Zahnfleisch des Hundes (Vorsicht bei Hunden mit Panik und Angst: Sie können beißen!). Die Druckstelle wird weiß und färbt sich nach 1–2 Sekunden wieder rosa. Dauert diese Kapillarfüllungszeit (KFZ) länger oder ist das Zahnfleisch porzellanweiß, so ist das ein Zeichen für Schock.
2. Fühlen Sie die Hauttemperatur der Gliedmaßen. Beim Schock sind sie kühl.
3. Achten Sie auf die Atmung. Beim Schock ist die Atmung beschleunigt.

Das akute Kreislaufversagen erfordert sofortiges Handeln:
❐ Legen Sie das Tier ohne Hektik auf eine flache, weiche Unterlage (Decke). Krümmen Sie vor allem Unfallopfer beim Hochheben nicht zusammen. Eine eventuelle Wirbelsäulenverletzung kann dadurch verschlimmert werden. Besteht der Verdacht auf eine Wirbelsäulenverletzung, legen Sie den Hund vorsichtig

Bei Erste-Hilfe-Maßnahmen ist der Selbstschutz von großer Bedeutung.

ERSTE HILFE

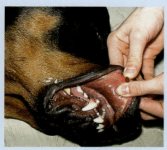

Die Prüfung der Kapillarfüllungszeit (KFZ) gibt Auskunft, ob sich der Hund im Schock befindet.

auf eine **feste** Unterlage (z. B. ein Brett) und tragen Sie diese zu zweit.
❒ Lagern Sie den Hund, wenn möglich in rechter Seitenlage (Herz nach oben).
❒ Wischen sie verklebtes Blut oder Schmutz von den Nasenöffnungen ab, damit der Hund atmen kann.
❒ Legen Sie eine leichte Decke über den Patienten, um die Körperwärme zu erhalten.
❒ Fahren Sie unverzüglich zum Tierarzt. Je eher der Patient mit Infusionen und kreislaufstabilisierenden Medikamenten behandelt wird, desto höher sind die Überlebenschancen.

> **Notfälle am Auge**

Verletzungen oder Erkrankungen des Auges können zum Verlust der Sehkraft führen. Bei nachfolgenden Symptomen sollten Sie daher schnellstmöglich einen Tierarzt aufsuchen. In vielen Großstädten gibt es inzwischen auch **Fachtierärzte für Augenheilkunde**.

❒ Akute Schmerzen im Bereich der Augen (der Hund kratzt sich am Auge, schüttelt ständig den Kopf oder drückt den Kopf an Gegenstände)
❒ Deformation des Auges
❒ Verlust der Sehkraft (der Hund rennt an Gegenstände und erkennt den Besitzer nicht mehr)
❒ Blutungen am und im Auge
❒ Herausquellen eines oder beider Augäpfel (bei Pekinesen relativ häufig)
❒ Verändertes Aussehen der Augen (z. B. Pupillenstarre)
❒ Der Hund hat ein oder beide Augen ständig geschlossen.
Sind die verletzten oder erkrankten Augen stark verunreinigt, sollten sie mit reichlich Wasser ausgewaschen werden. **Verwenden Sie keinen Kamillentee am Auge**. Die Schwebstoffe der Kamille reizen die geschädigten Augen zusätzlich.
Lidschwellungen können sich durch kalte Kompressen mit einem in Wasser getränkten Wattebausch beruhigen.
Bei vorquellendem Augapfel oder Bindehautverletzungen kann das betroffene Auge durch fehlende Tränenflüssigkeit austrocknen. Legen Sie bis zu Ihrer Ankunft beim Tierarzt ein feuchtes Tuch oder feuchte Gaze auf das verletzte Auge.
Bei Verätzungen müssen die Augen unverzüglich unter **fließendem** Wasser mindestens 1–2 Minuten ausgespült werden. Fremdkörper im Auge können sie ebenfalls mit klarem Wasser ver-

suchen herauszuspülen. Blutungen am Auge können durch leichten Druck mit einer Gaze zum Stillstand gebracht werden. Geben Sie keine blutstillenden Mittel an oder in das Auge. Die Präparate sind ätzend.

> **Verbrennungen**

Halten Sie Brandwunden sofort etwa 10 Minuten unter eiskaltes fließendes Wasser. Anschließend legen Sie Eiswürfelpackungen (in ein sauberes Tuch eingewickelt) auf die Verletzung und fahren Sie zum Tierarzt. Verwenden Sie niemals Mehl, Brandsalben oder sonstige lokal anzuwendende Medikamente als Erste-Hilfe-Maßnahme. Die Anwendung solcher falschen Hausmittel führt zu schwersten Komplikationen bei der Wundheilung.

> **Epileptische Anfälle**

Epileptische Anfälle werden auf Seite 155 behandelt.

> **Hitzschlag**

Ein Hitzschlag entsteht durch Aufheizung des Hundekörpers über 42 °C. Das kann sehr schnell passieren, wenn ein Hund im Sommer in einem in der Sonne geparkten Auto eingeschlossen ist. Innerhalb kurzer Zeit (ca. 10 Minuten!) entstehen im Innern des Fahrzeuges Temperaturen von 60 °C und mehr. Dabei ist es unerheblich, ob ein oder mehrere Fenster einen Spalt weit geöffnet sind. Ein Hund, der sich in einem solchen Auto befindet,

ERSTE HILFE

wird sehr schnell das Bewusstsein verlieren und sterben.
Als Erste-Hilfe-Maßnahme muss das Tier sofort abgekühlt werden. Bringen Sie den Hund in einen kühlen Raum und machen Sie bis zum Eintreffen des Tierarztes kalte Umschläge mit Eisbeuteln oder mit immer wieder neu in kaltes Wasser getränkten Tüchern. Kann der Tierarzt nicht zu Ihnen nach Hause kommen, so kühlen Sie Ihr Fahrzeug vor dem Transport des Hundes ab. Sie erreichen eine relativ gute Abkühlung, indem Sie mehrmals mit geöffneten Fenstern »um den Block« fahren. Auf dem Transport zum Tierarzt muss der Hund weiter durch nasse Umschläge gekühlt werden. Hat er das Bewusstsein verloren, legen Sie ihn auf die rechte Körperseite (das Herz nach oben).

▶ **Wunden**
Biss-, Kratz-, Riss- oder Schürfwunden müssen gründlich gereinigt und desinfiziert werden, um der Bildung von Abszessen sowie der Streuung von Krankheitserregern in die Blutbahn (»Blutvergiftung«) vorzubeugen. Spülen Sie die Wunden mit 3%igem Wasserstoffsuperoxid großzügig, indem Sie das H_2O_2 hinein- und darüber gießen. Anschließend tupfen Sie die Wund**ränder** mit einem sauberen Tuch (nicht die Wundfläche). Danach tropfen Sie etwas Desinfektionsmittel auf die Verletzung. Größere Verletzungen sollten Sie einem Tierarzt zeigen. Er entscheidet, ob genäht werden oder ein Antibiotikum eingesetzt werden muss.
Auch große Bisswunden haben nach fachgerechter tierärztlicher Versorgung eine Chance auf Heilung.
5%iges Wasserstoffsuperoxid erhalten Sie in der Apotheke. Es empfiehlt sich dieses reizlose Desinfektionsmittel immer in der Hausapotheke vorrätig zu haben. Bei Bissverletzungen durch einen anderen Hund sollten Sie grundsätzlich einen Tierarzt konsultieren. Die Wunden, die in der Regel sehr klein sind, schließen sich schnell an der Oberfläche und gären unter der Haut. Innerhalb 24 Stunden bilden sich

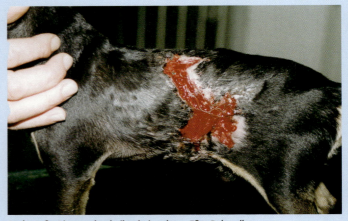
Auch große Bisswunden heilen bei sachgemäßer Behandlung.

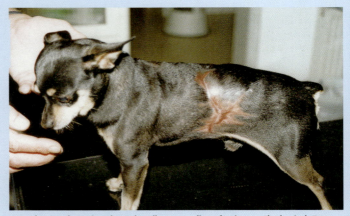
6 Wochen nach Beginn der Behandlung war die aufgerissene Flanke (vgl. Foto oben) weitgehend vernarbt.

ERSTE HILFE

Eiterhöhlen, die nach einigen Tagen aufbrechen und große Wunden hinterlassen. Um dies zu verhindern, sollten bei Bissverletzungen frühzeitig Antibiotika eingesetzt werden.

➤ Blutungen

Blutungen aus kleineren Gefäßen (z. B. abgerissene Krallen, Biss- oder Schnittverletzungen) kann man durch festen Druck auf das verletzte Gefäß mit dem Finger und einer blutstillenden Watte zum Stillstand bringen. Wenn Sie im Notfall kein solches Präparat zur Hand haben, genügt es, wenn Sie die Wunde mit einem sauberen Tuch komprimieren. Durch den ausgeübten Druck schließt sich das Gefäß und verklebt meist nach ein paar Minuten. Reiben Sie nicht über die Wunde. Das verklebte Gefäß könnte sich dadurch wieder öffnen und erneut bluten.
Stoßweise austretendes helles Blut deutet auf eine Verletzung einer Arterie (»Schlagader«) hin. Dadurch verlieren die Patienten in kurzer Zeit sehr viel Blut. **Es besteht Lebensgefahr!** Auch hier können Sie versuchen, das Blutgefäß durch Druck zu verschließen. Je nach Größe der Arterie kann es bis zu 20 Minuten dauern, bis das Gefäß verklebt. Tritt nach dieser Zeit bei Verringerung des Drucks immer noch Blut aus, müssen Sie bei einer Gliedmaßenverletzung das Gefäß abbinden. Dazu wird ein 2–3 cm breiter Stoffstreifen herzwärts über der Wunde um die Gliedmaße gebunden. Lockern Sie auf dem Weg zum Tierarzt jede Viertelstunde etwa 1 Minute die Staubinde und ziehen Sie sie danach wieder fest. Sie verhindern damit, dass der untere Teil der abgebundenen Gliedmaße durch die mangelnde Blutversorgung abstirbt.
Tritt die Blutung am Rumpf auf, hilft ein Druckverband. Pressen Sie ein sauberes, zu einem kleinen Päckchen zusammengelegtes Tuch oder eine Monatsbinde auf die blutende Stelle. Fixieren Sie das Päckchen unter Druck mit einem Verband um den ganzen Rumpf. Wenn das Blut durch den Verband sickert, nehmen Sie ihn nicht weg, sondern wickeln einen weiteren Verband unter verstärktem Druck darüber. Pressen Sie die Hand fest auf den Verband und fahren Sie sofort zum Tierarzt.

➤ Zeckenbiss

Auf Seite 56 wird ausführlich über Zecken berichtet.

➤ Stromunfälle

Welpen und Junghunde knabbern alles an – auch Stromkabel. Vorbeugend sollte man alle erreichbaren Stromkabel entfernen oder die Stecker herausziehen, wenn der Hund in der Wohnung alleine bleibt. Kommt es zu einem Stromunfall, schalten Sie, wenn es nicht schon zu einem Kurzschluss gekommen ist, zu Ihrem eigenen Schutz die Sicherung aus.

Lokale Verbrennungen beim Hund werden mindestens 10 Minuten unter fließendem Wasser gekühlt. Oft ist der Hund im Schock. Legen Sie ihn auf die rechte Seite (Herz nach oben) und fahren Sie unverzüglich zum Tierarzt.
Auch dann, wenn das Tier einen unverletzten Eindruck macht und das Allgemeinbefinden ungestört ist, sollten Sie es einem Tierarzt zur Untersuchung vorstellen.
Nach einem Stromschlag kann sich ein **Lungenödem** (»Wasser in der Lunge«) entwickeln. Die Symptome treten manchmal erst **24–36 Stunden nach dem Unfall auf!**

Blutungen können durch Druck auf das verletzte Gefäß zum Stillstand gebracht werden.

GESUNDHEITSVORSORGE

Um Krankheiten vorzubeugen sowie versteckte Erkrankungen frühzeitig zu erkennen, empfiehlt sich eine regelmäßige Gesundheitskontrolle durch den Tierarzt; bis zum 6. Lebensjahr einmal jährlich, danach alle 6 Monate. Zusätzlich sollten Sie immer »ein Auge« auf den Gesundheitszustand Ihres vierbeinigen Freundes haben.

Auf folgende Punkte sollten Sie achten:

Augen

Gesunde Augen sind klar und ohne übermäßige Sekretbildung. So genannte »Sandmännchen« am Morgen, kleine trockene oder auch teilweise etwas schleimige Auflagerungen in den Augenwinkeln sind harmlos und können

Regelmäßige Gesundheitskontrollen durch den Tierarzt helfen, versteckte Krankheiten frühzeitig zu erkennen.

mit den Fingern oder einem feuchten Tuch entfernt werden. Feuchte, heiße Augenkompressen bei übermäßigem Sekretausfluss fördern die Selbstheilung (siehe auch S. 20). Die meisten Hunde lassen sich das gerne gefallen. Sie werten es als soziales Reinigungsverhalten durch ein Rudelmitglied. **Verwenden Sie niemals Kamille am Auge.** Die Schwebstoffe der Kamille reizen die empfindliche Augenbindehaut und können Entzündungen verstärken. Starke Sekretbildung, Schwellungen, Rötungen oder sonstige Veränderungen am Auge sind Krankheitszeichen und erfordern **sofortige** tierärztliche Hilfe. Eine sofortige Therapie ist z. B. bei Verletzungen der Augen oder beim akuten Glaukom (Grüner Star) absolut notwendig, um das Augenlicht zu erhalten (siehe auch S. 145).

Ohren

Gesunde Hundeohren reinigen sich selbst. Verwenden Sie niemals Wattestäbchen zur Reinigung des Gehörgangs. Damit drücken sie Schmutzpartikel und Ohrenschmalz tief in den Gehörgang. Es bildet sich dann häufig vor dem Trommelfell ein fester Pfropf, der Ursache für chronische Ohrerkrankungen sein kann. Krümeliger oder schmieriger

Ohrenschmalz, Kopfschütteln, Kratzen an den Ohren, Kopfschiefhaltung oder Schwellung der Ohrmuschel sowie übler Geruch aus den Ohren sind Krankheitszeichen. Da die Ursachen vielfältig sein können (nicht immer nur Milben!) sollten Sie einen Tierarzt aufsuchen. Verwenden Sie bitte niemals ohne Diagnose irgendein Ohrenpräparat oder gar Waffenöl (Balistol) zur Behandlung der Ohren (siehe auch S. 152).

Zahnkontrolle und Zahnpflege

Regelmäßige Zahnpflege und zweimal im Jahr die Kontrolle durch einen Tierarzt sind erforderlich, um die Zähne bis ins hohe Alter des Hundes gesund zu erhalten. Ein »vergammeltes« Gebiss ist häufig Ursache für Herz- und Nierenerkrankungen durch Streuung der Eiterbakterien in die Blutbahn. Vorbeugend gegen Zahnstein helfen weiche Kalbsknochen und eine Ernährung, durch die der Hund sehr viel kauen muss (siehe auch S. 30). Manche Hunderassen (z.B. Yorkshire und Kleinpudel) sind besonders anfällig für Zahnstein (siehe S. 77). Hier muss man manchmal zur Zahnbürste greifen, um die Beläge zu beseitigen. Es gibt speziell für Tiere hergestellte Zahncremes, die abgeschluckt werden können. Manche Pasten schmecken sogar

GESUNDHEITSVORSORGE

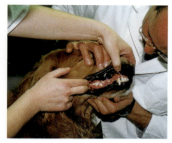

Auch ein Hund sollte zweimal im Jahr zum Zahnarzt.

nach Hühnchen oder Rindfleisch. Die Zähne erreichen erst ab dem 2. Lebensjahr ihre volle Stabilität und dürfen bis dahin nicht beim Spielen (z.B. Zugspiele!) oder Tragen schwerer Gegenstände (Apportieren) übermäßig belastet werden. **Es besteht Bruchgefahr,** vor allem der Eckzähne. Das Spielen mit Steinen führt zur Abrasion (Abnutzung) des gesamten Gebisses und sollte von Anfang an unterbunden werden. Ebenso zur massiven Abrasion der Zähne führt das Spielen mit Tennisbällen, die vorher auf sandigen Tennisplätzen verwendet wurden. Die kleinen Sandpartikel wirken wie Schleifpapier auf die Zähne (siehe auch S. 83). Die Angewohnheit auf Stöckchen zu beißen ist auch nicht gerade ungefährlich und sollte daher nicht gefördert werden. Oft beißen sich die Tiere Splitter in das Zahnfleisch ein. Solche Splitter führen nicht selten zu Abszessen, die chirurgisch behandelt werden müssen.

Zweimal im Jahr sollten die Zähne durch den Tierarzt kontrolliert werden. Zahnstein muss schnellstmöglich entfernt, erkrankte Zähne versorgt werden (eventuell unter Narkose).

Haut und Fell

Die Fellpflege beim Hund ist ganz einfach: bürsten, bürsten, bürsten. Über den ganzen Körper verteilt sind Talgdrüsen, deren Sekret das Fell vor Schmutz und Nässe schützt, also richtiggehend imprägniert. Schmutzpartikel können dadurch nicht in die Tiefe des Fellkleides eindringen und werden durch Schütteln entfernt; Wasser perlt einfach ab. Das Bürsten fördert die Produktion und die Verteilung des Talgs. Bitte waschen Sie niemals (außer bei Hauterkrankungen nach Anweisung des Tierarztes) Ihren Hund mit Shampoo. Shampoon zerstört die natürliche Schutzschicht. Die Haut wird anfälliger für Hauterkrankungen; das Fell wird schmutzig. Es gibt auch hier wie immer Ausnahmen: Wenn sich der Hund z.B. in Aas wälzt, was Hunde gerne tun, bleibt keine andere Wahl, als ihn mit Shampoon zu baden. Andernfalls kann man nicht mehr in einem Raum mit ihm leben – der Geruch ist unerträglich. Nach einer solchen **Ausnahme-Badeaktion** sollte dann das Fell noch häufiger gebürstet werden, um die beschriebene Talgproduktion anzuregen und damit den Schaden wieder gut zu machen. Sollte der Hund z.B. bei Schneematsch im Winter, völlig verschmutzt nach Hause kommen, genügt ein Abduschen mit klarem Wasser.

Einige Hunderassen müssen regelmäßig geschoren werden. Das kann man selbst tun oder einem Hundesalon überlassen. In den heißen Sommermonaten besteht bei dichtem langen Haarkleid die Gefahr eines Hitzestaus. Auch Hunde mit Herzproblemen leiden im Sommer sehr unter der Hitze. Daher ist es sinnvoll, im Sommer übermäßiges Fell abzuscheren. Im Winter ist ein langes Fell manchmal etwas unpraktisch, da Regenschmutz und Schneematsch damit ins Haus getragen werden. Einen Hund im Winter aus diesem oder aus optischen Gründen zu scheren, ist aber als Tierquälerei zu werten, denn die Tiere frieren genau wie wir. Bandscheibenprobleme, Blasenerkrankungen und Infektionen der Atemwege werden durch Kälte ausgelöst und verstärkt.

(Fortsetzung S.24)

Hundezähne erreichen erst ab dem 2. Lebensjahr ihre volle Stabilität, da sich der innere Hohlraum nur langsam verkleinert.

KRANKEN- UND KÖRPERPFLEGE

➤ Tabletteneingabe

Die einfachste Methode einem Hund Tabletten zu verabreichen ist, diese in ein Stück Wurst oder Schinken einzuwickeln. Geschmacksneutrale Tabletten können auch zerkleinert unter das Futter gemischt werden.

Zur Eingabe von Tabletten bedarf es der richtigen Technik.

Wenn all das nicht gelingt und der Hund die in Leckerbissen versteckten Tabletten ausspuckt oder das Futter verweigert, müssen Sie das notwendige Medikament direkt eingeben. Dazu sollten Sie am besten zu zweit vorgehen. Eine Person hält den Patienten fest, während die andere ihre linke Hand (bei Linkshändern die rechte Hand) um den Nasenrücken des Tieres legt. Mit den Fingerspitzen drücken Sie vorsichtig die Lefzen rechts und links nach innen. Mit dem Mittelfinger der rechten Hand (bei Linkshändern der linken Hand) drücken Sie nun den Unterkiefer nach unter und verstärken gleichzeitig den Druck der Fingerspitzen auf die Lefzen, bis diese unter die Backenzähne gelangen. So kann der Hund den Mund nicht mehr schließen, ohne sich selbst auf die Lefzen zu beißen. Öffnen Sie die Mundhöhle durch Druck auf den Unterkiefer so weit, dass Sie die Tablette problemlos im Rachen des Hundes deponieren können. Anschließend nehmen Sie die Fingerspitzen von den Lefzen und drücken den Unterkiefer nach oben, sodass der Mund geschlossen wird. Halten Sie den Mund des Hundes so lange geschlossen, bis er die Tablette heruntergeschluckt hat. Sie können den Schluckreflex auslösen, indem Sie etwas Wasser auf die Schnauze träufeln. Wenn das Tier, dadurch angeregt, mit der Zunge über die Schnauze leckt, wird gleichzeitig die Tablette abgeschluckt. Das Medikament kann auch, aufgelöst in etwas Wasser mit einer 2-ml-Plastikspritze direkt in die Mundhöhle eingegeben werden.

➤ Eingabe von Flüssigkeiten

Flüssige Nahrung oder flüssige Medikamente werden, wenn sie nicht freiwillig angenommen werden, mit Hilfe einer 2-ml-Plastikspritze (ohne Nadel) schluckweise in die Mundhöhle eingegeben. Dazu schieben Sie die Lefze auf einer Mundseite leicht nach oben bis die Zähne sichtbar werden. Zwischen dem Eckzahn und dem ersten Vorbackenzahn ist

Flüssigkeiten können mit einer Einmalspritze schluckweise direkt in den Mund eingegeben werden.

KRANKEN- UND KÖRPERPFLEGE

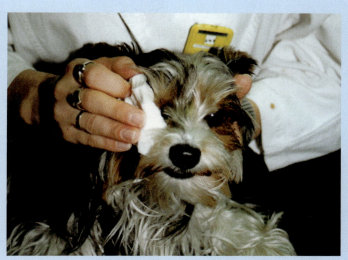

Die Wärme der heißen Kompresse führt zur Durchblutung der erkrankten Bindehaut.

eine Lücke (»die Lücke für den Tierarzt«). Dazwischen schieben Sie die Spitze der Einmalspritze und träufeln die einzugebende Flüssigkeit in den Mund. Sie gelangt automatisch direkt auf die Zunge und wird abgeschluckt.

➤ Augenkompresse

Verklebte Augen sollten Sie durch eine Augenkompresse säubern. Ein Wattebausch mit sehr **heißem** Wasser getränkt wird dazu auf das erkrankte Auge gedrückt und ca. 1 Minute dort belassen. Das Wasser sollte so heiß sein, dass Sie es beim Prüfen der Temperatur auf Ihrem Handrücken gerade noch ertragen können. Drücken Sie den Wattebausch leicht aus, bevor Sie ihn verwenden, damit nicht so viel Wasser in das Auge fließt. Durch die Wärme wird die Augenbindehaut gut durchblutet, Sekretreste lösen sich leichter ab und die Selbstheilungskräfte werden aktiviert. Wird eine vom Tierarzt verordnete Salbe direkt nach der Kompresse angewandt, kann der Wirkstoff besser aufgenommen werden.

➤ Krallen

Bei einem gesunden, lebhaften Hund mit ausreichender Möglichkeit zum Laufen, bedarf es keiner speziellen Krallenpflege. Lediglich bei älteren oder behinderten Tieren können die Krallen so lang werden, dass die Hunde dadurch beim Gehen behindert werden oder auf glatten Böden rutschen. Manchmal können die Daumenkrallen an den Vorderläufen oder die Wolfskrallen an den Hinterläufen so lang werden, dass sie in die Ballen einwachsen, wodurch schmerzhafte Wunden entstehen. In der Regel jedoch beißt sich der Hund übermäßig lange Krallen selbst ab.
Beim Kürzen überlanger oder in die Ballen eingewachsener Krallen sollten Sie darauf achten, die natürliche Form der Krallen zu erhalten. Die Spitzen müssen etwas nach unter zeigen. An hellen unpigmentierten Kallen erkennen Sie die Blutgefäße recht gut. Die empfindlichen Krallennerven gehen sogar noch etwa 1 mm über die Blutgefäße hinaus. Schneiden Sie niemals »ins Leben«. Es entstehen sonst unangenehme Blutungen und außerdem tut es dem Hund weh. Er wird sich sicherlich nicht ein zweites Mal vertrauensvoll von Ihnen die Krallen schneiden lassen, wenn die Behandlung einmal schmerzhaft war.
Wenn jedoch trotz aller Vorsicht eine Kralle nach dem Schneiden bluten sollte, verlieren Sie nicht

Die empfindlichen Krallennerven gehen noch etwa 1 mm über die Blutgefäße hinaus.

KRANKEN- UND KÖRPERPFLEGE

Die Daumenkrallen befinden sich an den Vorderläufen etwas weiter oben und dürfen nicht entfernt werden.

die Nerven. Durch festen Druck auf das verletzte Gefäß mit blutstillender Watte (in der Apotheke erhältlich) wird die Blutung schnell zum Stillstand kommen. Wenn Sie keine blutstillende Watte zur Verfügung haben, genügt es auch, nur mit dem Finger das Gefäß zu komprimieren. Danach wird die Kralle mit einem Desinfektionsmittel eingesprüht oder betupft. Wunden in den Ballen, die durch eingewachsene Krallen entstanden sind, sollten ebenfalls desinfiziert werden.
Übrigens: Wolfskrallen müssen nicht, wie landläufig gefordert, chirurgisch entfernt werden. Verletzungen durch Hängenbleiben sind sehr selten. Die operative Entfernung der Daumenkrallen ist eine Verstümmelung und deshalb in Deutschland dank des Tierschutzgesetzes verboten.

➤ Ohren

Grundsätzlich gilt: **Gesunde Hundeohren reinigen sich selbst!** Normalerweise sind Hundeohren ganz sauber und sollten niemals mit Wattestäbchen oder sonstigen Instrumenten traktiert werden. Ohrenschmalz, der sich in jedem gesunden Ohr bildet, wird sonst tief nach unten gedrückt, wo er als fester Pfropf einen guten Nährboden für Bakterien abgibt.
Wenn sich in der Ohrmuschel jedoch dunkler, krümeliger oder sogar schmieriger und übelriechender Ohrenschmalz sammelt, besteht Verdacht auf eine Infektion mit Milben, Bakterien oder Pilzen. Ein Tierarztbesuch ist dann unbedingt erforderlich, um die genaue Ursache abzuklären. Als weitere Behandlung muss dann zu Hause über mehrere Tage (mindestens 7–8 Tage) ein Präparat in die erkrankten Ohren eingebracht werden. Da der Gehörgang bei Hunden relativ groß und gebogen ist, sollte immer so viel des vom Tierarzt verordneten

Verwenden Sie niemals Ohrstäbchen im Ohr. Durch die anatomische Form des Hundeohrs wird damit lediglich Ohrenschmalz in die Tiefe gedrückt.

Medikamentes eingebracht werden, dass das Ohr richtig »überläuft«. Nur so kann man sicher sein, dass der gesamte äußere Gehörgang mit dem Medikament benetzt ist und für die Krankheitserreger keine auch noch so kleine unbehandelte Nische übrigbleibt. Die aus dem Ohr herauslaufende überschüssige Flüssigkeit oder Salbe kann man dann mit einem Wattebausch oder weichem Tuch abwischen.
Hunde mit Hängeohren neigen häufiger zu Ohrenerkrankungen. Bei diesen Hunden kann man vorbeugend, etwa ein- oder zweimal in der Woche, einen milden Ohrreiniger in den Gehörgang einfüllen. Auch der Ohrreiniger wird, genau wie ein Medikament gegen Ohrenerkrankungen, im Überfluss ins Ohr eingefüllt. Danach wird das Ohr vorsichtig massiert, um den Reiniger zu verteilen. Durch Schütteln, was in der Regel reflektorisch geschieht, werden übermäßiger Ohrenschmalz und Schmutzpartikel zusammen mit dem Reiniger herausgeschleudert und können mit einem weichen Tuch abgewischt werden. Vor allem die Ohrmassage mögen die meisten Hunde sehr gerne und sind dabei recht kooperativ.

Vorhautspülung

Viele Hunde »leiden« hin und wieder unter einem Vorhautkatarr (siehe auch S. 118).
Der eitrige Ausfluss verschmutzt die Wohnung und ist unhygie-

KRANKEN- UND KÖRPERPFLEGE

Vorhautspülungen werden im akuten Stadium einer Entzündung und vorbeugend angewandt.

nisch. Spülungen der Vorhaut sind während der akuten Krankheitsphase täglich, als Vorbeugemaßnahme ein- bis zweimal wöchentlich zu empfehlen. Eine spezielle milde Spülflüssigkeit erhalten Sie bei Ihrem Tierarzt. Die Spülungen werden beim stehenden oder liegenden Hund durchgeführt. Ziehen Sie die Spülflüssigkeit mit einer 10 ml Spritze (in der Packung enthalten) auf. Nehmen Sie den Penis des Hundes in die linke Hand (bei Linkshändern in die rechte Hand), drehen Sie die Penisspitze etwas nach oben und schieben Sie die flexible Vorhaut nach vorne. Setzen Sie nun die Spritze mit der Spülflüssigkeit an die Öffnung des Präputiums und füllen Sie die Flüssigkeit ein, wobei Sie durch leichten Druck mit Daumen und Zeigefinger auf die Öffnung der Vorhaut verhindern, dass die sie wieder ausläuft. Massieren Sie nun Penis und Vorhaut etwa $1/2$ Minute. Wenn Sie beides dann wieder loslassen, läuft die Spülflüssigkeit zusammen mit Schmutzpartikel und Bakterien von selbst wieder heraus.

➤ Priesnitzumschlag

Bei Entzündungen des Atemtraktes (Bronchitis, Lungenentzündung) mit Husten hat sich der Prießnitzumschlag bewährt. Dazu wird dem Hund ein in kaltes Wasser getauchtes Leintuch, gut ausgewrungen um die Brust gelegt, dicht mit Plastikfolie abgedeckt und das ganze mit Wolldecken (je nach Größe des Hundes 1–2 Stück) umschlossen. Nach 3–4 Stunden wird alles zusammen wieder abgenommen, der Patient trocken gerieben und geföhnt.
Vorsicht: Der Prießnitzumschlag darf nicht bei Husten und Atemnot auf Grund einer Herzerkrankung angewendet werden.

➤ Fellpflege

Hunde lieben es in der Regel gebürstet zu werden. Diese täglich angewandte Körperpflege entfernt Schmutzpartikel aus dem Fell und fördert die Durchblutung der Haut. Beginnen Sie schon beim Welpen mit dieser Maßnahme. Hat der Hund einmal erfahren, wie wohltuend eine von seinem Besitzer liebevoll durchgeführte Bürstenmassage ist, wird er sehr schnell freudig erregt darauf warten oder sie sogar fordern. Baden Sie Ihren Hund nur im Notfall mit Reinigungsmittel, d.h. nur dann, wenn z.B. das Fell mit giftigen Substanzen in Berührung gekommen ist oder sich das Tier in Aas gewälzt hat. Shampoons oder Seifen zerstören den natürlichen Schutzmantel der Haut gegenüber Bakterien und Pilzen, wodurch Hauterkrankungen Tür und Tor geöffnet werden. Das Fell, das normalerweise durch das Sekret winziger, über den ganzen Körper verteilter Talgdrüsen richtiggehend »imprägniert« ist, verliert diesen Schutz und wird schneller nass, eher wieder schmutzig und sieht stumpf aus. Klares, lauwarmes Wasser schädigt weder die Haut noch das Fell. Ein Hund, der z.B. nach einem Spaziergang im Regen oder Schnee völlig verschmutzt nach Hause kommt, kann daher ohne Bedenken in der Badewanne abgeduscht werden. Das gleiche gilt für langhaarige Hunde, deren Fell bei Durchfallerkrankungen um den After oder an den Hinterbeinen mit Kot verschmiert ist.

➤ Liebevolle Körperpflege

Kranke oder behinderte Hunde leiden sehr darunter, wenn sie in ihren Ausscheidungen liegen müssen oder das Fell mit Kot, Urin oder Essensresten verklebt ist. Bei einem kranken Hund sollten Sie auf die Körperpflege ganz besonders achten. Bürsten Sie das Tier täglich einmal. Wechseln Sie die Unterlage, auf dem der Hund liegt, sobald sie verschmutzt ist und kontrollieren Sie Körperöffnungen (Augen, Mundwinkel, After, Ohren) immer wieder auf Verschmutzungen.

GESUNDHEITSVORSORGE

Im Winter müssen Hunde mit kurzem Fell vor Kälte geschützt werden.

Hunden mit sehr dünnem Haarkleid sollten an sehr kalten Wintertagen durch Kälteschutzkleidung (Hundemäntel) geschützt werden. Die Vorfahren unserer Hunderassen (Wölfe und Wildhunde) waren durch das Fell optimal auf die Temperaturen im Sommer und Winter eingerichtet. Durch Züchtung haben wir Hunde geschaffen, bei denen die Temperaturanpassung des Fellkleides nicht mehr funktioniert. Aus diesem Grunde ist es erforderlich durch Scheren oder Kälteschutzkleidung die durch Züchtung verloren gegangene Anpassung zu ersetzen.

Hunde schämen sich, wenn man über sie lacht. Um die Würde des kleinen Vierbeiners nicht zu beschädigen, verzichten Sie bitte auf lächerliche Modegags bei Schur, Wärmeschutz und Halsband.

Krankhafte Veränderungen der Haut können in vielen Erscheinungsformen auftreten. In der Tiermedizin gibt es allein 20 Bezeichnungen, um die Art einer Veränderung zu charakterisieren und einzuordnen: Pusteln, Quaddeln, Krusten, Schuppen, Geschwüre, um nur einige Beispiele zu nennen. Besonders Hauterkrankungen neigen dazu chronisch zu werden. Aus diesem Grunde ist es wichtig, möglichst bald einen Tierarzt zu bitten, die Ursache festzustellen und zu behandeln. Überprüfen Sie daher beim Streicheln und Bürsten »gegen den Strich« täglich die Haut Ihres Hundes auf Veränderungen.

Krallen

Die Krallen eines Hundes mit ausreichender Bewegung müssen nicht geschnitten werden. Eine Ausnahme sind die Daumenkrallen an den Vorderläufen. Sie wachsen manchmal in die Ballen und sollten ab und zu kontrolliert werden. Die meisten Hunde knabbern sie sich jedoch selbst ab. Krallenschneiden kann bei älteren und behinderten Hunden notwendig werden (siehe auch S. 21).

After- oder **Wolfskrallen** sind zusätzliche rudimentäre Krallen an den **Hinterläufen**. Entgegen landläufiger Meinung muss man sie **nicht entfernen**. Die Verletzungsgefahr durch Hängenbleiben mit den Wolfskrallen ist gering und nach meiner Erfahrung eine rein theoretische Unterstellung (ähnlich der angeblichen Verletzungsgefahr durch nicht amputierte Schwänze). Sollte ein Hund wirklich so ungeschickt sein, dass er sich an den Wolfskrallen ständig verletzt, kann man sie immer noch entfernen. Die Belastung einer Narkose und des chirurgisches Eingriffs stehen in keinem Verhältnis zu dem Nutzen.

Nicht selten werden, vor allem bei kleinen Rassen, (Yorkshire, Papillon, Kleinpudel) die **Daumenkrallen** an den **Vorderläufen** mit Wolfskrallen verwechselt

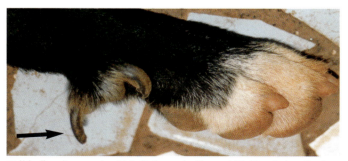

Wolfskrallen sitzen an den Hinterläufen und müssen nicht chirurgisch entfernt werden.

GESUNDHEITSVORSORGE

und vom Züchter gleich nach der Geburt der Welpen entfernt. Das ist nicht nur ein Zeichen für schwere Inkompetenz und Unkenntnis über die Anatomie des Hundes, sondern auch eine Verstümmelung, die mit dem Tierschutzgesetz nicht zu vereinbaren ist.

Analbeutel (Duftdrüse)

Kurz vor dem After münden die Ausführungsgänge der Analbeutel in das Endstück des Darms. Die Analbeutel enthalten ein für uns Menschen übel riechendes Sekret, deren Funktion noch nicht geklärt ist. Man vermutet, dass es eine wichtige Aufgabe bei der Kommunikation zwischen Artgenossen zu erfüllen hat. Mit jedem Kotabsatz wird durch die Darmperistaltik (Darmbewegung) tropfenweise Sekret aus den Analbeuteln herausgepresst und in die Außenwelt abgegeben. Erkrankungen der Duftdrüsen sind bei Hunden relativ häufig. Die routinemäßige Entleerung der Analbeutel ist nicht zu empfehlen. Es scheint, dass dadurch die Produktion von Sekret verstärkt und eine Überfüllung der Beutel sowie Verstopfung der Ausführungsgänge gefördert wird. Nur wenn der Hund »Schlitten fährt« (auf dem Hintern rutscht), sollte der natürlichen Entleerung nachgeholfen werden (siehe auch S. 95).

Erste Symptome für Erkrankungen der Analbeutel sind »Schlitten fahren« sowie Benagen der After- und Oberschenkelgegend.

Äußere Geschlechtsorgane

Kontrollieren Sie beim weiblichen Tier, vor allem bei unkastrierten Hündinnen regelmäßig die **Vulva**. Sie sollte, außer während der Läufigkeit, trocken, d. h. ohne Ausfluss und nicht geschwollen sein. Tasten sie spielerisch mindestens alle 14 Tage das Gesäuge ab und bringen sie Ihre Hündin beim Auffinden kleinster Knoten im Gesäuge zum Tierarzt. Es gibt Hunderassen, bei denen etwa 80 % aller unkastrierten Hündinnen (z. B. Pudel, Boxer, Dackel, Schäferhunde) an Gesäugekrebs erkranken.

Die **Hoden** eines Hundes liegen vor seiner Geburt noch in der Bauchhöhle. Normalerweise steigen sie kurz nach der Geburt ab und sind dann in den kleinen Hodensäckchen schon bald fühlbar. Kontrollieren Sie, ob die Hoden Ihres Hundes tastbar sind. Tiere, bei denen ein oder beide Hoden nicht abgestiegen sind, nennt man Kryptorchide (siehe auch S. 120). Es handelt sich dabei um eine Entwicklungsstörung, deren Ursache nicht bekannt ist. Man vermutet eine erbliche Disposition (Veranlagung). Nicht abgestiegene Hoden sollten spätestens nach Abschluss der Geschlechtsreife chirurgisch entfernt werden, da sie zur Entartung neigen. Man vermutet, dass das erhöhte Hodenkrebsrisiko bei nicht abgestiegenen Hoden an der hohen Temperatur in der Bauchhöhle liegt.

Gewichtskontrolle

Eine **Gewichtszunahme** ist ein Anzeichen für Überernährung. **Gewichtsabnahme** ist eventuell ein Symptom für versteckte Erkrankungen. Beides erfordert eine Reaktion. Im ersten Fall hilft die Futterreduzierung, im zweiten

Regelmäßiges Wiegen hilft schleichende Gewichtsveränderungen zu erkennen.

eine tierärztliche Untersuchung, um der Ursache auf die Spur zu kommen.

Da Sie Ihren Hund täglich sehen, bemerken Sie schleichende Gewichtsveränderung meist erst sehr spät. Als objektive Kontrolle hat sich regelmäßiges Wiegen, etwa alle 14 Tage bewährt. Nehmen Sie dazu Ihren Hund auf den Arm und stellen Sie sich zusammen mit ihm auf eine Personenwaage. Notieren Sie das Gesamtgewicht. Danach stellen Sie sich ohne Hund auf die Waage und ziehen nun Ihr Gewicht vom Gesamtgewicht ab. Gewichtsveränderungen von 3 kg und mehr nach oben oder unten innerhalb des Kontrollzeitraums von 14 Tagen sind bedenklich. Bei sehr großen und schweren Hunden ist es kaum möglich zu wiegen. Hier kann man sich mit einem Maßband behelfen. Messen Sie die Taille des Hundes alle 14 Tage und notieren Sie sich den Messwert. Wird er größer, hat der Hund zugenommen; wird er kleiner hat das Tier an Gewicht verloren.

Entwurmung und Kotuntersuchung

Fast alle Hundewelpen sind verwurmt, da Wurmlarven über die Muttermilch von der Hündin auf die Welpen übertragen werden (siehe auch S. 88). Aus diesem Grund müssen jungen Hunde nach Absetzen von der Mutter

Eine Entwurmung ohne vorherige Kotuntersuchung belastet oft unnötig den Organismus.

konsequent gegen Spul- und Hakenwürmer behandelt werden. Dabei muss man das Entwurmungsschema auf dem Beipackzettel des Wurmpräparates bzw. die Anweisungen des Tierarztes genau beachten, um den Wurmbefall vollständig zu beseitigen.

Erwachsene Tiere sollten nur dann entwurmt werden, wenn wirklich Würmer vorhanden sind. Wie in der ganzen Medizin und Tiermedizin gilt auch hier: **Vor jeder Therapie steht die Diagnose** und unnötige Entwurmungen belasten den Organismus. Zur Kontrolle reicht eine regelmäßig durchgeführte mikroskopische Kotuntersuchung durch den Tierarzt. Bringen Sie am besten einmal im Jahr zum Impftermin eine bohnengroße Menge Kot zur Untersuchung mit in die Praxis.

Kastration

Die Kastration der Hündin ist aus medizinischer Sicht sinnvoll und sehr zu empfehlen, da unkastrierte weibliche Hunde zu einem hohen Prozentsatz an Gesäugekrebs und Gebärmuttervereiterungen erkranken (siehe S. 113 und 115). Das »Spritzen« gegen die Läufigkeit und die »Antibabypille« sind abzulehnen, da beide ein großes Gesundheitsrisiko darstellen.

Rüden sollten nur dann kastriert werden, wenn medizinische Probleme (z. B. Prostataveränderungen, Perianalfisteln u. Ä.) das erfordern. Ansonsten ist es sicher besser, Fehlverhalten durch Verhaltenstherapie zu beeinflussen, als ein Tier durch einen chirurgischen Eingriff so zu verändern, dass es sich an eine ihm nicht adäquate Situation anpasst.

Kupieren

Sie wissen sicher, dass das Kupieren der Ohren eines Hundes in Deutschland verboten ist. Die anfangs aufgebrachten Züchter haben sich inzwischen an die neue Erscheinungsform ihrer Rassen gewöhnt. Jetzt gibt es endlich auch Bestrebungen, das Kupieren der Schwänze nach optischen Gesichtspunkten zu verbieten. Die Arbeitsgemeinschaft kritische Tiermedizin und viele meiner Kollegen und Kolleginnen haben sich gegen das

GESUNDHEITSVORSORGE 27

Kupierte Ohren sieht man nur noch bei älteren Hunden.

Kupieren von Hundeschwänzen ausgesprochen und führen diese **sinnlose Operation** in ihrer Praxis nicht mehr durch.

Schutzimpfungen

Die jährliche Schutzimpfung ist die beste Vorbeugung gegen die gefährlichen Infektionskrankheiten Staupe, Hepatitis, Leptospirose, Parvovirose, Tollwut und Borreliose. Hundebabys **geimpfter** Mütter nehmen die Antikörper gegen diese meist tödlich verlaufenden Erkrankungen mit der Muttermilch auf und sind dadurch bis zur 8. Lebenswoche immun. Dieser so genannte Nestschutz würde durch eine zu frühe Impfung, also vor der 8. Lebenswoche, zerstört. Mit 8 Wochen allerdings sollte mit der Grundimmunisierung begonnen werden. Welpen ungeimpfter oder unzureichend geimpfter Mütter kann man mit einer passiven Impfung gegen einen Teil der genannten Infektionskrankheiten schon ab der 4. Lebenswoche kurzfristig schützen. Sie erhalten vom Tierarzt ein Serum, das die gleichen Antikörper enthält, wie die Muttermilch geimpfter Hündinnen. 3 Wochen hält dieser Schutz an und muss dann durch die reguläre Impfung ergänzt werden.

Zur regulären Impfung gehört die **Grundimmunisierung,** die aus 2 Impfungen besteht. Die erste Impfung erfolgt in der 8. Lebenswoche, die zweite 3–4 Wochen danach. Der Impfschutz hält 1 Jahr, d.h. er muss durch **eine** Wiederholungsimpfung jährlich aufgefrischt werden.
Trächtige Hündinnen dürfen nicht geimpft werden, da das Impfvirus die Früchte schädigen könnte.

Blutuntersuchung

Viele Organerkrankungen bemerkt man erst im fortgeschrittenen Stadium. Ab dem 6. Lebensjahr sollte daher bei Ihrem Hund einmal jährlich eine Blutuntersuchung durchgeführt werden, um die Funktion der Organe zu kontrollieren. Die meisten Hunde lassen sich die Blutentnahme ohne Gegenwehr gefallen. Viele ängstliche Tierbesitzer fürchten, der kleine Stich in die Vene belaste ihren vierbeinigen Freund zu sehr und lehnen aus dieser falsch verstandenen Tierliebe die Blutuntersuchung als Vorsorgemaßnahme ab. Wenn sich jedoch versteckte Krankheiten später mit massiven Symptomen manifestieren, leidet der Patient sicher mehr, als unter diesem kleinen, fast schmerzlosen Eingriff. Die meisten Organerkrankungen sind durch Medikamente noch gut zu beeinflussen, wenn sie nur frühzeitig erkannt werden.

Herzkontrolle

Herzerkrankungen werden bei Hunden immer häufiger diagnostiziert. Manche Hunderassen

Impfschema

Krankheit	Grundimmunisierung	Auffrischung
Staupe	2x im Abstand von 3–4 Wochen	jährlich
Hepatitis	2x im Abstand von 3–4 Wochen	jährlich
Leptospirose	2x im Abstand von 3–4 Wochen	jährlich
Parvovirose	2x im Abstand von 3–4 Wochen	jährlich
Tollwut	2x im Abstand von 3–4 Wochen	jährlich
Borreliose	2x im Abstand von 3–4 Wochen	jährlich
Zwingerhusten	2x im Abstand von 3–4 Wochen	jährlich

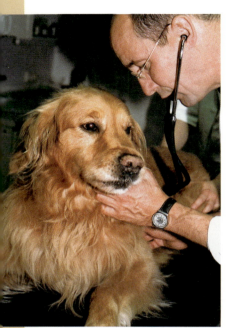

Das Abhören des Herzens mit dem Stethoskop ist Grundlage jeder Allgemeinuntersuchung.

(z. B. Dackel, Pudel) sind besonders häufig betroffen. Wie groß die Chance ist, auch als herzkranker Hund ein langes und beschwerdefreies Leben zu führen, hängt entscheidend davon ab, wie früh die Fehlfunktion dieses wichtigen Organs festgestellt und durch Medikamente beeinflusst werden kann. Zur Kontrolle der Herzfunktion dient die Auskultation (Abhören) des Herzens mit dem Stethoskop, am besten einmal im Jahr beim Impftermin. Bei verdächtigem Befund wird der Tierarzt mit Hilfe weitere Untersuchungen (EKG, Röntgen, Ultraschall) die Diagnose sichern und das Tier auf die geeigneten Medikamente einstellen.

Ernährung

Der Hund war ursprünglich ein Beutefresser. Die Beutetiere lieferten ihm nicht nur Muskelfleisch, sondern auch Innereien, Knochen und damit Mineralien, Körperfett, Blut und damit Salze sowie Ballaststoffe in Form von Fell.
Die ideale Hunderation sollte in ihrer Zusammensetzung der natürlichen Nahrung, d. h. dem des Beutetieres weitgehend entsprechen. Eine Reihe von Krankheiten sind ernährungsbedingt oder werden durch falsche Ernährung ausgelöst. Bieten Sie daher Ihrem Hund von Anfang an eine abwechslungsreiche und hochwertige Ernährung (siehe auch S. 30). Einseitige Futterzusammenstellungen und mindere Futterqualität ist Sparsamkeit am falschen Ende, die Sie im Laufe eines Hundelebens nicht selten durch hohe Tierarztrechnungen teuer bezahlen müssen, ganz zu schweigen von den Leiden des kranken Tieres.
Als Grundsatz gilt: **Vielseitig und abwechslungsreich füttern.**
Industriell vorgefertigtes **Dosenfutter** entspricht in seiner Zusammensetzung sicherlich den Bedürfnissen des Hundes. Es ist jedoch denaturierte, sterilisierte Nahrung, künstlich mit Vitaminen angereichert. Durch die weiche Konsistenz des Dosenfutters werden die Hundezähne nicht abgerieben und es entsteht in kurzer Zeit der gefürchtete Zahnstein. Es ist für die meisten Menschen undenkbar, sich ausschließlich von Konserven zu ernähren. Wir sollten es unseren vierbeinigen Freunden ebenfalls nicht zumuten.
Trockenfutter als Hauptnahrung ist vom gesundheitlichen Standpunkt ebenfalls nicht unproblematisch. Hunde, die nur mit Trockenfutter ernährt werden neigen zu unkontrollierter Nahrungsaufnahme. Sie sind den immer gleichen Geschmack ihres Futters bald leid und fressen alles andere, was Ihnen »unter die Schnauze« gerät gierig in sich hinein. Darmerkrankungen durch verdorbene Futterreste auf der Straße bis hin zu Vergiftungen durch ausgelegte Rattengiftköder sind bei »Trockenfutterhunden« weitaus häufiger zu sehen, als bei Hunden, die abwechslungsreich gefüttert werden.
Da in Trockenfutter verderbliche Lebensmittel verarbeitet werden, muss es so verändert und konserviert werden, dass es in den nicht gekühlten Regalen der Tiergeschäfte und Supermärkte nicht verdirbt. Auch wenn häufig mit dem Begriff »konservierungsmittelfrei« geworben wird, so müssen doch chemische Veränderungen zur Haltbarmachung vorgenommen werden. Ähnlich wie beim Dosenfutter stellt sich die Frage, ob wir eine solche naturferne Dauerernährung unseren

GESUNDHEITSVORSORGE 29

Hunden zumuten sollten. Futterrationen, zubereitet aus frischen, möglichst naturbelassenen Produkten, schmecken besser und sind sicherlich gesünder.

Der Tierarztbesuch

Niemand geht gerne zum Arzt, auch ein Hund nicht. Dennoch ist es falsch verstandene Tierliebe, aus Rücksicht auf einen besonders ängstlichen Hund den notwendigen Tierarztbesuch hinauszuzögern. Wertvolle Zeit bis zum Beginn der Behandlung verstreicht; Zeit, die unter Umständen über Erfolg oder Nichterfolg einer Therapie entscheiden kann. Es gibt eine, in den meisten Fällen erfolgreiche Methode überängstlichen Vierbeinern einen Tierarztbesuch im wörtlichen Sinne »schmackhaft« zu machen: Gehen Sie mit dem **gesunden** Hund immer mal wieder zu Ihrem Tierarzt und bitten ihn, bei diesen »Desensibilisierungsbesuchen« das Tier nur zu streicheln, für seine »Tapferkeit« zu loben und mit einem «Leckerli» zu belohnen. Mit jedem Besuch wird der Hund weniger ängstlich werden, bis er zuletzt sogar erwartungsvoll und freudig die Praxis betritt. Wenn das Tier dann wirklich einmal krank wird, ist es für den Tierarzt sehr viel einfacher zu untersuchen und zu behandeln. Die Untersuchung kann gründlicher, die Behandlung effektiver durchgeführt werden, wenn der

Hund kooperiert und nicht wild um sich beißt.
Die Reaktion des Hundebesitzers ist ebenfalls sehr wichtig beim Besuch einer Tierarztpraxis. Wenn Sie ihren Hund bemitleiden, hat er das Gefühl, dass etwas sehr Gefährliches passieren wird, wovor sogar sein Besitzer Angst hat. Ängstliche Tiere brauchen starke »Rudelführer«, sonst fühlen sie sich verloren. Zeigen Sie Ihrem Hund, dass **Sie** keine Angst haben. Loben Sie das Tier für sein mutiges Verhalten und gehen sie entschlossen und ohne zu zögern mit Ihrem Vierbeiner vom Wartezimmer in den Behandlungsraum. Zeigen Sie dem Hund deutlich, dass Sie Mut bewundern. Um ihrem geliebten zweibeinigen Gefährten zu gefallen, machen Hunde fast alles – sogar zum Tierarzt gehen. Bestehen Sie bitte nicht auf einen Hausbesuch, wenn Ihr Tierarzt es nicht für richtig hält. Meist sind schon die Lichtverhältnisse in einer Privatwohnung für eine gründliche Untersuchung nicht ausreichend. Der Hund ist in **seinem** Revier und meist weniger kooperativ. Viele Diagnosetechniken (z. B. Röntgen, Ultraschall) können nur in einer tierärztlichen Praxis durchgeführt werden. Wenn beim Hausbesuch eine ernste Erkrankung festgestellt wird, muss das Tier sowieso zu einer eingehenden Untersuchung in die Praxis. Machen Sie daher am besten gleich »Nägel mit Köpfen« und bringen Sie den

Patienten in die Praxis, damit keine Zeit bis zum Beginn der Therapie verloren geht.

In der Tierarztpraxis

Vermeiden Sie jeden Kontakt (z. B. Streicheln) mit anderen Tieren im Wartezimmer der Tierarztpraxis. Lassen Sie Ihren Hund nicht im Wartezimmer herumlaufen, andere Tiere beschnüffeln oder mit Artgenossen spielen. Vierbeiner, die zum Tierarzt kommen, sind in der Regel krank. **Es besteht Ansteckungsgefahr!** Kleinere Tiere (z. B. Kaninchen, Katzen oder Vögel) können sich vor einem Hund »zu Tode« erschrecken. Halten Sie daher bitte Abstand. Wenn das Wartezimmer überfüllt ist, empfiehlt es sich manchmal, nach Anmeldung bei der Tierarzthelferin, noch solange spazieren zu gehen, bis die Reihe an Ihnen ist.
Nicht nur der Hund, sondern auch Frauchen und Herrchen befinden sich nicht selten in einem Ausnahmezustand. Sorge und Mitleid mit Ihrem kranken Tier lassen sie oft die wichtigsten Informationen vergessen.
Für den Tierarzt ist jedoch ein exakter Vorbericht sehr hilfreich. Machen Sie sich daher zu Hause Notizen und nehmen Sie diese schriftlichen Aufzeichnungen mit in die Praxis. Wichtige Details, die für eine Diagnose und erfolgreiche Therapie von Bedeutung sind, gehen damit nicht verloren.

ERNÄHRUNG DES HUNDES

Immer mehr Menschen achten auf ihre Gesundheit und bevorzugen in ihrem persönlichen Ernährungsverhalten »biologische«, d.h. vollwertige und möglichst naturbelassene Nahrungsmittel. Was liegt näher, als auch die vierbeinigen Freunde an diesem Gesundheitstrend teilhaben zu lassen. Wenn Sie sich entschließen, die Mahlzeiten Ihres Hundes aus frischen Produkten selbst herzustellen, sollten Sie über die ernährungsphysiologischen Bedürfnisse dieser Tierart genau Bescheid wissen, um Mangel- oder Fehlernährung zu vermeiden:

Der Hund ist ursprünglich ein Beutefresser. Die Beutetiere lieferten ihm nicht nur Muskelfleisch sondern auch Innereien, Knochen und damit Mineralien, Körperfett, Blut und damit Salze sowie Ballaststoffe in Form von Fell. Die ideale Hunderation sollte in ihrer Zusammensetzung dem eines Beutetieres weitgehend entsprechen. Ernährungsphysiologisch bedeutet das, dass das tägliche Menü folgende Komponenten enthalten sollte:
– Eiweiß
– Kohlenhydrate
– Fette
– Mineralstoffe
– Vitamine und Spurenelemente.

Als Grundsatz gilt:
Vielseitig und abwechslungsreich füttern!

Eiweiß

Eiweiß ist vor allem in Muskelfleisch, Innereien, Eiern, Milchprodukten und Fisch enthalten. Der Hund benötigt wesentlich mehr Eiweiß als der Mensch, sodass bei dauerhafter Fütterung »vom Tisch« Mangelerscheinungen auftreten können. Aber nicht nur die Menge sondern auch die Zusammensetzung des Eiweißes ist entscheidend für die optimale Versorgung. Eiweiß setzt sich aus verschiedenen Bausteinen, den Aminosäuren zusammen. Muskelfleisch, Fisch, Innereien und Eier sind hochwertige Eiweißträger. Sie enthalten das gesamte für den Hund notwendige Aminosäurenspektrum. Den Eiweißen in Bindegewebe (v. a. Sehnen) und Pflanzen fehlen mehrere der erforderlichen Bausteine. Sie sind daher als alleiniges Hundefutter nicht geeignet. Um eine ausreichende Eiweißversorgung zu gewährleisten, sollte ein gefüllter Futternapf etwa zur Hälfte hochwertige Eiweißträger und zur Hälfte Zusätze wie z. B. Reis, Flocken, Nudeln u.Ä. enthalten. Beim alternden Hund (ab ca. 8 Jahren) empfiehlt es sich dann den Eiweißgehalt der Nahrung zu reduzieren, sodass nur noch $1/3$ Eiweißträger in der täglichen Ration enthalten sind. Folgende Informationen sind bei der Verfütterung von Eiweißträgern zu beachten:

▶ Muskelfleisch

Für den Hund wertvolle Muskelfleischsorten sind Rind-, Schaf-, Pferde-, Schweine-, Wild- und Geflügelfleisch. Grundsätzlich kann das Fleisch (mit einigen Ausnahmen) roh, gekocht oder gebraten verfüttert werden. In rohem Fleisch sind Nährstoffe und Vitamine in unveränderter Form enthalten. Verfüttern Sie jedoch nur rohes Fleisch, das auch für den menschlichen Verzehr von seriösen Metzgern angeboten wird. Abfallfleisch oder Fleisch unbekannter Herkunft kann, wenn es roh gegeben wird, ein Gesundheitsrisiko darstellen.

Naturbelassene Nahrungsmittel können »von klein auf« verfüttert werden.

ERNÄHRUNG DES HUNDES

Vorsicht: Schweine- und Geflügelfleisch dürfen niemals roh verfüttert werden.
Schweinefleisch kann das gefährliche Aujeszky-Virus (siehe S. 43) enthalten; durch rohes Geflügelfleisch können sich die Tiere mit Salmonellen infizieren. Beide Fleischsorten müssen gekocht oder gebraten werden, wobei darauf zu achten ist, dass sie auch im Innern gar sind.
Die Gefahr, dass unsere Hunde sich durch rohes Fleisch mit Bandwürmern infizieren ist gering. Durch die tierärztliche Fleischbeschau in Deutschland wird weitgehend verhindert, dass finnenhaltiges Fleisch von Schlachttieren in den Verkehr gebracht wird. Finnen nennt man die eingekapselten Übergangsformen des Bandwurms in der Muskulatur des Zwischenwirtes z.B. Rind und Schwein (siehe S. 87). Wenn Sie jedoch ganz sicher sein wollen, frieren Sie das Fleisch vor dem Verfüttern im Gefrierschrank 2–3 Tage bei mindestens 15 °C ein. Eventuell vorhandene Bandwurmfinnen werden dadurch sicher abgetötet.
Bisher ist kein Fall von BSE beim Hund aufgetreten. Grundsätzlich kann jedoch die Übertragung durch infiziertes Rindfleisch auch auf Hunde nicht ausgeschlossen werden.
Vorsichtige Hundebesitzer aus gefährdeten Ländern können auf andere Fleischsorten und Eiweißträger ausweichen.

➤ Innereien

Entsprechend der Zusammensetzung der Beutetiere sollte die tägliche Ration des Hundes etwa 10–20 % aus Innereien bestehen. Sie sind sehr vitaminreich. Roh verfüttert erzeugen sie oft Durchfall. Gekocht werden sie meist lieber aufgenommen. Zu den für den Hund wertvollen Innereien zählen Nieren, Leber und Pansen (Vormagen des Rindes). Das Herz wird nicht den Innereien zugerechnet. Durch seine Faserstruktur zählt es zum Muskelfleisch und kann ebenso wie dieses in größeren Mengen verfüttert werden.
Nieren sind gut verdaulich und verfügen über ein großes Aminosäurenspektrum, d.h. sie enthalten hochwertiges Eiweiß. Daneben haben sie einen hohen Gehalt an Vitaminen und Spurenelementen (beispielsweise Zink und Kupfer). Da die Nieren jedoch zu den Ausscheidungsorganen gehören sind sie häufig mit Schadstoffen belastet. Füttern Sie daher Nieren höchstens einmal in der Woche.
Pansen nennt man den Vormagen von Wiederkäuern. Am wertvollsten ist der **ungereinigte** Pansen, da er viele Mikroorganismen und Vitamine enthält.
Vorsicht: Pansen riecht für die menschliche Nase nicht angenehm und sollte im Freien (z. B. Garten) verfüttert werden. Da Kühe auf der Weide häufig Fremdkörper verschlucken, sollte der Pansen vor dem Verfüttern auf Metallstücke, Sand oder Steine kontrolliert werden.

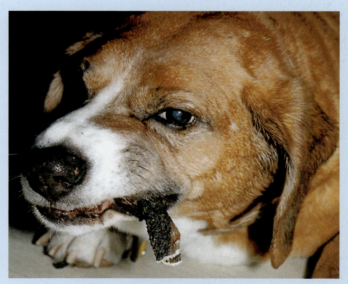

Ungereinigter getrockneter Pansen ist ein gesunder Leckerbissen für jeden Hund.

Die **Lunge** hat nur wenig Fett. Sie ist nicht besonders gehaltvoll und eignet sich daher lediglich zur Volumenanreicherung bei Reduktionsdiäten. Gut gekocht mit anderem Fleisch zusammen wird sie gerne aufgenommen.
Die **Leber** ist reich an Vitaminen. Roh erzeugt sie oft Durchfall. Gekocht stopft sie manchmal.
Die **Milz** ist sehr bindegewebsreich und daher wenig verdaulich. Die Wertigkeit des Eiweißes ist gering.
Das **Geschlinge** gehört eigentlich nicht zu den Innereien, wird aber im landläufigen Sinn oft dazu gezählt. Es enthält häufig sehr viel Fett.
Auch das **Euter** ist keine Innerei. Wegen der Restmenge an Milch hat es einen hohen Kalziumgehalt, aber auch viel Fett.

➤ **Milchprodukte**

Sie enthalten viel leicht verdauliches Eiweiß und sind daher eine wertvolle Ergänzung zur Fleischfütterung. Der in Milchprodukten enthaltene Milchzucker führt jedoch bei manchen Hunden zu Durchfall. In diesem Fall kann als Alternative auf vergorene Milchprodukte wie z.B. Jogurt, Dickmilch oder Käse zurückgegriffen werden. Auch Quark wird häufig gut vertragen. Der körnige Hüttenkäse wird zusammen mit (in Wasser) gekochtem Milchreis als Durchfalldiät bei Darmerkrankungen empfohlen. Da das Kalzium-/Phosphor-Verhältnis im Hüttenkäse nicht optimal für den Bedarf

des Hundes ist, sollte Hüttenkäse nicht dauerhaft gefüttert werden.

➤ **Eier**

Rohes Eiklar sollte nicht verfüttert werden. Es bindet das Vitamin H (Biotin) im Darm und kann dadurch zu Biotin-Mangelerscheinungen mit stumpfen Fell und infektionsanfälliger Haut führen. Wegen der Gefahr einer Salmonelleninfektion sollte auch kein rohes Eigelb mehr verfüttert werden. Studien belegen, dass jedes dritte Ei mit Salmonellen infiziert ist. 1–2 hart gekochte Eier, Rühroder Spiegeleier in der Woche werden jedoch gut vertragen.

➤ **Fisch**

Viele Hunde lieben Fisch. Fische sind gesund und reich an verdaulichem Eiweiß. Rohe Fische und Schalentiere (z.B. Muscheln) enthalten jedoch ein Enzym, welches das Vitamin B1 zerstört. Daher sollten Fische und Schalentiere nur gekocht oder gebraten verfüttert werden, um Vitamin-B-Mangelerscheinungen zu vermeiden. Rohe Fische können (wenn auch selten) Finnen des Fischbandwurms enthalten, an denen sich auch unsere Haushunde infizieren können. **Vorsicht:** Fischköpfe können Angelhaken enthalten.

➤ **Wurstwaren**

Wurst hat in der Regel einen hohen Fettgehalt, wenig Mineralstoffe und Vitamine. Als Belohnung eignet sie sich jedoch bes-

ser als jedes industriell vorgefertigte »Leckerli«. Wiener Würstchen z.B. in Scheiben geschnitten oder auch ganz wird sicherlich jeder Hund gerne mögen.
Vorsicht: Plastikhüllen und Metallklammern in Wurstwaren können zum Darmverschluss führen.

Kohlenhydrate

Der Hund kann nur leicht verdauliche oder bereits angedaute (Mageninhalt der Beutetiere) pflanzliche Nahrungsmittel verwerten. Zur Fütterung eignet sich daher:
  – weich gekochter Reis
  – Hundeflocken
  – gekochtes Gemüse
  – Nudeln
  – gekochte Kartoffeln
  – gekochte Hirse
  – Kornflakes.
Vollkornprodukte oder grobe Haferflocken sind nicht genügend aufgeschlossen und werden vom Hund zum größten Teil unverdaut wieder ausgeschieden. Manche Hunde reagieren darauf mit Durchfall.

Fette

Fette sind nicht nur Energielieferanten. Sie führen dem Körper essenzielle (lebensnotwendige) Fettsäuren zu, ermöglichen die Aufnahme fettlöslicher Vitamine und dienen nicht zuletzt der

ERNÄHRUNG DES HUNDES

Geschmacksverbesserung des Futters. Ist der Hund zu dick, muss selbstverständlich der Fettgehalt in der Nahrung reduziert werden.

Füttern Sie grundsätzlich keine Seetieröle (z. B. Lebertran). Diese Fette werden auf Grund ihres hohen Gehaltes an ungesättigten Fettsäuren so schnell ranzig, dass sie oft schon kurz nach dem Kauf verdorben sind. Sie führen dann bei empfindlichen Hunden zu schweren Leberfunktionsstörungen. Um einem Mangel an essenziellen Fettsäuren vorzubeugen, geben Sie pro Tag etwa 1 Esslöffel pro 10 kg Körpergewicht kalt gepresstes Pflanzenöl (Leinöl, Distelöl, Sonnenblumenöl aus dem Reformhaus) in den Futternapf zusammen mit der angebotenen Ration. Lagern Sie die angebrochene Ölflasche kühl und dunkel, am besten im Kühlschrank.

Mineralstoffe

Die Mineralstoffe Kalzium und Phosphat werden meist zusammen genannt, weil ihr Vorliegen im richtigen Verhältnis zueinander für den gesunden Knochenbau eine große Rolle spielt. Das optimale Verhältnis von Kalzium zu Phosphat in der Nahrung beträgt 1:1 beim erwachsenen und 1,5–2:1 beim wachsenden Hund. Im Muskelfleisch und in Innereien ist relativ viel Phosphat und nur wenig Kalzium enthalten. Wenn der Hund, wie seine Vorfahren, ein Beutetier zusammen mit den Knochen fressen würde, wäre das Verhältnis ideal. Frisst er heute nur Fleisch und keine Knochen, entsteht auf Dauer Kalziummangel. 1–2 Kalbsknochen pro Woche liefern nicht nur die notwendigen Mineralstoffe sondern reinigen auch das Gebiss von Zahnbelag. Milchprodukte enthalten viel Kalzium und sind eine hervorragende Ergänzung zum Fleisch.

Werden keine Knochen gefressen oder nicht vertragen (beim darmempfindlichen Hund), kann die Tagesration mit Mineralstoffpräparaten ergänzt werden. Aber Vorsicht: Ein zuviel an Mineralstoffergänzungspräparaten kann zu schweren Störungen des Bewegungsapparates führen (siehe S. 124). Fragen Sie Ihren Tierarzt nach den geeigneten Präparaten und halten Sie sich genau an die Dosisangaben. Beim **wachsenden** Hund (vor allem bei großen Rassen) empfiehlt es sich, alle 2 Monate einen Bluttest durchzuführen, um eventuelle Mineralstoffinbalancen rechtzeitig zu erkennen und zu regulieren.

Zusatzfutter

Es gilt die Regel: Alles, was schmeckt (außer natürlich Genussmittel wie z. B. Alkohol oder Kaffee) ist in Maßen erlaubt. So zum Beispiel auch ein

Übergewicht ist ein großes Gesundheitsrisiko.

Butter- oder Leberwurstbrot zusammen mit dem zweibeinigen Freund zum Frühstück, ein Stück Wurst oder Schokolade. Wie beim Menschen schaden kleine »Sünden« nicht. Sie heben lediglich die Lebensfreude und stärken damit die Abwehrkräfte gegen Infektionskrankheiten. Erst wenn Ernährungssünden überhand nehmen, sind auf Dauer Schäden zu erwarten.

Achten Sie jedoch auf das Gewicht Ihres Hundes. Übergewicht ist eine der häufigsten Zivilisationsschäden auch beim Hund. Die daraus entstehenden Erkrankungen führen zu großen Leiden des Tieres.

Viel Spaß beim Zusammenstellen einer abwechslungsreichen und schmackhaften Kost für Ihren Hund!

INFEKTIONSKRANKHEITEN

Staupe

➤ Erreger

Die Staupe ist eine Viruserkrankung. Sie wird auch als Carrésche Krankheit, Canine distemper oder Febris catarrhalis et nervosa canis bezeichnet. Die Staupe ist hoch ansteckend für unsere Haushunde, aber auch für Wildhunde (z.B. Dingos), für Kleinbären, Frettchen, Wiesel, Dachs, Marder, Nerze, Otter und Robben. Der Erreger ist ein Morbillivirus aus der Familie der Paramyxoviren. Dieses Virus ist hitzeinstabil. Sonnenbestrahlung zerstört es innerhalb weniger Stunden. Daher kann sich ein ungeimpfter Hund z.B. in einem Garten, den ein staupekranker Hund betreten hatte, im Sommer nach etwa 24 Stunden nicht mehr infizieren. Im Haus bei Zimmertemperatur bleibt das Virus einige Tage infektionsfähig. Der Erreger ist verwandt mit dem menschlichen Masernvirus. Er ist jedoch nicht auf den Menschen übertragbar.

➤ Ansteckung

Das Virus wird mit allen Sekreten (Tränenflüssigkeit, Speichel) und Exkreten (Urin und Kot) ausgeschieden. Aufgenommen wird es über den Atem- und Verdauungstrakt z.B. beim Schnüffeln an Ausscheidungen infizierter Tiere oder durch direkten Körperkontakt mit Staupekranken. Für Jagdhunde besteht ein erhöhtes Risiko, sich durch Wildtiere wie z.B. Marder oder Wiesel anzustecken.

➤ Verlauf

Die Zeit von der Ansteckung bis zum Ausbruch der Erkrankung (Inkubationszeit) dauert zwischen 3 und 7 Tagen. Erste unspezifische Krankheitszeichen sind hohes Fieber (um 40°C), Appetitmangel und Apathie. In dieser Phase der Krankheit können bereits, wenn auch selten, Todesfälle auftreten. Im weiteren Verlauf kann man die Staupe in 4 klassische Formen einteilen, die jedoch heute fast nie mehr isoliert auftreten, sondern sich meist vermischen:

Die Staupe der Atemwege
Es entstehen Katarre mit eitrigem Augen- und Nasenausfluss, Mandelentzündung, Entzündungen des Rachens, der Luftröhre, der Bronchien und Lungen. Der anfangs trockene Husten wird später feucht und rasselnd. Es bestehen oft schwere Atembeschwerden. Da häufig die Nasenlöcher verklebt sind, atmen die Hunde durch den Mund. Man kann das an den im Atemrhythmus sich hebenden Lefzen erkennen (»Backenblasen«). Auch die Augen sind häufig betroffen. Es treten Bindehautentzündungen und Hornhautgeschwüre auf.

Die Staupe des Verdauungstraktes

Im Vordergrund dieser Verlaufsform stehen schwere Durchfälle und Erbrechen. Die Tiere verlieren sehr viel Flüssigkeit und Elektrolyte, was Auswirkungen auf das Kreislaufsystem hat. Ältere Tiere sterben häufig an Herz-Kreislauf-Versagen auf Grund des Flüssigkeitsmangels. Auf Grund der starken Durchfälle und der Unfähigkeit Nahrung in sich zu behalten, magern die Tiere stark ab.

Die Staupe des Nervensystems

Die nervöse Staupe ist die bösartigste Verlaufsform. Sie ist gekennzeichnet durch Schwäche der Gliedmaßen, Lähmungen, epileptische Krämpfe, Manegebewegungen, Einschränkung der Sinne (Erblinden, Taubheit). Häufig sieht man Kaukrämpfe mit starker Speichelbildung, was viele Menschen an Tollwut erinnert. Überlebt der Hund die nervöse Form der Staupe, bleiben oft als Spätfolgen Epilepsie, Ticks wie z.B. Kopfzucken oder Schmatzen zurück. Die Intelligenz des Tieres kann auf Grund der Nervenschädigungen im Gehirn dauerhaft herabgesetzt sein.

Die Staupe der Haut und Zähne

Sie zeigt sich in der Regel als pustel- oder bläschenförmiger Ausschlag meist am Bauch und/oder hochgradiger Rötung

INFEKTIONSKRANKHEITEN 35

der Ohrinnenfläche. Seltener treten massive Verhornungen der Sohlenballen und des Nasenspiegels auf. Diese so genannte **Hartballenkrankheit** verläuft meist zusammen mit nervösen Krankheitszeichen.
Tritt die Staupe in den ersten Lebensmonaten zu der Zeit auf, in der sich die Zähne entwickeln, so entsteht das typische Staupegebiss. Dabei handelt es sich um massive Schmelzdefekte der gesamten Zähne.

▸ Tierärztliche Behandlung

Da es sich um eine Viruserkrankung handelt, gibt es keine spezifische Behandlung gegen den Erreger selbst. Immunseren, d.h. Antikörper gegen das Staupevirus, werden zwar eingesetzt, Ihre Wirkung ist, zumindest im fortgeschrittenen Stadium der Krankheit, umstritten.
Die Therapie des Tierarztes richtet sich nach den Symptomen und der Verlaufsform. Um einen Kreislaufzusammenbruch (Schock) zu verhindern, müssen Flüssigkeitsverluste, die durch Erbrechen und Durchfall entstehen, mit Infusionen ausgeglichen werden.
Da krankmachende **Bakterien** gerne einen durch Viren geschwächten Organismus befallen, ist der Einsatz von Antibiotika absolut notwendig. Antibiotika sind Medikamente, die Bakterien abtöten oder an ihrer Vermehrung hindern. Eine bakterielle Zusatzinfektion ist die häufigste Todesursache bei der Staupe. Entkrampfende und schmerzstillende Präparate werden zur Linderung der Beschwerden des kleinen Patienten verabreicht. Gegen Krämpfe, die nicht selten bei der Hirnstaupe auftreten, helfen Medikamente, die auch bei Epilepsie eingesetzt werden. Zusätzlich zur Symptombehandlung wird der Tierarzt versuchen, die körpereigenen Abwehrkräfte des Patienten zu mobilisieren. Neben der spezifischen Abwehr (Immunität), die z.B. durch Impfungen aktiviert wird, verfügt der Körper auch über unspezifische Abwehrmechanismen gegen Krankheiten. Dieser Teil des Abwehrsystems hat sich nicht auf bestimmte Erreger spezialisiert, sondern bekämpft alle krankmachenden Keime, die in den Körper eindringen wollen oder schon eingedrungen sind.
Diese unspezifische körpereigene Abwehr wird von den Medizinern als **Paramunität** bezeichnet, die Aktivierung dieser unspezifischen Abwehr als **Paramunisierung.**
Prof. Dr. Dr. Anton Mayr entwickelte schon Anfang der achtziger Jahre ein überaus wirksames Präparat zur Paramunisierung, das heute von vielen Tierärzten gegen Viruserkrankungen eingesetzt wird.

▸ Häusliche Pflege

Um überleben zu können, braucht der Hund intensive Betreuung rund um die Uhr. Sind Sie berufstätig, sollten Sie Urlaub nehmen. Ist das nicht möglich, muss der Patient in eine Tierklinik. Es ist sehr wichtig, dass der kranke Hund nicht den Eindruck bekommt, abgeschoben zu werden. Ist ein Klinikaufenthalt unumgänglich, empfiehlt es sich, mit dem leitenden Tierarzt der Tierklinik Besuchstermine zu vereinbaren. Wenn Sie sich umsichtig verhalten und die Klinikroutine nicht stören, werden Sie mir diesem Anliegen selten auf Ablehnung stoßen. Für die Psyche und damit für die Genesung des Tieres ist es sehr hilfreich, wenn es weiß, dass es in einer Situation, in der es so hilflos ist, von Ihnen nicht allein gelassen wird.
Sofern die erforderliche tierärztliche Behandlung in ausreichendem Maß gewährleistet ist, ist die häusliche Pflege der Tierklinik

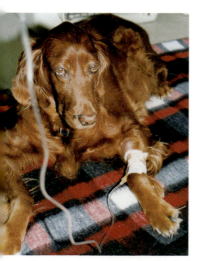

Durch Infusionen werden der Kreislauf des kranken Hundes unterstützt und Flüssigkeitsverluste ausgeglichen.

vorzuziehen. Je nach Stadium und Schwere der Verlaufsform kann das viel Zeit und Kraft in Anspruch nehmen. Oft ist das geschwächte Tier nicht mehr in der Lage, seine Ausscheidungen zu kontrollieren. Legen Sie daher den Patienten in einen warmen Raum, dessen Fußboden gut zu reinigen ist. Teppichböden sollten abgedeckt werden. Verwenden Sie dazu am besten Einmalunterlage. Sobald sie mit Kot oder Urin verschmutzt sind, müssen sie ausgewechselt und der Hund gesäubert werden. Die reinlichen Tiere leiden sehr darunter, in ihren Ausscheidungen liegen zu müssen.

Eine liebevolle Betreuung ist lebensrettend und für jeden Tierfreund sicher selbstverständlich. Bei der Staupe der Atemwege sind häufig die Nasenlöcher und die Augen mit Sekreten verklebt. Reinigen Sie die Nasenlöcher mehrmals täglich, um Verstopfung der Nase und damit Atemnot zu verhindern sowie Entzündungen des Nasenspiegels vorzubeugen. Verwenden Sie dazu am besten einen in warmem Wasser getränkten und dann ausgedrückten Wattebausch. Watte ist weich und reizt die empfindliche Nase nicht. Die häufig bei der Atemwegsstaupe auftretende Augenentzündung mit starker Sekretbildung kann man mit einer Augenkompresse, 2–3mal täglich angewandt, bekämpfen (siehe S. 21). Nach der Augenkompresse geben Sie eine vom Tierarzt verordnete Augensalbe in die entzündeten Augen.

Bei Beteiligung der Lunge am Krankheitsgeschehen mit Husten und Atemnot verschafft ein **Prießnitzumschlag** (siehe S. 23) wirkliche Erleichterung.

Hohes Fieber (über 40 °C) kann man mit Hilfe von »Wadenwickeln«, d.h. kühle, feuchte Umschläge um die Beine und Ohren, senken.

Bei der Staupe des Verdauungstraktes ist es erforderlich, eine längere Zeit Diätnahrung zur Entlastung des Darms zu füttern. Die klassische darmschonende Diät ist Reis mit Hüttenkäse und gekochtem Möhrengemüse. Gerade kranke Hunde, die sowieso keinen Appetit haben, lehnen solche Nahrung meist ab. Dagegen wird Babynahrung in Gläsern (z. B. Rindfleisch-, Puten- oder Hühnchenzubereitung) gerne angenommen. Viele Hunde lieben Kartoffeln. In gekochter Form, schmackhaft gemacht mit püriertem weißen Hühnerfleisch, sind sie auch für darmkranke Tiere überaus verträglich. Häufig hat der Tierarzt auch leichtverdauliche Magen-Darm-Diätnahrung vorrätig. Füttern Sie mehrere kleine Mahlzeiten, um den Verdauungstrakt nicht zu überlasten.

▶ Vorbeugung

Vorbeugen ist besser als Heilen. Gegen Staupe sollte daher **jeder** Hund geimpft sein.

Die Grundimmunisierung besteht aus 2 Impfungen im Abstand von 3–4 Wochen. Hundekinder können ab der 8. Lebenswoche erstmals geimpft werden. Nach der Grundimmunisierung muss die Schutzimpfung **jährlich** aufgefrischt werden.

Nachdem in den letzten Jahren wieder gehäuft Staupefälle in Deutschland aufgetreten sind, ist ein Impfintervall von 2 Jahren, wie manchmal noch praktiziert, nicht mehr zu vertreten.

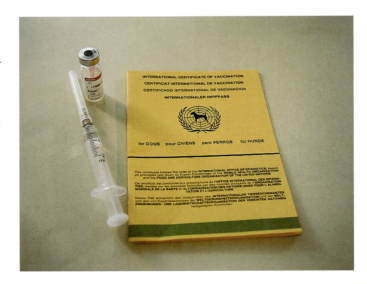

Naturheilkunde

Die Staupe ist eine Viruserkrankung. Es gibt keine Medikamente, um den Erreger abzutöten. Der Tierarzt hat nur die Möglichkeit, die Symptome (Erbrechen, Durchfall, Entzündungen des Atemtraktes, Krämpfe, Epilepsie, Austrocknung, Schock) zu behandeln und durch Antibiotika-Gaben eine Zusatzinfektion mit Bakterien zu verhindern. Mit dem Staupevirus muss der Körper des Hundes selbst fertig werden. Mit Präparaten und Anwendungen aus der Naturheilkunde alleine kann man eine Staupe nicht heilen. Wer das versucht, handelt fahrlässig und setzt das Leben seines Hundes aufs Spiel. Die Naturheilkunde leistet jedoch unschätzbare Dienste bei der Unterstützung der Schulmedizin gegen die oft tödlich verlaufende Staupe.

Der in der **Heidelbeere** vorkommende blaue Farbstoff (Myrtillin) wird in der Naturheilkunde als antibakterielles Mittel bei Durchfallerkrankungen verwendet. Mit dem Eindringen des Farbstoffes in die Bakterien wird deren Wachstum und Vitalität gehemmt.

Heidelbeerabsud, zubereitet aus getrockneten Heidelbeerfrüchten eignet sich daher hervorragend, bakterielle Zusatzinfektionen im virusgeschädigten Darm des Hundes zu unterbinden. Die in der Heidelbeere enthaltene Gerbsäure wirkt beruhigend auf die Darmschleimhaut und verringert die übersteigerte Sekretion von Flüssigkeit.

Die getrockneten Früchte – Sie erhalten sie im Reformhaus oder in der Apotheke – werden etwa 10 Minuten gekocht. Es entsteht ein starker Heidelbeerabsud, der abgekühlt dem Patienten mit einer Einmalspritze eingegeben wird. Über den Tag verteilt erhält der kranke Hund 1 Spritze à 5 ml pro kg Körpergewicht. Sobald der Hund erstmals feste Nahrung (Reis mit Hüttenkäse oder Babynahrung) zu sich nehmen kann, wird die Heidelbeerabkochung unter das Futter gemischt.

Bei der Staupe des Atemtraktes hilft ein **Holunderblütenaufguss** die Beschwerden des Hundes zu lindern. Die Holunderblüte wirkt schleimlösend und entzündungshemmend auf die Atemwege. Die getrockneten **Holunderblüten** *(Sambucus nigra)* – auch sie erhalten Sie in Reformhäusern oder Apotheken – werden mit heißem Wasser übergossen, 10 Minuten ziehen gelassen und danach abgesiebt. Der Aufguss wird abgekühlt und (5 ml pro kg Körpergewicht) über den Tag verteilt dem Patienten direkt in die Mundhöhle eingegeben oder unter das Futter gemischt.

Bei der Gehirnstaupe kann die **Passionsblume** *(Passiflora incarnata)* die Wirkung krampfhemmender Mittel aus der Schulmedizin unterstützen. Lassen Sie sich von Ihrem Apotheker eine Tinktur aus Passionsblume zubereiten und geben Sie dem Patienten davon dreimal täglich 5 Tropfen pro 10 kg Körpergewicht in Wasser verdünnt direkt in die Mundhöhle ein. Die Passionsblume wirkt beruhigend auf das zentrale Nervensystem und kann somit die Intensität und Länge epileptischer Anfälle verringern.

◁ Durch die jährliche Impfung kann der Hund gegen Staupe geschützt werden.

Gefahr für den Menschen

– Keine –

Hepatitis contagiosa canis (H.c.c.)

➤ Erreger

Hepatitis contagiosa canis bedeutet: **Ansteckende Leberentzündung** des Hundes und wird verursacht durch ein in der Außenwelt recht stabiles Virus aus der Familie der Adenoviren. Weitere Namen für diese ansteckende Viruserkrankung sind Rubarthsche Krankheit und Infections canine hepatitis (I.C.H.).

Zur Desinfektion infizierter Räume und Gegenstände mit Hepatitisviren benötigt man spezielle Präparate. Haushaltsdesinfektionsmittel töten das Virus nicht ab.

Ihr Tierarzt kann sie entsprechend beraten. Meist hat er das notwendige Desinfektionsmittel vorrätig.

➤ Ansteckung

Der Erreger wird mit allen Sekreten (z. B. Tränenflüssigkeit und Speichel) und Exkreten (z. B. Urin und Kot) ausgeschieden. Hunde infizieren sich durch direkten Kontakt mit einem erkrankten Artgenossen oder indirekt durch Schnüffeln an Ausscheidungen und durch infizierte Gegenstände (Futternäpfe, Decken, Transportboxen).

➤ Verlauf

Man unterscheidet 3 Verlaufsformen:

Perakute Verlaufsform
Sie tritt vorwiegend bei Welpen in den ersten Lebenswochen auf.

INFEKTIONSKRANKHEITEN

Die Tiere sterben **plötzlich** ohne vorangegangene Krankheitszeichen.

Akute Verlaufsform

Diese Erscheinungsform der Hepatitis findet man vor allem bei erwachsenen und älteren Tieren. Die Inkubationszeit, d. h. der Zeitraum zwischen der Infektion und dem Ausbruch der Erkrankung, dauert hier 2 bis 5 Tage. Als erste Krankheitszeichen fallen Appetitlosigkeit und Teilnahmslosigkeit auf. Es besteht hohes Fieber (über 40 °C), das nach 1–2 Tagen absinkt, um dann einige Tage später erneut anzusteigen. Die erkrankten Hunde leiden unter starken Bauchschmerzen, ganz besonders im Oberbauch im Bereich der Leber. Die Mundschleimhaut ist hochrot und die Mandeln geschwollen. Neben einer Bindehautentzündung findet man häufig Blutungen in die Augenkammern, was zu Dauerschäden der Augen führen kann. Das so genannte »blue eye« (Milchglasauge), eine Trübung des Auges, ist eine allergische Reaktion auf den Krankheitserreger, die nach Genesung spontan wieder abheilen kann. Auch Blutungen unter der Haut, die sich als blaurote Flecken bemerkbar machen, werden gesehen. Die akute Verlaufsform dauert in der Regel 1 Woche. Welpen, die akut erkranken, sterben fast zu 100 %, während ältere Tiere bei fachgerechter Behandlung eine Überlebenschance bis 90 % haben.

Nach Beendigung der akuten Krankheitsphase bleibt häufig eine Leberschädigung zurück, die noch eine längere Zeit der Nachbehandlung erforderlich macht.

Inapparente Verlaufsform

Bei dieser Verlaufsform gibt es keine Krankheitszeichen. Auch die Leberfunktion ist in der Regel nicht beeinträchtigt. Die Tiere scheiden jedoch über einen längeren Zeitraum die Krankheitserreger aus. Damit sind sie eine ständige Ansteckungsgefahr für ungeimpfte Hunde.

➤ Tierärztliche Behandlung

Der Tierarzt verabreicht Medikamente gegen die starken Bauchschmerzen, stützt den Kreislauf durch Infusionen und verhindert durch die Gabe von Antibiotika eine Zusatzinfektion mit Bakterien. Um die Leber, das zentrale Verdauungsorgan, zu entlasten, erhält der kranke Hund 36 Stunden keine Nahrung. Die notwendige Energie wird als Glukose (Zucker)-Infusion über die Vene zugeführt. Wie bei allen Infektionskrankheiten empfiehlt es sich, die Selbstheilungskräfte des Körpers durch Unterstützung des Immunsystems mit Paramunitätsinducern (siehe S. 35) und Vitamingaben zu unterstützen. Leberschutzpräparate werden injiziert und später in Tablettenform verabreicht.

➤ Häusliche Pflege

Das kranke Tier braucht viel Ruhe und sollte sich körperlich nicht anstrengen. Längere Spaziergänge sind während der akuten Erkrankung nicht erlaubt. Zum »Geschäftemachen« genügt es, mit dem Hund ein paar Schritte vor der Tür zu gehen. Auch nach der akuten Krankheitsphase braucht die Leber noch eine längere Zeit, um sich wieder zu regenerieren. Mindestens 4–6 Wochen nach einer überstandenen Hepatitis sollten keine anstrengenden Wanderungen mit dem Hund unternommen werden.

Bei Bauchschmerzen helfen, zusätzlich zu den vom Tierarzt verabreichten Schmerzmitteln, Wärmeapplikationen auf den Oberbauch. Heiße, feuchte Tücher oder eine Wärmflasche lindern die Beschwerden des vierbeinigen Patienten. Legen Sie die Wärmflasche nicht direkt auf die Haut bzw. das Fell des Hundes. Ein Handtuch dazwischen schützt vor Verbrennungen. Prüfen Sie die feuchten Tücher an Ihrer Handgelenkinnenfläche. Sie dürfen nur so heiß sein, dass Sie es an dieser empfindlichen Stelle gerade noch ertragen können.

➤ Vorbeugung

Es gibt eine Impfung gegen die gefährliche Hepatitis des Hundes. Die Grundimmunisierung besteht aus 2 Impfungen im Abstand von 3–4 Wochen. Welpen können ab der 8. Lebenswoche erstmals geimpft werden. Damit der Hund zuverlässig geschützt ist, muss die Impfung **jährlich** aufgefrischt werden.

INFEKTIONSKRANKHEITEN

Naturheilkunde

Die **Mariendistel** *(Silybum marianus)* fördert die Regeneration der Leber und wird auch beim Hund mit Erfolg eingesetzt. Man kann sie als Tee (1 Esslöffel Mariendistel pro 10 kg Körpergewicht mit 1 Tasse heißem Wasser übergießen, 10 Minuten ziehen lassen, absieben) abgekühlt unter das Futter mischen oder als Fertigpräparat in Tablettenform (beim Tierarzt oder in Apotheken erhältlich) verabreichen. Die Behandlung mit der Mariendistel sollte schon während der akuten Phase der Hepatitis beginnen und mindestens 3 Monate nach Verschwinden der Symptome fortgesetzt werden.

Gefahr für den Menschen

– Keine –

Zwingerhusten

➤ Erreger

Der Zwingerhusten, auch Infektiöse Tracheobronchitis genannt, ist eine ansteckende Erkrankung der Luftwege des Hundes. Ähnlich wie bei Erkältungskrankheiten des Menschen, wird der Zwingerhusten nicht von einem, sondern häufig von mehreren unterschiedlichen Erregern verursacht. Oft handelt es sich um verschiedene Viren, Bakterien und Mykoplasmen (Zwischenformen zwischen Viren und Bakterien). Man fand unter anderem Adenoviren, Reoviren, Herpesviren, Parainfluenza- und **menschliche** Influenzaviren sowie Bortetella bronchiseptica und andere Bakterien.

➤ Ansteckung

Die Ansteckung erfolgt von Hund zu Hund über Tröpfcheninfektion. Die Erreger werden durch Husten weit verbreitet. Erkrankungen treten vor allem im Zusammenhang mit abwehrschwächenden Stresssituationen wie z.B. bei Hundeausstellungen, in Tierpensionen, Kliniken oder Tierheimen auf. Daher auch die Bezeichnung Zwingerhusten. Klimaanlagen sowie Heizungen mit Gebläse fördern die Verteilung der Krankheitserreger.

➤ Verlauf

Die Inkubationszeit, d.h. die Zeit zwischen Ansteckung und Ausbruch der Erkrankung, variiert je nach Abwehrlage des Hundes und Aggressivität des Erregers zwischen 2 und mehreren Tagen. Meist zeigt sich als einziges Symptom ein plötzlich auftretender, trockener und für den Hund quälender Husten. Er verschwindet in der Regel nach wenigen Tagen, kann jedoch auch bis zu 14 Tagen anhalten. Bei Beteiligung von Bakterien können, v.a. bei geschwächten Tieren, eitrige Augenentzündungen, Nasenausfluss, Fieber und Lungenentzündungen auftreten. In diesem Fall wird der Husten feucht und rasselnd. Es besteht Atemnot.

➤ Tierärztliche Behandlung

Der Tierarzt verabreicht **Antibiotika**,
1. um die für den Zwingerhusten verantwortlichen Bakterien zu bekämpfen,

Mit Zwingerhusten infizieren sich vor allem Hunde in Tierpensionen, Tierheimen oder bei Hundeausstellungen.

2. um Zusatzinfektionen mit Bakterien zu verhindern.
Schwerste Verlaufsformen, wie z.B. eine Lungenentzündung treten damit seltener auf.
In vielen Fällen wird der Tierarzt die Antibiotika injizieren. Es ist aber auch möglich, diese Medikamente als Tabletten dem Hund einzugeben. Dabei ist zu beachten, dass Antibiotika grundsätzlich in ausreichend hoher Dosierung und solange, wie vom Tierarzt verordnet, dem Hund verabreicht werden müssen. Auch wenn sich die Symptome nach 2 bis 3 Tagen bessern, muss die Therapie bis zum Ende durchgeführt werden. Wird die verordnete Menge des Antibiotikums eigen-

mächtig verringert oder das Medikament vor Abschluss der Behandlung abgesetzt, bleiben einige der krankmachenden Bakterien übrig und werden resistent, d. h. unempfindlich gegen das eingesetzte Antibiotikum. Es kommt dann in der Regel zu einem, oft besonders schweren Rückfall der Erkrankung, wobei mit dem vorher behandelten Antibiotikum keine Besserung mehr zu erzielen ist. Viele der früher eingesetzten Antibiotika haben inzwischen auf diese Art ihre Wirkung verloren. Das Auftreten multiresistenter Keime ist auch in der Humanmedizin inzwischen ein großes Problem, das vielen Menschen schon das Leben gekostet hat.

Bei Infektionen mit Viren ist es besonders wichtig, die Selbstheilungskräfte durch Stärkung des Immunsystems zu fördern. Dazu stehen dem Tierarzt unter anderem Paramunitätsinducer (siehe S. 35) und Vitamine zur Verfügung. Auch mit einer **Eigenblut-Therapie** werden gute Erfolge erzielt. Dabei entnimmt der Tierarzt dem Hund eine kleine Menge Blut aus der Vene und spritzt es, angereichert mit einem stärkenden Medikament, unter die Haut.

Präparate, die den quälenden Hustenreiz mildern (Antitussiva), schleimlösende (Sekretolytika) und bronchienerweiternde (Bronchodilatatoren) Medikamente lindern die Beschwerden des geplagten Patienten.

▸ Häusliche Pflege

Der kranke Hund sollte warmgehalten werden. Ein warmes Halstuch sowie bei kurzhaarigen Rassen ein schützender Mantel beim Spazierengehen während der kalten Jahreszeit sind keine Modegags. Viele unserer Hunderassen sind »ver-«züchtet, d. h. sie sind für eine kalte Witterung nicht genügend ausgerüstet. Ein kurzes Fell im Winter entspricht dem Tragen eines T-Shirts bei Minustemperaturen. Welcher Mensch würde so etwas tun? Wölfe haben im Winter ein dichtes Unterfell und frieren nicht. Grundsätzlich darf in dem Raum, in dem sich der kleine Patient befindet, nicht geraucht werden. Das Raumklima sollte nicht zu trocken sein. Feuchte Tücher über der Heizung oder Luftbefeuchter sind daher zu empfehlen.

Bei hartnäckigem Husten haben sich Brustwickel sowie der Prießnitzumschlag (siehe S. 23) bewährt.

▸ Vorbeugung

Es gibt Kombinationsimpfstoffe gegen die gefährlichsten Zwingerhustenerreger. Die Grundimmunisierung besteht aus 2 Impfungen im Abstand von 3–4 Wochen. Junghunde können erstmals mit 8 Wochen geimpft werden. Nach der Grundimmunisierung muss der Impfschutz jährlich aufgefrischt werden.

Da der Zwingerhusten durch unzählige Erreger verursacht werden kann und die Impfung nur gegen die gefährlichsten Keime wirksam ist, können trotz Impfung dennoch Erkältungskrankheiten mit Husten auftreten. In diesem Fall ist nicht die Impfung unwirksam, sondern ein anderer Erreger für die Krankheit verantwortlich. Das ist vergleichbar mit der menschlichen Grippe-Impfung. Auch hier kann nur gegen besonders gefährliche, für geschwächte Personen oft tödliche Viren ein Schutz aufgebaut werden. Eine Infektion mit anderen, meist harmloseren Erkältungsviren ist trotz Impfung auch weiterhin möglich.

Ein warmer Schal unterstützt die Heilung bei Erkrankungen der oberen Atemwege.

INFEKTIONSKRANKHEITEN

Naturheilkunde

Wie bei anderen, durch Viren ausgelöste Erkrankungen, eignen sich Präparate aus der Naturheilkunde zur Stärkung des Immunsystems hervorragend als Therapie bei Atemwegserkrankungen. Präparate aus **Rotem Sonnenhut** *(Echinacea purpurea)* in Tropfenform (1 Tropfen pro 10 kg Körpergewicht 2 × täglich) sowie ¼ Teelöffel **Vitamin C** pro 10 kg Körpergewicht 1 × täglich ins Futter gemischt unterstützen die körpereigenen Abwehrkräfte. Da *Echinacea-purpurae*-Tropfen Alkohol enthalten, sollten sie gut mit Wasser verdünnt werden. Vitamin C schmeckt sehr sauer. Mit der gleichen Menge Traubenzucker vermischt, wird es vom Hund eher toleriert.
Ein Aufguss (Tee) aus **Huflattich** *(Tussilago farfara)*, etwa eine Tasse pro 10 kg Körpergewicht pro Tag unter das Futter gemischt oder direkt in die Mundhöhle eingegeben, beruhigt die entzündeten Atemwege und wirkt gegen Husten und Heiserkeit. Ist die Lunge am Krankheitsgeschehen beteiligt (Lungenentzündung) sollte eine **Mischung aus Huflattich und Holunderblüten** als Aufguss verwendet werden.

Gefahr für den Menschen

Die meisten, für den Zwingerhusten verantwortlichen Krankheitserreger sind für den Menschen ungefährlich.
Es wurden jedoch Infektionen mit humanen (menschlichen) **Influenzaviren** beim Hund nachgewiesen. Manche **bakteriellen** Infektionen sind vom Hund auf den Menschen und umgekehrt übertragbar.

Tollwut

➤ Erreger

Der Erreger der Tollwut ist ein Rhabdovirus, das über die Nervenbahnen eines infizierten Tieres zum Gehirn wandert, sich dort vermehrt und über die Speicheldrüsen und damit den Speichel auf andere Tiere und den Menschen übertragen werden kann.

➤ Ansteckung

Der Hauptüberträger der Tollwut in Europa ist der Fuchs. Die Ansteckung erfolgt in der Regel über den Biss eines tollwütigen Tieres. In seltenen Fällen ist auch eine Ansteckung über offene Wunden mit infiziertem Speichel möglich. Die Wunden müssen dazu jedoch tief sein. Kleinere Schrammen, wie sie jeder einmal an den Händen hat, sind harmlos. Sie brauchen also keine Angst zu haben, Ihren Hund zu streicheln, wenn er z. B. aus einem Gebüsch herauskommt. Selbst wenn sich virushaltiger Speichel eines tollwutkranken Tieres im Fell Ihres Hundes befindet (was an sich schon sehr unwahrscheinlich ist), reicht die Virusmenge für eine Infektion nicht aus.
Tollwut ist keine spezielle Hundekrankheit. Fast alle Tiere und der Mensch können sich infizieren. Allerdings ist die Empfänglichkeit der einzelnen Arten verschieden. Hochempfänglich für eine Infektion mit dem Tollwutvirus sind Füchse, Rinder, Ziegen, Pferde, Schafe und Schweine. Mittelgradig empfänglich sind Hunde und Katzen. Der Mensch dagegen ist nur wenig empfänglich. Selbst wenn er von einem tollwütigen Tier gebissen wird, muss er nicht zwangsläufig an dieser gefährlichen Seuche erkranken. Selbstverständlich sollte man kein Risiko eingehen und in einem solchen Fall sofort einen Arzt aufsuchen. Es gibt für Menschen eine sofortige Notimpfung, die auch nach einem Biss hilft, den Ausbruch der Tollwut zu verhindern.

➤ Verlauf

Die Inkubationszeit, also die Zeit von der Infektion bis zum Ausbruch der Erkrankung ist bei Tollwut relativ lang – von 4 Wochen bis zu mehreren Monaten. In dieser Zeit treten keine sichtbaren Symptome auf. Die Krankheit selbst kann von ihrem Ausbruch bis zum Tod des Tieres in 3 Stadien eingeteilt werden:

Durch Impfungen der Füchse konnte die Tollwut in Deutschland fast ausgerottet werden.

INFEKTIONSKRANKHEITEN

Das Stadium der Frühsymptome:

Hier werden Wesensveränderungen des infizierten Hundes zum ersten Mal sichtbar. Einem Hundebesitzer, der seinen vierbeinigen Freund kennt, fallen diese Veränderungen recht schnell auf. Die innere Verbindung zum Besitzer scheint abgerissen – der Hund verhält sich so, als sei er fremd. Manche Tiere verkriechen sich, sind schreckhaft und sehr ängstlich.

Das Erregungsstadium:

1–2 Tage nach Auftreten der Frühsymptome kommt es zu plötzlicher Aggressivität sowie Anfällen von Raserei ohne erkennbare Ursache.

Das Lähmungsstadium:

Lähmungen beginnen meist an den Hintergliedmaßen und breiten sich rasch über den gesamten Körper aus. Der Tod tritt etwa 8 Tage nach Auftreten der Frühsymptome ein.

In manchen Fällen werden die tollwutkranken Tiere nicht aggressiv. Die Lähmungen schließen sich dabei direkt an das Stadium der Frühsymptome an. Man spricht dann von der **stillen Wut.**

➤ Tierärztliche Behandlung

Die Tollwut ist nicht heilbar. Diese gefährliche Seuche führt, wenn sie einmal ausgebrochen ist, immer zum Tode. Die Behandlung tollwütiger Tiere ist aussichtslos und in der Bundesrepublik Deutschland **gesetzlich verboten.**

➤ Häusliche Pflege

Da Tollwut nicht heilbar ist, stellt sich auch die Frage nach der häuslichen Pflege nicht. Tollwut ist eine anzeigepflichtige Seuche. Schon bei Verdacht, dass eine Infektion mit dem Rhabdovirus vorliegt, schaltet sich der Amtstierarzt ein. Tollwut**kranke** Tiere müssen sofort getötet werden. Besteht der **Verdacht,** dass Ihr Hund sich mit dem Virus infiziert hat, entscheidet der Amtstierarzt, ob das Tier getötet wird oder 3 Monate in Quarantäne muss. Meist, vor allem in ländlichen Gebieten, wo die Tollwut noch manchmal auftritt, wird der Amtstierarzt den Hund einschläfern, da die Einrichtungen für eine Quarantäneunterbringung fehlen. Tollwut**verdächtig** ist jeder Hund, der sich in einem tollwutgefährdeten Gebiet aufhält, Bissverletzungen aufweist und nicht gegen Tollwut geimpft ist.

➤ Vorbeugung

1885 entwickelte Louis Pasteur den ersten Impfstoff gegen Tollwut. Inzwischen wurde dieser Impfstoff in Bezug auf seine Wirkung und Verträglichkeit wesentlich verbessert. Jeder Hund sollte regelmäßig gegen Tollwut geimpft werden. Nur mit einem gültigen Impfpass können Sie Ihr Tier von einem Tollwut**verdacht** »reinwaschen«.

Die letzte Impfung muss dabei mindestens 4 Wochen und darf nicht länger als ein Jahr her sein; es sei denn, das Tier wurde jedes Jahr regelmäßig geimpft und hat einen ununterbrochenen Schutz gegen Tollwut. Die Grundimmunisierung sollte ab der 12. Lebenswoche erfolgen. Danach muss die Schutzimpfung jährlich aufgefrischt werden. Eine Notimpfung, wie sie beim Menschen nach einem Biss eines tollwütigen Tieres durchgeführt wird, gibt es für Tiere nicht.

Inzwischen ist die Tollwut in Deutschland selten geworden. Grund dafür sind die vorbeugenden Impfungen der Füchse durch Auslegen von Impfködern. Es handelt sich dabei um für Menschen ziemlich übel riechende Köder, die mit Impfstoff präpariert und über große Flächen in unseren Wäldern verteilt werden. Sie werden von den Füchsen gerne angenommen. Wenn ein Hund versehentlich einen solchen Köder findet und frisst, ist das zwar nicht erwünscht, aber auch nicht besonders gefährlich. Der zusätzlich aufgenommene Impfstoff schadet dem Hund nicht. Die Impfköder sind allerdings noch mit einem, sich in den Knochen ablagernden Antibiotikum bestückt. Um festzustellen, ob die Impfkampagne erfolgreich war und die Köder von den Füchsen auch aufgenommen wurden, wird bei erlegten Füchsen nach diesem Antibiotikum in den Knochen gesucht. Es handelt sich um ein Präparat, das, über längere Zeit und in hohen Dosen eingenommen, eine immun-

INFEKTIONSKRANKHEITEN

schwächende Wirkung hat. Die einmalige Aufnahme ist jedoch unbedenklich für einen Hund. Gegen die Einschleppung der Seuche in andere Länder bestehen Einreisebestimmungen, die sich je nach Seuchenlage der einzelnen Länder unterscheiden und sich von Jahr zu Jahr verändern können. Erkundigen Sie sich bei Ihrem Tierarzt, welche Bedingungen das Land Ihrer Wahl für die Einreise mit einem Hund stellt.

Naturheilkunde

Die Tollwut war schon im Altertum bekannt. Erste schriftliche Hinweise auf diese Erkrankung stammen aus dem Jahre 1700 v. Chr. Bis zum Ende des Mittelalters hat man die Tollwut mit bösen Geistern und Besessenheit in Verbindung gebracht. Diesem Aberglauben entsprechend waren auch die wenig erfolgreichen Behandlungsmethoden: Teufelsaustreibungen, Untertauchen in kaltes Wasser oder Herausschneiden eines imaginären Tollwurms aus der Bisswunde, um nur einige der absurden Therapien zu nennen. Heute weiß man, dass ebenso wie in der Schulmedizin, auch die Naturheilkunde kein Mittel gegen Tollwut kennt.

Gefahr für den Menschen

Die Tollwut ist auf den Menschen übertragbar und verläuft, wenn sie einmal ausgebrochen ist, immer tödlich. Nach dem Biss durch ein tollwütiges Tier kann der Mensch durch eine aus mehreren Injektionen bestehende Notimpfung gerettet werden. Die Tollwut ist in Deutschland sehr selten. Die wenigen in den letzten Jahren beim Menschen aufgetretenen Fällen waren Infektionen, die im Ausland (z. B. Indien) erworben wurden.

Aujeszkysche Krankheit

➤ Erreger

Die Erkrankung ist weltweit verbreitet und seit 1849 in Europa bekannt. Der Mikrobiologe Aujeszky, dessen Name die Krankheit trägt, wies 1902 in Ungarn nach, dass es sich dabei um eine Viruserkrankung handelt. Der Erreger ist ein Herpesvirus.

➤ Ansteckung

Alle Säugetiere, außer Primaten (Affen) und Einhufer (Pferde, Esel, Pony u. a.) können an Aujeszky erkranken. Der Hund infiziert sich durch den Genuss von **rohem** Schweinefleisch. Erwachsene Schweine sind die einzigen Tiere, die das Virus beherbergen, ohne sichtbar zu erkranken. Aus diesem Grunde sind viele Schweinebestände und damit auch die Schlachtschweine mit Aujeszky-Virus durchseucht. Durch Kochen und Braten wird das Virus abgetötet. Von Rind-, Pferde-, Hammel-, Geflügel- oder Kaninchenfleisch geht keine Gefahr aus. Achten Sie jedoch in der Metzgerei darauf, dass z. B. beim Kauf von Rinderhackfleisch

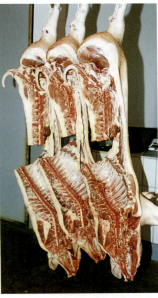

Durch rohes Schweinefleisch kann das Aujeszkysche Virus übertragen werden.

für Ihren Hund der Fleischwolf nicht zuvor zum Durchdrehen von Schweinefleisch verwendet wurde. Schon kleine Mengen Schweinefleisch können das Virus enthalten. Fleischreste, die von freundlichen Metzgern für Hunde ihrer Kunden gesammelt werden, dürfen kein auch noch so kleines Stück Schweinefleisch enthalten.

➤ Verlauf

In ihren Symptomen ähnelt die Aujeszkysche Krankheit der Tollwut. Man nennt sie daher auch Pseudowut. Hunde, die sich mit dem Virus infizieren, reagieren nach einer Inkubationszeit von 2–9 Tagen mit Wesensverände-

rungen, Schluckbeschwerden, Lähmungen der Kopfmuskulatur und Tobsuchtsanfällen.
Plötzlich auftretender unstillbarer Juckreiz lässt die Tiere wie wahnsinnig Pfoten, Schwanz und sonstige Körperteile benagen, manchmal sogar abnagen. Dieses Symptom hat der Krankheit den Beinamen Jucksseuche gegeben. Auch diese Viruserkrankung endet, wie die Tollwut, immer tödlich. Der Tod tritt innerhalb 24–36 Stunden nach Auftreten der Symptome ein.

➤ Tierärztliche Behandlung

Der Tierarzt hat keine Möglichkeiten die Aujeszkysche Krankheit zu heilen. Sie endet immer tödlich.

➤ Häusliche Pflege

Es gibt keine Pflegemaßnahmen, die einem aujeszkykranken Hund Erleichterung bringen. Ist die Diagnose eindeutig, sollte das Tier möglichst schnell eingeschläfert werden, um ihm den qualvollen Tod zu ersparen.

➤ Vorbeugung

Einen Impfstoff für Hunde gegen die aujeszkysche Krankheit gibt es leider nicht. Der einzige wirksame Schutz besteht darin, kein rohes Schweinefleisch, auch nicht in Form kaltgeräucherter Salami, zu verfüttern. Kochen und Braten tötete das Virus zuverlässig ab. Schweinefleisch oder Fleisch anderer Tierarten, deren Herkunft ihnen nicht genau bekannt ist, sollten Sie so lange erhitzen, bis es völlig gar ist, denn auch Fleischstücke, die innen noch rosa sind, können infektionstüchtige Viren enthalten.

Naturheilkunde

Es gibt keine Präparate aus der Naturheilkunde, um die Aujeszkysche Krankheit zu heilen.

Gefahr für den Menschen

– Keine –

Leptospirose

➤ Erreger

Die Leptospirose wird durch Schraubenbakterien (Spirochäten) verursacht. Sie sind im Wasser und im feuchten Milieu wochenlang überlebensfähig. Bei Trockenheit sterben sie schnell ab. Weitere Namen für die gefährliche Erkrankung sind Stuttgarter Hundeseuche und Weilsche Krankheit.

➤ Ansteckung

Die Erreger werden von erkrankten Hunden sowie kleinen Nagetieren (Ratte, Maus) vor allem mit dem Urin, aber auch im Speichel ausgeschieden. Die Ansteckung erfolgt über direkten Kontakt mit leptospirosekranken Tieren, durch Schnüffeln an infizierten Ausscheidungen sowie durch Baden in verunreinigten Seen. Die krankmachenden Bakterien dringen durch die Schleimhäute (z.B. Mundschleimhaut) und durch die Haut in den Körper ein, vermehren sich im Blut und befallen von dort verschiedene Organe (Leber, Niere, Herz).

➤ Verlauf

Die Inkubationszeit, d. h. die Zeitdauer von der Infektion bis zum Ausbruch der Erkrankung beträgt 4–12 Tage.
Als erstes Symptom zeigt sich unstillbares Erbrechen gefolgt mit Durchfall und Fieber. Die erkrankten Hunde trocknen aus. Es besteht, wenn der Flüssigkeitsverlust nicht durch Infusionen ausgeglichen wird, die Gefahr eines Kreislaufzusammenbruches (Schock). Die weißen Blutkörperchen steigen an. Die roten Blutkörperchen zerfallen, wodurch nach einigen Tagen eine ausgeprägte **Gelbsucht** entsteht. Die Schleimhäute und die Haut färben sich gelb. Der Urin ist tiefgelb bis braungelb. Oft sind auch das Herz und das Brustfell vom Krankheitsgeschehen mit betroffen. In diesen Fällen leiden die Patienten unter starken Atembeschwerden.

Leptospirose wird vor allem von erkrankten wild lebenden Nagetieren (Mäuse, Ratten) übertragen.

INFEKTIONSKRANKHEITEN

➤ Tierärztliche Behandlung

Antibiotika werden gegen bakterielle Infektionen eingesetzt. Da es sich bei den Erregern der Leptospirose um Bakterien handelt, ist eine antibiotische Therapie das Mittel der Wahl. Zusätzlich wird der Tierarzt Infusionen zur Kreislaufstabilisierung geben. Je nach Organbefall müssen weitere Medikamente verabreicht (z.B. zur Herzstärkung) und Therapien durchgeführt werden (z.B. Bauchhöhlen-Dialyse bei Nierenversagen). Manchmal ist auch eine Bluttransfusion erforderlich.

➤ Häusliche Pflege

Je nach Zustand des Hundes ist es möglich, einen leptospirosekranken Hund zu Hause zu behandeln. Die konsequente tierärztliche Versorgung, wie z.B. Infusionen über längere Zeit,

---

Naturheilkunde

Durch den Zerfall der roten Blutkörperchen bei Leptospirose kommt es zu einer ausgeprägten Anämie (»Blutarmut«). Die **Brennnessel** *(Urtica dioica)* unterstützt durch ihren hohen Gehalt an Eisen die Bildung neuer Erythrozyten (rote Blutkörperchen). 5g Brennnesselkraut mit 250ml kochendem Wasser überbrühen, 10 Minuten ziehen lassen, absieben und abgekühlt dem Hund über den Tag verteilt unter das Futter mischen. Die angegebene Menge ist ausreichend für einen Hund bis 10kg Körpergewicht. Die Therapie mit Brennnesseltee sollte über 3 Wochen durchgeführt werden.

Gefahr für den Menschen

Auch der Mensch kann sich mit Leptospiren infizieren. Die Erkrankung zählt damit zu den Zoonosen (Krankheiten, die vom Tier auf den Menschen übertragbar sind.).
Menschen infizieren sich hauptsächlich in kontaminiertem Wasser (Schwimmen in Kiesgruben im Sommer). Eine Übertragung vom kranken Hund auf den Menschen ist ebenfalls möglich. Die Inkubationszeit beim Menschen beträgt zwischen 4–19 Tage. Leptospirose ist meldepflichtig. 1995 wurden in Deutschland 44 Erkrankungen gemeldet. Damit ist die Zahl der Krankheitsfälle relativ niedrig. Es gibt daher keinen Grund zur Panik.
Erste Anzeichen einer Leptospiroseerkrankung beim Menschen sind hohes Fieber, Kopf- und Gliederschmerzen, Bindehautentzündung und Gelbsucht. Die Behandlung erfolgt mit Antibiotika und ist in der Regel erfolgreich. Eine Impfung gibt es für den Menschen nicht.

---

muss dabei allerdings gewährleistet sein. Wenn der Patient jedoch für den täglichen Transport in die tierärztliche Praxis zu schwach ist, ist ein Klinikaufenthalt unumgänglich.
Der kleine Patient hat in der Regel keinen Appetit. Damit er wieder zu Kräften kommt, ist es oft nötig, ihn zeitweise zu füttern. Kindernahrung in Gläschen, Hühnerbrühe mit Ei oder beim Tierarzt erhältliche Sondennahrung eignet sich zum Eingeben mit Hilfe einer 10ml Spritze (ohne Nadel). Wie man das macht, finden Sie im Kapitel Kranken- und Körperpflege (siehe S. 20).

➤ Vorbeugung

Es gibt eine Impfung gegen Leptospirose. Die Grundimmunisierung besteht aus 2 Impfungen im Abstand von 3–4 Wochen. Danach ist eine **jährliche** Auffrischung erforderlich. Welpen können ab der 8. Lebenswoche erstmals geimpft werden.

Parvovirose

➤ Erreger

Diese Hundekrankheit ist relativ neu. In Frankreich wurden in den 70er-Jahren Nerze in Farmen mit einem Lebendimpfstoff gegen Katzenseuche geimpft. Zusammen mit den Ausscheidungen der Nerze gelangte das Impfvirus über Abwässer in die Umwelt. Das Virus, das bislang lediglich Erkrankungen bei Katzen, Nerzen und anderen Marderarten hervorgerufen hat, veränderte sich (mutierte) in der Außenwelt so, dass es auch einen Hundeorganismus befallen konnte. Dadurch ist eine neue Hundekrankheit entstanden, der zu Anfang, bis zur Entwicklung eines Impfstoffes, unzählige Hunde zum Opfer fielen. Die Bezeichnung »Katzenseuche des Hundes«, die für die Parvovirose noch heute landläufig verwendet wird, erinnert an die Entstehung der Krankheit.

Der Erreger ist ein Parvovirus, ähnlich dem der Katzenseuche, jedoch nicht identisch. Das Virus hat sich so verändert, dass eine Rückinfektion auf die Katze nicht mehr möglich ist. Parvoviren sind sehr widerstandsfähig. Sie bleiben in Räumen mit Zimmertemperatur monate- bis jahrelang infektionsfähig. Um sie abzutöten, benötigt man spezielle Desinfektionsmittel, die Sie beim Tierarzt oder in Apotheken erhalten. Haushaltsdesinfektionsmittel wie z. B. Sagrotan reichen nicht aus.

➤ Ansteckung

Das Virus wird über den Kot ausgeschieden. Hunde infizieren sich durch direkten Kontakt mit kranken Artgenossen sowie durch Schnüffeln an infizierten Ausscheidungen. Infektionen über verunreinigte Gegenstände (Decken, Futternäpfe, Transportboxen) sind möglich.

➤ Verlauf

Bei Welpen bis zum 4. Lebensmonat befällt das Virus die **Herzmuskelzellen.** Die erkrankten Hunde sterben innerhalb kurzer Zeit an akutem Herzversagen. Die Symptome sind Atemnot, röchelnde Atemgeräusche, Blaufärbung der Schleimhäute (v. a. sichtbar an der Mund-

schleimhaut), in vielen Fällen schaumiger Nasenausfluss sowie Schnappatmung, die mit dem Tod endet. Die Todesrate liegt bei 100 %, d. h. für Hunde unter 4 Monate, die an Parvovirose erkranken, gibt es in der Regel keine Rettung.

Bei älteren Hunden wird der **Darm** vom Erreger angegriffen. Die Patienten sind zunächst schlapp und appetitlos, fiebrig und erbrechen. Wenige Stunden nach diesen unspezifischen Symptomen kommt es zu schweren flüssigen, später blutigen Durchfällen. Oft wird fast reines Blut im Strahl abgegeben, das einen typisch süßlichen Geruch ausströmt. Die Hunde trocknen schnell aus und sterben ohne Behandlung innerhalb kurzer Zeit an Herz-Kreislauf-Versagen auf Grund des massiven Flüssigkeitsverlustes.

➤ Tierärztliche Behandlung

Die wichtigste tierärztliche Maßnahme ist die Gabe von Infusionen zum Ausgleich des Flüssigkeits- und Salzverlustes. Antibiotika werden zum Schutz vor bakteriellen Zusatzinfektionen injiziert. Krampflösende und schmerzstillende Medikamente lindern die Beschwerden des kranken Hundes.

➤ Häusliche Pflege

Zusätzlich zu den Infusionen sollte dem Hund zu Hause weiter Flüssigkeit in Form von speziellen Elektrolytlösungen

zugeführt werden. Mit Hilfe einer Einmalspritze (ohne Nadel) kann man dem Tier immer wieder kleine Menge über den Tag verteilt in die Mundhöhle geben. Nach Ausbruch der Parvovirose sollte der Patient 48 Stunden keine Nahrung erhalten. Die notwendige Energie wird ihm vom Tierarzt in Form von Glukose (Zucker) über die Vene verabreicht.

Nach dieser Hungerzeit, in der sich der erkrankte Darm erholen kann, erhält der Hund Diätnahrung:

3 Teile in Wasser sehr weich gekochter Milchreis, vermischt mit Hüttenkäse oder Magerquark, 1 Teil gekochtes Möhrengemüse. Das ist die klassische Nahrungszusammenstellung bei schweren Darmerkrankungen. Die Diät soll bis mindestens 8 Tage nach Ende des Durchfalls beibehalten werden. Rohfaserreiche Nahrungsmittel, wie z. B. Haferflocken dürfen nicht gefüttert werden. Sie fördern das Wachstum schädlicher Bakterien im erkrankten Darm. Wenn der Hund diese Diät nicht annimmt, können Sie etwas Hühnerbrühe oder Babynahrung aus dem Glas (z. B. Hühnchenzubereitung) hinzufügen.

Parvovirosekranke Hunde können, zumindest im akuten Stadium der Erkrankung, ihre Ausscheidungen oft nicht kontrollieren. Das Fell und die Umgebung sind häufig mit Kot und Blut verschmiert. Es ist für die Psyche des Hundes, der von seiner Welpenzeit an auf Sauberkeit trainiert

INFEKTIONSKRANKHEITEN

wurde, sehr wichtig zu wissen, dass Sie nicht böse über sein Missgeschick sind. Beruhigen Sie den Patienten und waschen Sie ihn. Legen Sie den Hund in einen Raum, dessen Fußboden leicht zu reinigen ist und verwenden Sie Einmalunterlagen, die nach Verschmutzung sofort gewechselt werden können.

➤ Vorbeugung

Es gibt eine Impfung gegen den Erreger der Parvovirose. Nach einer zweimaligen Injektion im Abstand von 3–4 Wochen muss der Schutz **jährlich** aufgefrischt werden.
Welpen können erstmals im Alter von 8 Wochen geimpft werden. Bei akuter Infektionsgefahr, z.B. bei Ausbruch der Parvovirose in einer Hundezucht, kann der Nestschutz (siehe S. 27) durch die Gabe von Immunserum (passive Impfung) verstärkt und verlängert werden.

Naturheilkunde

Heidelbeerabsud aus getrockneten **Heidelbeerfrüchten** wirkt antibakteriell und verhindert Zusatzinfektionen mit krankmachenden Bakterien im virusgeschädigten Darm des Hundes. Die Früchte erhalten Sie im Reformhaus oder in der Apotheke. Sie werden etwa 10 Minuten in Wasser gekocht (2 Esslöffel auf 200 ml Wasser) und abgesiebt. Der Absud wird abgekühlt dem kranken Hund mit einer Einmalspritze direkt in die Mundhöhle eingegeben. Über den Tag verteilt erhält der Patient 5 Spritzen à 5 ml pro 10 kg Körpergewicht.

Gefahr für den Menschen

– Keine –

Borreliose (Lyme-Borreliose)

➤ Erreger

Die Borreliose wird durch Bakterien verursacht. Ihrer Form nach sind es Schraubenbakterien, da sie ähnlich wie das Gewinde einer Schraube gedreht sind. Ihr Name ist *Borrelia burgdorferi*. Man spricht von **Lyme**-Borreliose, weil in einer amerikanischen Kleinstadt mit dem Namen Lyme die Erkrankung erstmals gehäuft beobachtet und als eine von Zecken übertragene Infektion identifiziert wurde.

➤ Ansteckung

Überträger der Lyme-Borreliose sind infizierte Schildzecken. Die Schraubenbakterien leben im Darm dieser Parasiten. Sie werden aktiv, wenn sich eine Zecke an der Haut eines Säugetieres festbeißt und Blut saugt. Die *Borrelia burgdorferi* dringen dabei über den Einbisskanal in das Säugetier (oder auch in den Menschen) ein und verursachen die gefährliche Erkrankung.
Der Vorgang des Eindringens soll allerdings 2 Stunden dauern, so dass ein rechtzeitiges Entdecken und Entfernen der Zecke das Infektionsrisiko vermindert (siehe S. 57).

In manchen Gebieten Deutschlands und Österreichs soll jede 3. Zecke mit *Borrelia burgdorferi* infiziert sein.

➤ Verlauf

Beim Menschen bildet sich nach einer Infektion mit *Borrelia* an der Bissstelle der Zecke eine umschriebene Rötung (hot spot). In den letzten Jahren wurden solche hot spots auch beim Hund beobachtet. Allerdings ist ihr Ausbleiben beim Hund kein Beweis für eine Infektionsfreiheit. Zunächst zeigen sich unspezifische Krankheitszeichen wie Müdigkeit, Leistungsabfall, eventuell Fieber und Appetitlosigkeit. Vielfach werden diese oft nicht sehr ausgeprägten Symptome übersehen. Wochen und Monate nach dem Zeckenbiss entwickeln sich fiebrige Entzündungen der Gelenke mit schweren alternierenden Lahmheiten, Entzündungen des Herzens und des Nervensystems.

➤ Tierärztliche Behandlung

Da die Blutuntersuchung auf Borreliose erst 6 Wochen nach der Infektion aussagekräftig ist, sollte sofort, wenn der Verdacht auf Borreliose besteht, eine Behandlung eingeleitet werden. Bei rechtzeitigem Therapiebeginn ist die Heilung sehr wahrscheinlich. Im fortgeschrittenen Stadium, wenn bereits Gelenkentzündungen sowie Herz- oder Nervenschädigungen bestehen, ist der Behandlungserfolg zweifelhaft.

INFEKTIONSKRANKHEITEN

Das Mittel der Wahl zur Behandlung einer Borreliose sind Antibiotika, ausreichend hochdosiert und ausreichend lange verabreicht (siehe auch S. 39). Zusätzlich wird der Tierarzt, je nach Auftreten der verschiedenen Symptome, schmerzlindernde und herzstärkende Medikamente verordnen.

▸ Häusliche Pflege

Bei schmerzhaften Gelenksentzündungen helfen, zusätzlich zu den vom Tierarzt verordneten Arzneimitteln, kühlende Umschläge um die Gelenke. Allerdings sollte man den Hund nicht dazu zwingen, denn die Wirkung ist nicht immer gleich. Wenn der Patient Kälte als lindernd empfindet, wird er die Umschläge gerne tolerieren. Wehrt er sich jedoch, verstärken sie u. U. seine Beschwerden.

▸ Vorbeugung

Die wirksamste Vorbeugung ist die Impfung gegen Borreliose. Seit 1999 ist in Deutschland ein wirksamer Impfstoff für Hunde zugelassen. Ausreichender Schutz ist dann gewährleistet, wenn nach einer Grundimmunisierung von 2 Impfungen im Abstand von 3–4 Wochen jährlich aufgefrischt wird. Welpen können ab der **12. Lebenswoche** erstmals geimpft werden.

Mit dieser Spezialzange kann man Zecken problemlos entfernen.

Trotz Impfung sollte jeder Hund gegen Zeckenbefall geschützt sein. Zecken übertragen nicht nur die Borreliose sondern auch andere Erkrankungen wie z. B. die inzwischen in manchen Gebieten Deutschlands heimische Babesiose (siehe S. 49). Nach jedem Spaziergang sollte der Hund gründlich auf Zecken abgesucht werden. Mit einer speziellen Zeckenzange lassen sich die eventuell schon festgebissenen Parasiten leicht entfernen. Sehr wirksame Präparate als Langzeitschutz vor Zecken erhalten Sie bei Ihrem Tierarzt (siehe S. 57).

Naturheilkunde

Es gibt keine Präparate aus der Naturheilkunde, die eine Borreliose heilen. Gelenkentzündungen und die dadurch entstehenden Schmerzen können jedoch mit der **Teufelskralle** *(Harpagophytum procumbens)* günstig beeinflusst werden. Die pulverisierte Knolle dieser Pflanze erhalten Sie in Kapselform in der Apotheke. 1 Kapsel pro 10kg Körpergewicht werden dem Hund täglich einmal über 2 Wochen verabreicht.

Gefahr für den Menschen

Der Mensch kann ebenso wie der Hund durch einen Zeckenbiss mit Borreliose infiziert werden.
Eine Übertragung der Erkrankung vom Hund auf den Menschen wurde bisher noch nie beobachtet und ist nicht wahrscheinlich.

Immer mehr Menschen nehmen ihre vierbeinigen Freunde mit auf weite Reisen. Manche bringen aus tropischen oder Mittelmeerländern dort liebgewonnene oder bedürftige Hunde mit, um ihnen hier ein geschütztes zu Hause zu geben. Das ist vom menschlichen Standpunkt her sicher verständlich, vom medizinischen jedoch sehr problematisch. Krankheitserreger, auf die der mitteleuropäische Hundeorganismus nicht vorbereitet ist, bedrohen die Gesundheit unserer Reisehunde. Importierte Hunde schleppen exotische Erreger ins Land, von denen einige inzwischen bereits in unseren Breiten heimisch geworden sind.
Die Kenntnis über Gefahren, Vorbeugung und Behandlung von Reisekrankheiten beim Hund ist daher für jeden reiselustigen Hundefreund ein absolutes Muss.
Ein Tierarztbesuch rechtzeitig **vor** dem Urlaub kann durch geeignete Vorbeugemaßnahmen helfen Reisekrankheiten zu vermeiden. Ein Tierarztbesuch **nach** dem Urlaub ist dann erforderlich, wenn der Hund unspezifische Krankheitssymptome zeigt. Bei manchen Reisekrankheiten ist die Inkubationszeit sehr lang (bis zu mehreren Monaten). Denken Sie immer daran, Ihren Tierarzt über einen früheren Auslandsaufenthalt Ihres Hundes zu informieren. Durch eine gezielte Blutuntersuchung kann dann eine eventuell

REISEKRANKHEITEN

Viele Menschen nehmen ihre Hunde mit auf Reisen in ferne Länder.

im Ausland erwobene Infektion frühzeitig erkannt und behandelt werden.

Hunde, die aus gefährdeten Urlaubsländern nach Deutschland eingeführt werden, sollten grundsätzlich auf die nachfolgend beschriebenen 4 Erkrankungen untersucht werden.

Babesiose

➤ Erreger

Der Erreger der Babesiose, auch Piroplasmose genannt, ist ein kleiner Einzeller *(Babesia canis)*, der von bestimmten Zeckenarten *(Rhipicephalus sanguineus, Dermacentor* spec., *Hyalomma, Haemophysalis)* übertragen wird.

➤ Ansteckung

Die für die Babesiose-Übertragung verantwortlichen Zecken wurden bis vor wenigen Jahren ausschließlich in tropischen und subtropischen Ländern gesehen. Inzwischen sind sie bereits in Norditalien, Ungarn, in der Schweiz und in Deutschland (Saarland und Bayern) heimisch – **und damit auch die Babesiose.** Auf Grund der milden Witterung können die übertragenden Zecken auch in Mitteleuropa den Winter überleben.

➤ Verlauf

Die Inkubationszeit, d.h. die Zeit zwischen dem infizierenden Zeckenbiss bis zum Ausbruch der Erkrankung beträgt 10 Tage bis 3 Wochen. In dieser Zeit vermehren sich die Erreger in den roten Blutkörperchen (Erythrozyten) und zerstören sie dadurch. Die Erythrozyten platzen (**Hämolyse**) und es entsteht eine schwere Anämie (»Blutarmut«). Die Erkrankung tritt in Schüben auf. Nach der ersten »Invasion« der Erreger kommt es zu einer Ruhepause von ca. 2 Wochen. Danach tritt die Erkrankung erneut in noch massiverer Form auf und wechselt dann zwischen akuten Krankheitsphasen und unterschiedlich langen Ruhezeiten (von 14 Tagen bis zu mehreren Wochen) ab.

Die betroffenen Hunde sind schwach, appetit- und teilnahmslos. Während der akuten Phase haben sie hohes Fieber (bis zu 42°C). Durch die Zerstörung der Erythrozyten tritt roter Blutfarbstoff (Hämoglobin) in den Körperkreislauf, wodurch der Urin sich rot bis grünbraun sowie die Haut und Schleimhäute sich gelblich verfärben. Diese **»Gelbsucht«** wird in der medizinischen Fachsprache als Ikterus bezeichnet. Leber und Milz sind die Organe, die für den Abbau der zerstörten roten Blutkörperchen zuständig sind. Durch den vermehrten Anfall von Abbauprodukten während einer akuten Phase der Babesiose sind diese Organe stark gefordert. Es kommt zur massiven Vergrößerung von Leber und Milz, wobei die Milz den ganzen Bauchraum des erkrankten Hundes einnehmen kann.

Welpen, geschwächte Junghunde sowie ältere Hunde mit anderen chronischen Erkrankungen können schon in der ersten Phase der Babesiose ohne weitere Symptome plötzlich sterben. Bei starker körpereigener Abwehr werden auch milde Verlaufsformen der Infektionskrankheit gesehen.

REISEKRANKHEITEN

▶ Tierärztliche Behandlung

Die Diagnose erfolgt durch eine Blutuntersuchung.
Medikamente, welche die Erreger der Babesiose abtöten, sind in Deutschland für den Hund noch nicht zugelassen. Das wird sich jedoch sicherlich in den nächsten Jahren ändern. Vorerst hat der Tierarzt nur die Möglichkeit über die Internationale Apotheke ein spezielles Präparat zu beziehen, dessen Anwendung dann erlaubt ist, wenn nach Ermessen des Tierarztes die Erkrankung eine größere Gefährdung darstellt, als das Medikament selbst (§ 56a Arzneimittelgesetz). Das ist bei der Babesiose der Fall. Bei milden chronischen Verlaufsformen der Erkrankung genügt in der Regel die mehrmalige Injektion dieses Präparates, um eine vollkommene Heilung zu erreichen. Ist die Erkrankung schon weit fortgeschritten und sind bereits viele rote Blutkörperchen zerstört, sind Bluttransfusionen nötig, um das Leben des betroffenen Hundes zu erhalten.

Vorbeugung

Die wirkungsvollste Vorbeugung gegen Babesiose ist die Zeckenbekämpfung. Hunde sollten grundsätzlich das ganze Jahr über und insbesondere während Urlauben in gefährdeten Gebieten vor Zecken geschützt werden. Bei Ihrem Tierarzt erhalten Sie Schutzpräparate gegen Zecken, die den früher üblichen Zeckenhalsbändern in Ihrer Wirkung überlegen und vorzuziehen sind. Es gibt auch einen Impfstoff, der kurz vor Beginn der Reise gespritzt werden muss und einen gewissen Schutz für 4 Wochen bietet. Dieser Impfstoff ist allerdings in Deutschland für Hunde noch nicht zugelassen und auch nicht 100%-ig wirksam. Er ersetzt nicht die Vorbeugemaßnahmen zum Schutz vor Zecken. Auf Seite 56 wird ausführlicher über Zecken berichtet.

Gefahr für den Menschen
– Keine –

Leishmaniose

▶ Erreger

Die Leishmaniose ist eine Infektionskrankheit, die ebenfalls durch Einzeller *(Leishmania donovani* und *Leishmania tropica)* hervorgerufen wird. Die Erkrankung ist in den Mittelmeerländern, auf den Balearen, auf Elba, Sardinien und Korsika heimisch und wurde in den letzten Jahren auch nach Mitteleuropa eingeschleppt. Es wurden von Infektionen in der Region des Genfer Sees, um Paris und in der Normandie berichtet.

▶ Ansteckung

Die Übertragung auf den Hund erfolgt durch den Stich einer infizierten **Sandmücke** der Gattung *Phlebotomus* (auch Sandfliege genannt). Der Erreger kann aber auch durch Hautverletzungen und durch Speichel aufgenommen werden.

▶ Verlauf

Die Inkubationszeit, d.h. die Zeit vom Eindringen des Erregers in den Körper bis zum Ausbruch der Erkrankung variiert sehr stark. Von 1 Monat bis zu 18 Monaten kann es dauern, bis die ersten Symptome auftreten. Die Leishmanien können jedoch auch jahrelang ohne Krankheitszeichen zu verursachen im Körper ruhen, um dann bei abwehrschwächenden Belastungen des Hundes »zuzuschlagen«.
Man unterscheidet die **Hautform** und die **Eingeweideform** der Leishmaniose. Beide Verlaufsformen treten jedoch beim Hund meist gleichzeitig auf.
Typische Symptome der Hautform sind zunächst nicht jucken-

Juckreiz an der Einstichstelle ist zunächst das einzige Symptom einer Leishmaniose-Infektion.

REISEKRANKHEITEN

Entzündungen der Haut mit Haarausfall am Nasenrücken können ein Anzeichen für Leishmaniose sein.

de Entzündungen der Haut mit Haarausfall am Nasenrücken, an den Ohrspitzen und um die Augen (»Brillenbildung«). Die Veränderungen können sich über den ganzen Körper ausbreiten. Die Haut ist schuppig, trocken und rissig. Durch zusätzliche Infektionen mit Bakterien kommt es zu eitrigen Entzündungen und Geschwüren.

Die Eingeweideform der Leishmaniose äußert sich durch Nierenentzündungen mit blutigem Urin, Geschwüre im Magen-Darm-Trakt mit Teerstühlen, Leberentzündungen mit Erbrechen und Durchfällen sowie Anämie (Blutarmut) mit blassen bis porzellanweißen Schleimhäuten. Die betroffenen Hunde magern meist stark ab, haben keinen Appetit und sind schlapp und müde. Ohne Behandlung sterben die erkrankten Hunde, manchmal erst nach Monaten.

Die Leishmaniose kann sich jedoch auch in abgemilderter Form mit schubweise auftretenden unspezifischen Symptomen wie Muskelschwäche, Fieber, Müdigkeit und Abmagerung zeigen.

> **Tierärztliche Behandlung**

Die Diagnose erfolgt durch eine Blutuntersuchung. In Zweifelsfällen kann der Erreger auch in der Haut oder in Lymphknoten nachgewiesen werden.

Gefahr für den Menschen

Ja. Die Leishmaniose ist über den Stich einer infizierten Sandfliege, aber auch über Hautwunden auf den Menschen übertragbar und kann dort, je nach Erregertyp ebenfalls Erkrankungen der Haut oder der inneren Organe hervorrufen. *Leishmania donovani* verursacht beim Menschen die Eingeweideform, die als »Kala-Azar« bezeichnet wird. Die Hautform der Krankheit wird »Aleppo oder Orientbeule« genannt. Der Erreger ist *Leishmania tropica*. Da der Erreger auch über Hautwunden übertragen werden kann, sollten abwehrgeschwächte Menschen (z. B. Aids- oder Tumorpatienten) beim Umgang mit an Leishmaniose erkrankten Hunden vorsichtig sein und eventuell Handschuhe tragen.

Es gibt verschiedene Medikamente, die gegen die Leishmaniose eingesetzt werden. Meist kommt es durch die Behandlung zu einer vorübergehenden Besserung der Symptome. Eine vollständige Heilung der Erkrankung ist, vor allem in fortgeschrittenen Fällen, nicht immer möglich.

> **Vorbeugung**

In Gebieten, wo die für die Übertragung der Leishmaniose verantwortlichen Sandfliegen leben, sollten Hunde mit einem wirksamen Insektizid behandelt werden. Dazu eignet sich ein Spray, das alle 2–3 Wochen auf das Fell des Tieres gesprüht wird, eine unlösliche Verbindung mit den Haaren eingeht und auch beim Baden im Meer nicht mehr abgewaschen werden kann. Fragen Sie Ihren Tierarzt vor Antritt Ihres Urlaubs.

Ehrlichiose

> **Erreger**

Der Erreger der Ehrlichiose ist ein Bakterium *(Ehrlichia canis)*, das vor allem im Mittelmeerraum, Afrika, Südasien und den USA vorkommt.

> **Ansteckung**

Das Bakterium wird durch eine bestimmte Zeckenart *(Rhipicephalus sanguineus)* auf den Hund übertragen. Diese Zecken wurden in den letzten Jahren auch in Deuschland gesehen.

➤ Verlauf

Nach einer Inkubationszeit von 5–21 Tagen entsteht zunächst hohes Fieber (bis 41 °C), das einige Tage anhält, dann verschwindet und erneut ansteigt. Dieser Fieberverlauf (Rückfallfieber) kann Wochen und Monate dauern. Die Tiere sind geschwächt und appetitlos. Anämie (Blutarmut) mit blassen Schleimhäuten, Atemnot, massive Lymphknotenschwellungen, eitriger Augen- und Nasenausfluss, Durchfälle, Muskelzuckungen und Krampfanfälle sowie Lahmheiten der Hintergliedmaße können ebenfalls auftreten.

➤ Tierärztliche Behandlung

Da es sich bei dem Erreger der Ehrlichiose um ein Bakterium handelt, werden Antibiotika in hoher Dosierung meist erfolgreich eingesetzt. Rechtzeitig begonnen führt die Antibiotikum-Therapie in der Regel zur Heilung. Im fortgeschrittenen Stadium kann sich trotz Behandlung eine **chronische** Ehrlichiose entwickeln, die immer wieder »aufflackert« und erneute Behandlung verlangt.

➤ Vorbeugung

Die Vorbeugung gegen diese Reisekrankheit beschränkt sich auf die Anwendung eines wirksamen Zeckenschutzes. Nur durch den Biss einer infizierten Zecke kann der Erreger auf den Hund übertragen werden. Ein Zeckenhalsband ist dazu nicht zu empfehlen,

da sich der Wirkstoff nicht sicher über den ganzen Körper verteilt und zudem beim Baden im Meer wieder abgewaschen wird. Die Spot-on-Methode oder das Einsprühen mit Frontline hat sich als besonders wirksamer Zeckenschutz bewährt (siehe S. 57).

> ### Gefahr für den Menschen
>
> – Keine –

Dirofilariose

➤ Erreger

Der Erreger ist ein Wurm *(Dirofilaria immitis)*, der im rechten Herzen und in den Lungenarterien parasitiert. Man spricht daher auch von der **Herzwurmkrankheit**. Die Erkankung kommt hauptsächlich im südlichen Europa, Amerika und Afrika vor.

➤ Ansteckung

Die Larven des Herzwurms werden durch infizierte Stechmücken beim Saugakt auf den Hund übertragen. Nach einer symptomlosen Zeit von 3–4 Monaten im Körper des Hundes siedeln sie sich im Herzen und in den Lungenarterien an, wo sie zu erwachsenen Würmern heranwachsen.

➤ Verlauf

Die Symptome sind die einer schweren Herzerkrankung: Leistungsabfall, Atemnot, Lungenstau

mit Husten, Störungen der Durchblutung anderer Organe und Bewusstlosigkeit. Je mehr Würmer vorhanden und je größer die Parasiten sind, desto stärker sind die Krankheitszeichen. Herzwürmer können bis zu 5 Jahre im Körper des erkrankten Hundes überleben.

➤ Tierärztliche Behandlung

Der Tierarzt kann eine Infektion frühestens nach 6 Monaten durch einen Bluttest nachweisen. Es gibt Medikamente, um den Herzwurm abzutöten. Allerdings können die abgestorbenen Parasiten die Blutgefäße verstopfen. Zusätzlich muss das geschädigte und geschwächte Herz durch geeignete Präparate unterstützt werden. In sehr ausgeprägten Fällen kann eine chirurgische Entfernung der Würmer aus den Lungenarterien versucht werden.

➤ Vorbeugung

Besser als jede Therapie ist die Vorbeugung. Das ist bei der Herzwurmerkrankung erfreulicherweise möglich. Medikamente, die vor, während und noch einige Zeit nach der Urlaubsreise verabreicht werden müssen, schützen vor einer Infektion. Ihr Tierarzt wird Sie beraten.

> ### Gefahr für den Menschen
>
> – Keine –

HAUTERKRANKUNGEN

Krankheiten der Haut können sich durch unterschiedlichste Symptome bemerkbar machen. Bezeichnungen wie Pusteln, Quaddeln, Krusten, Schuppen oder Geschwüre, um nur einige zu nennen, beschreiben lediglich die Veränderungen. Da bei den verschiedensten Hauterkrankungen ähnliche oder auch identische Symptome auftreten, sagen sie nur unzulänglich etwas über die Ursache aus. Welche Ursache für die Hautveränderungen verantwortlich ist, das herauszufinden, ist die Aufgabe des Tierarztes.

Es ist gerade bei Hautkrankheiten nicht immer möglich, sofort eine Diagnose zu stellen. Selbst völlig gleich aussehende Hautveränderungen können verschiedene Auslöser haben. Oft sind umfangreiche Allgemein- und Laboruntersuchungen erforderlich, um dem Übeltäter auf die Spur zu kommen. Geduld und die Bereitschaft des Tierhalters, auch länger dauernde Behandlungen nach Verordnung des Tierarztes konsequent durchzuführen, bringen in den meisten Fällen Erfolg. Oft ist das nicht gerade billig.

1. EKTOPARASITEN

Ektoparasiten leben auf der Außenfläche, d.h. auf (oder auch in) der Haut oder im Fell der Wirte. Sie ernähren sich von Blut und Hautschuppen der Hunde und stellen eine arge Belästigung der befallenen Tiere dar. Starker Juckreiz, Pusteln und Abszesse, Allergien und nicht zuletzt die Übertragung gefährlicher Infektionskrankheiten gehen auf das Konto der Ektoparasiten.

Flöhe

➤ Erreger

Flöhe sind 1–8 mm große, seitlich abgeflachte Parasiten, die sich vom Blut ihrer Wirtstiere ernähren. Die Entwicklung der Flöhe erfolgt hauptsächlich in Fußbodenritzen, Teppichböden und im Tierlager (Körbchen, Decken, Sofa). Die Flohlarven ernähren sich vom Kot erwachsener Flöhe, der viel unverdautes Blut enthält. Je nach Luftfeuchtigkeit und Temperatur kann die Entwicklung vom Ei über mehrere Larven und das Puppenstadium zum erwachsenen Floh 4 Wochen bis mehrere Monate dauern.

Flöhe ernähren sich vom Blut ihrer Wirte.

➤ Ansteckung

Die Ansteckung erfolgt von Hund zu Hund (Flöhe können mehrere Meter weit springen) oder über Decken, Transportkörbe, Schuhe. Auch andere Haustiere (z. B. Katzen) können Flöhe mit nach Hause bringen, wo diese sich vermehren und dann bei ihrer Blutmahlzeit nicht mehr unterscheiden zwischen Hund und Katze. Igel sind in der Regel mit Flöhen regelrecht »verseucht«. In Gärten, in denen sich Igel aufhalten, sind dort herumlaufende und in den Büschen schnüffelnde Hunde häufig mit Flöhen befallen.

➤ Verlauf

Ein Flohbiss erzeugt starken **Juckreiz.** Die befallenen Hunde fügen sich durch ständiges Kratzen Hautwunden zu. Durch bakterielle Zusatzinfektionen entzünden sich solche Wunden gerne. Manche Tiere reagieren auf den Flohspeichel mit **Allergien**, die als juckende, nässende und flächige Ekzeme mit Haarausfall in Erscheinung treten.

➤ Tierärztliche Behandlung

Trotz starkem Juckreiz, Pusteln oder sonstigen Hautveränderungen sind Flöhe selbst nicht immer im Fell nachzuweisen. Der Grund dafür ist, dass sich erwachsene Flöhe vor allem in der Umgebung des Wirtes aufhalten und nur zur Blutmahlzeit den Hund befallen. Oft erkennt

HAUTERKRANKUNGEN

Flohstiche erkennt man bei Hunden mit kurzem hellen Fell an den kleinen rötlichen, stark juckenden Punkten auf der Haut.

der Tierarzt Flohbefall nur durch Auffinden von Flohkot, der wie kleine schwarze Staubkörnchen auf der Haut und im Fell des Patienten haftet. Wenn man den Flohkot auf einer hellen Unterlage (z.B. im Waschbecken oder auf einem hellen Löschblatt) mit etwas Wasser benetzt, entstehen wegen seines Anteils an unverdautem Blut rötliche Schlieren. Es gibt verschiedene Möglichkeiten dem Flohbefall zu begegnen. Die früher häufig verwendeten relativ uneffektiven Flohhalsbänder wurden inzwischen von anwendungsfreundlicheren, wirksameren, teilweise völlig ungiftigen oder zumindest weniger belastenden Methoden abgelöst: Die **Spot-on-Vorbeugung** ist einfach und sehr wirksam. Dabei wird dem Hund einige Tropfen einer Flüssigkeit im Nacken auf die Haut geträufelt (bei Hunden über 15 kg Körpergewicht benötigt man noch eine zweite Anwendung in Höhe des Schwanzwurzelansatzes). Die Flüssigkeit zieht nach kurzer Zeit ein, wird über die Blutbahn verteilt, setzt sich in der oberen Hautschicht des gesamten Körpers fest und wirkt dort 3–4 Wochen ausreichend gut gegen Flöhe (und Zecken). Am Tag der

Flohkot im Fell sieht aus wie kleine Staubkörnchen.

Anwendung sollte der Hund nicht baden oder schwimmen. Danach schmälert Wasser auf der Haut in keiner Weise mehr die Wirksamkeit. Zuverlässige Medikamente zur Spot-on-Behandlung erhalten Sie bei Ihrem Tierarzt.
Vorsicht:
Einige der für Hunde angewandten Präparate sind für Katzen giftig. Wenn eine Katze mit im Haushalt lebt, müssen Sie darauf achten, dass sie am Anwendungstag nicht das Fell des Hundes abschleckt. Bereits am 2. Tag besteht auch für die Katze keine Gefahr mehr.
Behandeln Sie Ihren Hund niemals mit Flohspray oder Flohpulver. Die Präparate verlieren ihre Wirkung innerhalb weniger Tage durch Schütteln, Bürsten des Fells, Baden in Seen oder Flüssen, durch Regen oder sich Abschlecken. Um eine ausreichende Wirksamkeit zu erhalten, müsste man die Tiere täglich damit behandeln. Akute und chronische Vergiftungen durch zu häufige Behandlungen mit solchen Mitteln werden in Tierarztpraxen nicht selten gesehen. Auch für den Menschen stellt die Dauerkontamination des Hundes mit giftigen Flohmitteln eine Gefahr dar. Die aus dem Fell herausfallenden Partikel verteilen sich in der Umgebung des Tieres und führen zu einer zusätzlichen Schadstoffbelastung im Wohnbereich. Besonders Familien mit Kindern sollten sich daher für eine weniger belastende

HAUTERKRANKUNGEN

Flohprophylaxe (Vorbeugung) entscheiden.
Wie immer, gibt es auch zu dieser Gesundheitsregel eine **Ausnahme:** Seit einiger Zeit gibt es ein Spray (Frontline), das ungefähr einmal im Monat auf das Fell des Hundes gesprüht wird und wirksam gegen Ektoparasiten wie Flöhe und Zecken wirkt. Der Wirkstoff verbindet sich unlösbar mit den Haaren und kann weder mit Wasser, Schampon oder sonstigen Mitteln abgewaschen werden. Auch das Verschlucken eines mit diesem Präparat behandelten Haares ist für Mensch und Tier ungefährlich. Flöhe sind Zwischenwirte für **Bandwürmer.** Bei Hunden mit Flohbefall sollte daher grundsätzlich eine parasitologische Kotuntersuchung auf Bandwurmbefall durchgeführt werden (siehe S. 87).

➤ Häusliche Pflege

Da Flöhe nur in seltenen Fällen Menschen befallen, genügt es meist, den Hund gegen die Parasiten zu schützen. Häufiges Staubsaugen v.a. der Fußbodenritzen, Teppichböden und des Tierlagers hilft die Population von Flohlarven zu verringern. Ist der Hund gegen Flöhe geschützt, werden nach einiger Zeit die restlichen, noch in der Wohnung befindlichen Parasiten verhungern. Geben Sie etwas Flohspray in den Staubsaugerbeutel, um die aufgesaugten Larven abzutöten. Wird der Mensch durch Stiche belästigt, was wie gesagt, zum Glück nur selten vorkommt, muss die ganze Wohnung mit Umgebungsspray oder Fogger behandelt werden. Diese Präparate sind jedoch auch für den Menschen und andere Haustiere nicht gerade gesund. Kinder, Hunde, Katzen, Vögel und sonstige Haustiere dürfen sich in den behandelten Räumen nicht aufhalten. Ein eventuell vorhandenes Aquarium muss abgedeckt werden. Wenn Sie ein Spray anwenden, empfiehlt es sich, während der Behandlung der Räume ein Tuch vor den Mund zu binden. Besprühen Sie Decken und Kissen, auf denen der Hund schläft nicht in der Wohnung, sondern im Freien. Lassen Sie sie danach gründlich auslüften, damit der Hund mit dem gesundheitsschädlichen Präparat nicht in Kontakt kommt. Fogger entleeren sich selbstständig, nachdem die Lasche des Behälters heruntergedrückt wurde. Sie brauchen also bei der Verwendung eines Foggers nicht dabeizubleiben und sich den schädlichen Gasen auszusetzen. Nach ca. 2 Stunden können die ausgeräucherten Räume zunächst gründlich gelüftet und danach von der Familie wieder betreten werden.
Neuerdings gibt es ein Präparat, das dem Hund einmal im Monat ins Futter gegeben oder injiziert wird. Es verhindert, dass sich die Flöhe, die bei einem so behandelten Hund Blut saugen, fortpflanzen können. Das ersetzt die Behandlung der Wohnung. Allerdings dauert es mindestens 3 Monate, bis die Wohnung flohfrei ist. Die Flöhe werden jedoch nicht abgetötet, sondern lediglich unfruchtbar. Daher genügt die Anwendung dieses Mittels alleine nicht. Es muss, um den Flohbefall direkt zu bekämpfen und die Einschleppung neuer Flöhe von draußen in die Wohnung zu verhindern, immer mit einem anderen Flohschutzpräparat (z.B. Spot-on-Methode, Frontline) kombiniert werden.

➤ Vorbeugung

In den letzten Jahren sind unsere Winter ungewöhnlich mild, so dass Flohbefall auch in der kalten

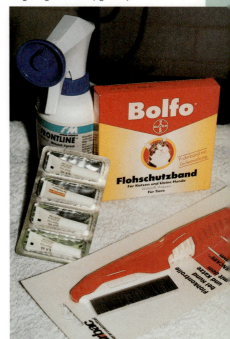

Gegen Flohbefall gibt es viele Behandlungsmöglichkeiten (vgl. Text).

HAUTERKRANKUNGEN

Jahreszeit auftritt. Um das zu verhindern, sollten daher Hunde am besten das ganze Jahr hindurch mit der Spot-on-Methode oder mit Frontline geschützt werden. Wenn der Hund erst gar keine Flöhe mit in die Wohnung einschleppen kann, kommt es dort auch nicht zur Vermehrung und zum Massenbefall der Parasiten. Die Entseuchung der Wohnung ist dann nicht erforderlich.

Naturheilkunde

2 Tropfen **Johanniskrautöl** pro 10 kg Körpergewicht werden auf die Haut im Nacken des Hundes geträufelt.
Vorsicht: Verwenden Sie dieses Mittel nicht auf hellem Fell. Johanniskrautöl färbt die Haare dort, wo es aufgeträufelt wird, orange. Hunde mit weißem Fell, die häufig der Sonne ausgesetzt sind, sollten nicht mit Johanniskrautöl behandelt werden, da dieses Präparat aus der Naturheilkunde eine Überempfindlichkeit der Haut gegenüber Sonnenlicht mit allergischen Reaktionen hervorrufen kann.

Gefahr für den Menschen

Hundeflöhe befallen in der Regel keine Menschen. Lediglich Personen, die auch für Insektenstiche besonders empfänglich sind, klagen hin und wieder über stark juckende, stecknadelstichgroße Bisse an den Beinen. Diese Bisse lassen sich mit einer Salbe, die auch gegen Mückenstiche wirksam ist, gut behandeln.

Zecken

➤ Erreger

Zecken gehören zoologisch gesehen zu den Spinnentieren und haben 8 Beine. Sie sitzen bevorzugt in Nadel- und Laubmischwäldern mit viel Unterholz oder

Eine Zecke schwillt durch Blutsaugen innerhalb weniger Tage um das 10fache ihrer Ursprungsgröße an.

Gestrüpp sowie im dichten Gras in der Nähe von Sträuchern. Sie befallen Säugetiere, Vögel und Menschen, um Blut zu saugen. Die Entwicklung vom Ei zur erwachsenen Zecke vollzieht sich, je nach Temperatur und Luftfeuchtigkeit über mehrere Nymphenstadien in einem Zeitraum von Wochen bis mehreren Monaten. Nach jeder Blutmahlzeit wechselt die Nymphe den Wirt und erreicht das nächste Entwicklungsstadium, bis aus ihr eine erwachsene Zecke geworden ist. Dann legt sie Hunderte von Eiern, aus denen wieder Zeckenlarven schlüpfen. Für ihre

Entwicklung benötigen die Zecken durchschnittliche Tagestemperaturen über 10 °C. In unseren Breiten beginnt daher die Zeckensaison im Februar/März und endet im Oktober/November. Von April bis August ist die Zeit der höchsten Zeckenaktivität. Allerdings findet man manchmal bei ungeschützten Hunden auch im Dezember, wenn das Wetter recht warm ist, hin und wieder eine Zecke.

➤ Ansteckung

Die Parasiten bohren sich mit dem Kopf durch die Haut ihrer Opfer und saugen mit den Mundwerkzeugen Blut. Da sich Hunde von Natur aus gerne in der freien Natur bewegen, ist es nicht möglich, sie von den Orten, an denen sich Zecken befinden, fernzuhalten.

➤ Verlauf

Der Hinterleib der Zecke schwillt beim Blutsaugen innerhalb weniger Tage um das 10fache seiner Ursprungsgröße an. Erst wenn die Zecke richtig vollgesaugt ist, fällt sie ab und kann bis zu einem Jahr ohne Blut überleben. Das ist wichtig für den Parasiten, denn manchmal dauert es lange, bis er einen neuen Wirt findet, der ihm mit einer weiteren Blutmahlzeit ins nächste Entwicklungsstadium hilft. Dort, wo es viele Tiere und Menschen gibt, gibt es auch viele Zecken, da der Wechsel von einem Wirt zum anderen recht schnell stattfindet.

HAUTERKRANKUNGEN

Die Entwicklungsperioden sind dann relativ kurz.

➤ Tierärztliche Behandlung

An der Bissstelle entsteht nicht selten eine Entzündung, die sich zum Abszess entwickeln kann und tierärztlich versorgt werden muss. Bei unsachgemäßer Entfernung einer Zecke kann der Kopf des Parasiten in der Haut stecken bleiben. In den Sommermonaten wird der Tierarzt häufig mit der Entfernung eines Zeckenkopfes beauftragt.

Zecken übertragen gefährliche Krankheiten. Durch den Zeckenbiss kann ein Virus auf den Menschen übertragen werden, das neben grippeähnlichen Erscheinungen auch Hirnhautentzündungen hervorrufen kann. Die Erkrankung wird FSME (Frühsommer-Meningo-Enzephalitis) genannt. Für den Menschen steht seit einiger Zeit ein Impfstoff dagegen zur Verfügung. Für Hunde scheint das »Zeckenvirus« offensichtlich nicht gefährlich zu sein.

Die **Lyme-Borreliose** (siehe S. 47) dagegen wird immer häufiger bei Mensch und Hund diagnostiziert. Es handelt sich dabei um ein mit dem Zeckenbiss übertragenes Bakterium, das chronische Entzündungen der Gelenke, des Herzmuskels und des Nervensystems verursacht. Die Behandlung der Borreliose erfordert hohe Dosen an Antibiotika und dauert meist lange. Oft jedoch erfolgt die Diagnose sehr spät, d.h. erst wenn Gelenk-

schmerzen oder Herzprobleme auftreten. Die Therapie ist dann sehr schwierig und führt häufig nicht zur vollständigen Heilung. Aus diesem Grunde sollte ein Hund sofort mit Antibiotika behandelt werden, wenn sich an der Zeckenbissstelle eine Infektion zeigt. Die Blutuntersuchung auf Borreliose ist erst 6 Wochen nach der Infektion aussagekräftig. Dann kann es allerdings für eine erfolgreiche Therapie zu spät sein. Seit Anfang 1999 gibt es eine Impfung gegen Borreliose bei Hunden.

Zecken können durch ein eiweißartiges Gift in ihrem Speichel bei manchen, besonders empfindlichen Hunden die so genannte **Zeckenparalyse** (Zeckenlähmung) auslösen. Das Gift lähmt Nervenfasern des Bewegungsapparates und verursacht eine aufsteigende Lähmung. Nach Entfernen der Zecken klingt die Lähmung ohne weitere Behandlung rasch ab. Hunde, die zur Zeckenparalyse neigen, müssen ganz besonders vor dem Befall dieser Parasiten geschützt werden.

➤ Häusliche Behandlung

Hunde sollten nach jedem Spaziergang auf Zeckenbefall untersucht werden. Das Eindringen von Krankheitserreger über die Bissstelle dauert in der Regel 2 Stunden. Wenn Zecken frühzeitig entfernt werden, kann damit das Infektionsrisiko verringert werden. Um eine Zecke aus der Haut zu entfernen, greifen Sie sie mit

einer Spezial-Zeckenzange ganz nahe am Kopf und drehen sie vorsichtig heraus. Die Drehrichtung ist dabei unerheblich. Wenden Sie beim Herausdrehen des Parasiten keine Gewalt an, damit der Zeckenkopf nicht abgerissen wird. Die früher praktizierte Methode, den Parasiten durch Beträufeln mit Öl oder Nagellack zum Loslassen zu bewegen, hat sich als gefährlich erwiesen. Eine so behandelte Zecke gibt kurz vor dem Loslassen noch erhebliche Mengen Mundsekret in die Bisswunde ab. Dabei besteht erhöhte Gefahr der Übertragung von Borreliose.

Nach dem Entfernen des Parasiten wird die Bisswunde mit etwas Desinfektionsmittel betupft, um einer Wundinfektion vorzubeugen.

➤ Vorbeugung

Um Zeckenbefall und die Gefahr der Übertragung einer Krankheit erst gar nicht entstehen zu lassen, ist die Vorbeugung besonders wichtig. Es gibt inzwischen sehr wirksame Schutzpräparate gegen Zecken, die auch gegen Flohbefall eingesetzt werden (siehe S. 54). Die Spot-on-Methode (das Aufbringen eines wirksamen Medikamentes auf die Haut) sowie ein Präparat, das eine unlösliche Verbindung mit dem Fell eingeht (Frontline) sind den früher üblichen Zeckenhalsbändern in ihrer Wirkung überlegen und vorzuziehen. Lassen Sie sich von Ihrem Tierarzt beraten.

HAUTERKRANKUNGEN

Naturheilkunde

Johanniskrautöl wirkt nicht nur gegen Flöhe, sondern auch gegen Zecken. 2 Tropfen des gelblichen Öls pro 10 kg Körpergewicht wird dem Hund im Nacken auf die Haut geträufelt. Die Wirkung hält, nachdem das Öl eingezogen ist, ein paar Tage an. Verwenden Sie Johanniskrautöl nicht bei Hunden mit überwiegend weißem Fell, da es die bei diesen Hunden häufig bestehende Überempfindlichkeit gegenüber Sonnenlicht verstärkt. Es besteht die Gefahr einer allergischen Reaktion auf dieses Naturheilmittel. Zudem kommt es an der Anwendungsstelle zu einer orangen Verfärbung des hellen Fells.

Gefahr für den Menschen

Zecken befallen auch den Menschen und können hier ebenfalls die Borreliose sowie die Frühsommer-Meningo-Enzephalitis (FSME) übertragen. Eine vollgesaugte, vom Hund abgefallene Zecke bedeutet jedoch keine Gefahr, da sie über einen längeren Zeitraum keine neuen Angriffe auf Säugetiere mehr vornehmen wird. Mit dem üblichen Reinigungzyklus unserer Wohnung werden solche Zecken in der Regel rechtzeitig, bevor sie sich einen neuen Wirt suchen, entfernt. Lediglich die noch nicht festgesaugten und im Fell des Hundes noch krabbelnden Parasiten können in der häuslichen Wohnung durch Streicheln oder sonstigen Kontakt vom Hund auf den Menschen übergehen.

Läuse

➤ Erreger

Diese Hautparasiten sind etwa 1,5–2 mm groß, bräunlichweiß und mit dem bloßen Auge durchaus zu erkennen. Die Entwicklung der Laus vollzieht sich im Gegensatz zum Floh direkt auf dem Hund. Die Eier werden mit einem rasch erstarrenden, wasserunlöslichen Sekret einzeln an die Haare, vorwiegend am Kopf, im Halsbereich und an der Körperoberseite geklebt. Diese so genannten **Nissen** sind typisch für Läusebefall und geben den betroffenen Hunden ein staubiges, schuppiges Aussehen. Innerhalb von 8–10 Tagen schlüpfen aus den Eiern Larven, die sofort Blut saugen und sich über 3 Häutungen zu erwachsenen Läusen entwickeln.

Läuse legen ihre Eier, die Nissen (links), im Fell ihrer Wirte ab.

➤ Ansteckung

Die Ansteckung erfolgt von Hund zu Hund sowie über Hundekämme, Bürsten und sonstige Fellpflegeutensilien. Auch in Transportkörben, Polstermöbeln oder in Decken können sich Nissen, Larven und erwachsene Läuse aufhalten.

➤ Verlauf

Läusebefall tritt bevorzugt bei Welpen, aber auch bei erwachsenen Hunden auf und ist ein Zeichen für schlechte Haltung und schlechten Gesundheitszustand. Die betroffenen Tiere sind unruhig, kratzen sich ständig und zeigen bei genauerer Untersuchung oft mit Schorf bedeckte Hautwunden.

➤ Tierärztliche Behandlung

Der Tierarzt kann die Nissen und manchmal auch die Läuse selbst unter dem Mikroskop deutlich erkennen. Starker Läusebefall beim Hund ist selten und sollte auf jeden Fall Anlass für eine gründliche Untersuchung des Tieres sein. Oft steckt eine chronische Erkrankung hinter der offensichtlichen Abwehrschwäche des betroffenen Hundes.
Zur Abtötung des Parasiten erhalten Sie beim Tierarzt ein Kontaktinsektizid zum Baden des Hundes. Bei sehr langhaarigen Hunden sollte das Fell geschoren werden. Das Präparat Frontline ist auch gegen Läuse wirksam. Es muss zweimal im Abstand von 3 Wochen auf das gesamte Fell gesprüht werden. Da es sich unlösbar mit den Haaren verbindet und 3 Wochen wirksam ist, kann es neben den erwachsenen

HAUTERKRANKUNGEN

Läusen auch die, in dieser Zeit aus den Nissen neu schlüpfende Larven gleich abtöten.

➤ Häusliche Behandlung

Ein von Läusen befallener Hund wird **zweimal** im Abstand von 10 Tagen mit einem beim Tierarzt erhältlichen Kontaktinsektizid gebadet. Achten Sie beim Baden darauf, dass das ganze Fell (auch am Kopf) des Patienten mit dem Bademittel durchnässt wird. Um die Augen zu schützen, geben Sie etwas Vitamin-A-Augensalbe hinein.
Das Präparat Frontline wird zur Bekämpfung der Läuse ebenfalls **zweimal** im Abstand von 3 Wochen auf das gesamte Fell und Unterfell gesprüht.

➤ Vorbeugung

Die beste Vorbeugung gegen Läuse ist ein guter Gesundheitszustand. Geschwächte Hunde sollten nicht mit fremden Bürsten und Kämmen behandelt werden. Bei Spaziergängen ist der Kontakt zu Artgenossen aus sozialen Gründen wünschenswert. Die direkte Übertragung von Hund zu Hund ist daher durchaus möglich. Durch regelmäßige Kontrolle der Haut und des Fells (beim Streicheln) können Parasiten frühzeitig – bevor es zum Massenbefall kommt – entdeckt und beseitigt werden.

Bei Abwehrschwäche kann sich die Demodikose über den ganzen Körper ausdehnen.

Naturheilkunde

Aus der Naturheilkunde hat sich **Lavendelöl** gegen Läusebefall bewährt. Fellspülungen mit einer Mischung aus 5 Tropfen Lavendelöl auf ca. $1/2$ Liter Wasser sollten 3 Tage hintereinander und dann nochmals 1 Woche später durchgeführt werden. Achten Sie darauf, dass das Öl gut mit dem Wasser vermischt und nicht konzentriert auf das Fell des Hundes gebracht wird. Die Tiere reagieren sonst mit starkem Speicheln und Tränenfluss.

Gefahr für den Menschen

Keine. Hundeläuse sind nicht auf den Menschen übertragbar. Die Kopf- und Kleiderläuse des Menschen sind keine Hundeläuse.

Demodikose (Hautmilben)

➤ Erreger

Der Erreger der Demodikose ist eine Milbe *(Demodex canis)*. Sie lebt in den Haarbälgen des Hundes und verursacht in der Regel keine ausgeprägten Symptome.

➤ Ansteckung

Die Milben wandern in den ersten Lebenstagen, während des Saugaktes, von der Hündin auf die Welpen. Die meisten Hunde beherbergen einige wenige Demodex-Milben in der Haut. Erst bei Schwächung des Immunsystems können sie sich vermehren und zu eine generalisierte (über den ganzen Körper verbreitete) Hauterkrankung führen.

➤ Verlauf

In den meisten Fällen zeigt sich die Demodikose durch wenige haarlose Punkte im Gesicht, vorwiegend um die Augen (»Brillenbildung«) und die Nase sowie am Kopf, seltener an den Beinen. Juckreiz besteht nicht. In der Regel heilen sie nach einiger Zeit spontan ab, vor allem dann, wenn abwehrsteigernde Medikamente verabreicht werden. Bei geschwächten, kranken und unglücklichen Tieren (Tierheim,

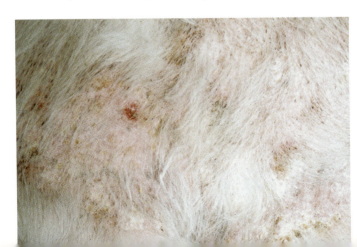

Besitzerwechsel, schlechte Mensch-Hund-Beziehung) kann diese lokale Form der Demodikose in eine generalisierte, d.h. über den ganzen Körper verteilte Hauterkrankung übergehen. Das Fell wird schütter, die Haut schuppig. Auf die durch die Milben vorgeschädigten Hautflächen setzen sich zusätzlich Eiterbakterien. Es entstehen Pusteln, Krusten und im fortgeschrittenen Stadium großflächige, eitrige Hautentzündungen.

➤ Tierärztliche Behandlung

Eine harmlose lokale Demodikose wird lediglich durch Stärkung des Immunsystems bekämpft. Ziel dabei ist, eine Generalisierung zu verhindern. Zusätzlich wird der Hund gründlich untersucht, um versteckte und immunschwächende Organerkrankungen auszuschließen. Anders ist es bei der bereits generalisierten Form der Hauterkrankung: Durch Laboruntersuchungen (Hautgeschabsel sowie bakteriologische Untersuchung eines Hautabstriches) wird die Diagnose Demodikose gesichert und der Eitererreger identifiziert. Dann wird gezielt behandelt. Gegen Demodex canis gibt es inzwischen eine spezielle Badelösung mit welcher der Patient mehrmals gebadet werden muss, bis alle Milben abgetötet sind und die Hauterkrankung abklingt. Gegen die eitrige Entzündung helfen spezielle hautwirksame

Antibiotika. Sie müssen über einen längeren Zeitraum verabreicht werden, um einem Rückfall vorzubeugen.
Ganz besonders wichtig ist auch hier die Stärkung des Immunsystems. Vitamine und Paramunitätsinducer, d.h. spezielle Medikamente zur Steigerung der unspezifischen Abwehrkräfte (siehe S. 35) sind hier die Mittel der Wahl.

➤ Häusliche Behandlung

Bei schweren eitrigen Hautveränderungen hat es sich bewährt, den Patienten zu scheren. Die vom Tierarzt verordnete Badelösung kann dann besser an die erkrankten Hautpartien gelangen; die Wunden hygienischer versorgt werden.

Da es sich bei der Demodikose um eine, durch Immunschwäche ausgelöste Hauterkrankung handelt, sollten Sie nach der Ursache forschen. Ist die Ernährung vollwertig (siehe S. 30)? Wird der Hund artgerecht gehalten? Wird er geliebt und hat er ausreichend Zuwendung? Welche sonstigen Stressfaktoren (z.B. Ausbildung) könnten eine Immunschwäche verursachen und wie sind sie abzustellen? Es gibt inzwischen Tierärzte, die sich auf Verhaltenstherapie spezialisiert haben. In Zweifelsfällen bezüglich Haltung des Hundes sowie Umgang mit dem Hund, stehen sie mit Rat und Tat gerne zur Verfügung. Die Tierärztekammern der einzelnen Bundesländer senden Ihnen gerne eine

Naturheilkunde

Hunde, die an Demodikose erkranken haben eine geschwächte Immunabwehr. **Roter Sonnenhut** *(Echinacea purpura)* besitzt eine steigernde Wirkung auf das körpereigene Abwehrsystem. Ein Gesamtextrakt aus dieser Heilpflanze gibt es in Tropfenform in jeder Apotheke und bei Ihrem Tierarzt. 1 Tropfen pro kg Körpergewicht bis zur völligen Genesung 3-mal täglich ins Futter oder mit Wasser verdünnt dem Hund direkt in die Mundhöhle eingegeben genügt. Zusätzlich hat sich **Vitamin C** bewährt. Hunde sind zwar in der Lage dieses Vitamin selbst in ihrem Körper herzustellen, bei parasitären Hauterkrankungen hat sich eine zusätzliche Zufuhr von außen jedoch bewährt. Da es sich um ein

wasserlösliches Vitamin handelt, wird ein eventueller Überschuss mit dem Urin ausgeschieden, so dass keine schädlichen Nebenwirkungen durch Überdosierung zu erwarten sind. Eine Ausnahme sind Hunde mit Calciumoxalat-Blasensteinen. Sie dürfen kein Vitamin C erhalten, da es bei dieser Stoffwechselstörung zur Verstärkung der Krankheitssymptome führt. Geben Sie Ihrem hautkranken Hund täglich $1/4$ Teelöffel Vitamin C (Ascorbinsäure-Pulver) pro 10 kg Körpergewicht entweder mit dem Futter oder in Wasser aufgelöst mit einer Spritze direkt in den Mund. Um den sauren Geschmack etwas zu neutralisieren können Sie das Vitamin-C-Pulver mit der gleichen Menge Traubenzucker vermischen.

HAUTERKRANKUNGEN

Liste der Fachtierärzte für Verhaltenstherapie.

➤ Vorbeugung

Die beste Vorbeugung gegen Demodikose ist artgerechte Haltung, vollwertige Ernährung, regelmäßige tierärztliche Gesundheitskontrolle (1-mal im Jahr) auf versteckte Organerkrankungen sowie viel Liebe und Zuwendung. Täglich 1 Esslöffel pro 10 kg Körpergewicht kalt gepresstes Pflanzenöl (z. B. Leinöl, Distelöl, Sonnenblumenöl) aus dem Reformhaus versorgt die Haut mit essenziellen Fettsäuren und macht sie dadurch widerstandsfähiger gegen Krankheitserreger.

Gefahr für den Menschen
– Keine –

Räudemilben

➤ Erreger

Der Erreger der Räude ist die *Sarkoptes*-Milbe. Die weibliche Milbe gräbt sich in die Haut und legt dort Eier und Kot ab. Man kann die entstehenden Gänge mit dem bloßen Auge meist gut erkennen. Aus den Eiern schlüpfen Larven, die sich über ein Nymphenstadium zur erwachsenen Milbe entwickeln.

➤ Ansteckung

Die Ansteckung erfolgt über direkten Körperkontakt, z. B. wenn Hunde in einem engen Verband zusammenleben, zusammen spielen und zusammen schlafen. Wie bei allen parasitären Erkrankungen spielt auch hier der Zustand des Immunsystems eine entscheidende Rolle, ob der Kontakt mit *Sarkoptes*-Milben zu der gefürchteten Räude führt, oder ob die Infektion von der körpereigenen Abwehr gestoppt werden kann.

➤ Verlauf

Dort, wo die Milbe ihre Gänge gräbt sowie Eier und Kot ablegt, reagiert die Haut mit Rötung und Entzündung. Extrem starker Juckreiz entsteht. Häufig fallen die Haare aus. Die befallenen Hunde kratzen sich Tag und Nacht und fügen sich dadurch zusätzlich Schürf- und Kratzwunden zu. Wie immer lauern auch hier Eiterbakterien auf eine Vorschädigung des Gewebes, um sich dort bequem festsetzen und vermehren zu können. Dadurch entstehen großflächige, eitrige Hautveränderungen (Pyodermien), die meist nur durch eine konsequente und oft langwierige Behandlung geheilt werden können.

➤ Tierärztliche Behandlung

Der Tierarzt wird ein wirksames Medikament gegen die *Sarkoptes*-Milbe injizieren. In der Regel genügen 2 Injektionen im Abstand von 1 Woche. In hartnäckigen Fällen muss die Behandlung wiederholt werden. Bei Bobtails und Collies kann das Medikament zu Unverträglichkeitserscheinungen, in ausgeprägten

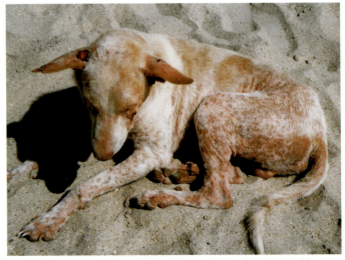

Solche ausgeprägten Räudesymptome sieht man heute nur noch bei wilden Hunden in exotischen Ländern.

HAUTERKRANKUNGEN

Fällen sogar zum Tode führen. Diese Hunderassen müssen daher bei Räude mit einem speziellen milbenabtötenden Präparat mehrmals im Abstand von 3 Tagen gebadet werden. Obwohl die Unverträglichkeitserscheinungen nicht bei allen Individuen der genannten Rassen auftreten, sollte man kein Risiko eingehen. Die Badebehandlung ist zwar aufwendiger, dafür aber sicherer. Gegen die eitrige Hautentzündung helfen hautwirksame Antibiotika, die über einen längeren Zeitraum verabreicht werden müssen. Zur Steigerung der körpereigenen Abwehrkräfte eignen sich Vitaminpräparate sowie Paramunitätsinducer (siehe S. 35).

➤ Häusliche Behandlung

Eine eitrige Hautentzündung ist die Ausnahme für das in diesem Buch empfohlene Badeverbot bei Hunden (siehe S. 19). Um Verklebungen und Verkrustungen zu entfernen, sollte der kranke Hund mit einem milden Schampon eingeschäumt und anschließend gründlich abgeduscht werden. Das Scheren langhaariger Hunde, zumindest an den erkrankten Hautstellen, ist je nach Ausmaß der Hautveränderungen manchmal erforderlich und sinnvoll.
Bis die Haut abgeheilt ist, sollten Sie auf absolute Hygiene achten. Verschmutzungen durch einen Spaziergang müssen sofort von der erkrankten Haut entfernt werden. Das Schwimmen im See

oder in einem Fluss ist für den Hund verboten, um eine zusätzliche Infektion mit Bakterien zu verhindern.
Um eine Neuinfektion mit Milben zu verhindern, muss die Wohnung mit einem Umgebungsspray eingesprüht werden. Ebenso Decken, Körbchen und Polstermöbel, auf denen sich der kranke Hund aufgehalten hat.

➤ Vorbeugung

Wie bei allen Erkrankungen ist die Stärkung der körpereigenen Abwehrkräfte die beste Vorbeugung. Eine vollwertige Ernährung (siehe S. 30), artgerechte Haltung sowie viel Liebe und Zuwendung sind Voraussetzungen dafür, dass ein Hund gesund

---

Naturheilkunde

Hunde, die an Räude erkrankt sind, haben trockene Haut und stumpfes Fell (dort wo es noch nicht ausgefallen ist). Häufig finden sich infizierte Wunden, die durch das ständige Kratzen der Tiere entstanden sind. Hier helfen **Kohlblätter** (*Brassica oleracea*) und **Zaubernuss** (*Hamamelis virginiana*) nach folgendem Rezept:
250 g frische Kohlblätter und 50 ml destillierte Zaubernuss (in Apotheken erhältlich)
in einem Haushaltsmixer verquirlen, die Masse abseien und die entstandene Lotion einmal täglich mit einem Wattebausch dünn auf die betroffenen Hautpartien auftupfen. Die Lotion sollte im Kühlschrank und vor Verschmutzung geschützt maximal 2 Tage aufbewahrt werden.

---

bleibt. Zusätzlich unterstützen kalt gepresste Pflanzenöle (z.B. Leinöl, Distelöl, Sonnenblumenöl) aus dem Reformhaus die Haut bei ihrem Kampf gegen die Parasiten. 1 Esslöffel pro 10 kg Körpergewicht pro Tag ins Futter versorgt die Haut mit den für sie notwendigen essenziellen Fettsäuren und erhöht ihre Widerstandskraft gegen Krankheitserreger.

Gefahr für den Menschen

– Keine –

Cheyletiellosis (Hautmilben)

➤ Erreger

Der Erreger der Cheyletiellosis ist die Milbe *Cheyletiella*. Sie lebt in der obersten Hornschicht der Haut und bohrt sich nicht, wie die räudeauslösende Sarkoptes-Milbe tiefer ein. Sie sticht die Haut ihres Wirtes nur an.

➤ Ansteckung

Die Übertragung erfolgt durch direkten Kontakt von Hund zu Hund, aber auch indirekt durch Decken, Transportboxen, Kämme oder Bürsten. Allerdings kann die *Cheyletiella*-Milbe nur wenige Tage in der Außenwelt überleben, sodass die Gefahr einer indirekten Infektion über Gegenstände nach dieser Zeit nicht mehr besteht.

HAUTERKRANKUNGEN

Cheyletiella-Milben sehen aus wie bewegliche Schuppen.

gegen Parasiten eignet sich 1 Esslöffel/10 kg Körpergewicht eines kalt gepressten Pflanzenöls (Distelöl, Leinöl, Sonnenblumenöl) aus dem Reformhaus.

Naturheilkunde

Eichenrinde-Abkochung eignet sich wegen ihrer juckreizstillenden und leicht entzündungshemmenden Wirkung zum Waschen der betroffenen Hautstellen. Da die Eichenrinde sehr mild ist, kann man sie ohne Bedenken auch bei Welpen und Junghunden anwenden. Die Herstellung der Eichenrinden-Abkochung ist denkbar einfach:
2 Esslöffel Eichenrinde in 500 ml Wasser 10 Minuten kochen und abseihen. Bis zum Abklingen der Beschwerden täglich einmal anwenden.

Gefahr für den Menschen

Die *Cheyletiella*-Milbe ist auf den Menschen übertragbar und verursacht auch bei ihm Juckreiz und Hautrötungen. Schwere Hauterkrankungen entstehen, außer bei abwehrgeschwächten Menschen (Aids- oder Tumorpatienten) in der Regel nicht. Meist verschwinden die Symptome nach Behandlung des Hundes von selbst. In hartnäckigen Fällen sollte ein Hautarzt hinzugezogen werden.

➤ Verlauf

Die *Cheyletiella*-Milbe verursacht Juckreiz, Hautrötungen und Schuppenbildung. Sie selbst sieht, wenn sie sich auf der Haut befindet, wie eine sich bewegende Schuppe aus. Vor allem Junghunde werden von der Milbe befallen und reagieren mit starkem Juckreiz, was man deutlich an den bestehenden Kratzwunden erkennen kann. Eitrige Zusatzinfektionen mit Bakterien sind jedoch äußerst selten. Erwachsene Tiere beherbergen die *Cheyletiella* häufig, ohne Symptome zu zeigen. Sie sind potenzielle Überträger des Parasiten für andere Hunde und für den Menschen.

➤ Tierärztliche Behandlung

Der Tierarzt verordnet eine milbenabtötende Lösung, mit welcher der Hund dreimal im Abstand von 1 Woche gebadet werden muss, sowie eine Tinktur zur Heilung der Hautrötungen und Kratzwunden.

➤ Häusliche Behandlung

Die vom Tierarzt verordnete Badebehandlung muss konsequent und korrekt durchgeführt werden. Dabei ist zu beachten, dass die Badelösung gleichmäßig an alle Körperstellen gelangt.

➤ Vorbeugung

Zur Unterstützung der Hautfunktion und damit ihrer Abwehr

HAUTERKRANKUNGEN

Herbstgrasmilben

➤ Erreger

In manchen Gebieten werden Hunde zunehmend von Larven der Herbstgrasmilben angefallen. Die Larven dieser Parasiten sind gelb bis orangerot, sodass man sie mit bloßem Auge auf der Haut erkennen kann.

Im Spätsommer und im Herbst (manchmal auch im Frühjahr) kommt es zu explosionsartiger Vermehrung der Parasiten, vor allem auf Wiesen und Sträuchern. Die Larven kriechen an den Gräsern und Pflanzen hoch und befallen Hunde, Katzen und auch Menschen. Dabei ritzen sie die obere Hautschicht ihrer Opfer mit den Mundwerkzeugen an und benetzen sie mit Speichel. Der Speichel enthält ein Enzym, welches das Gewebe von Säugetieren verflüssigt. Das entstandene winzig kleine Tröpfchen Speichel/Hautgewebe-Gemisch dient der Larve als Nahrung. Nach etwa 1 Woche sind die Larven vollgesogen, fallen ab und entwickeln sich zu erwachsenen Milben. Diese leben von nun an im Erdboden und ernähren sich von abgestorbenen Pflanzenteilen. Parasiten sind also nur die **Larven** der Herbstgrasmilbe.

➤ Ansteckung

Die Ansteckung erfolgt vor allem im Spätsommer und Herbst, wenn der Hund bei einem Spaziergang über Wiesen und durch die Büsche streift.

➤ Verlauf

Die Larven der Herbstgrasmilbe setzen sich bevorzugt an dünne Hautstellen wie Zwischenzehenräume, Augen- und Lippengegend, Nasenrücken, Ohrmuscheln, Zitzen und an der Schwanzspitze des Hundes fest. Natürlich wird eine durch Parasiten malträtierte Haut wund. Es entstehen starker Juckreiz, Rötungen und, durch ständiges Kratzen und Benagen, Entzündungen sowie Hauterkrankungen, die der Räude ähnlich sind.

➤ Tierärztliche Behandlung

Der Tierarzt verordnet ein Insektizidbad, das, einmal angewandt, schon Erfolg bringt.

➤ Häusliche Behandlung

Zu Hause wird der Hund mit dem vom Tierarzt verordneten Präparat gebadet. Dabei sollten Sie darauf achten, dass keine mit dem Insektizid vermischte Badeflüssigkeit in die Augen des Hundes gelangt. Am besten schützen Sie die Augen mit einer Vitamin-A-Augensalbe, die Sie als dicker Streifen unmittelbar vor dem Bad in die Augen des Hundes geben. Lassen Sie das Insektizid ein paar Minuten einwirken bis die Milben abgestorben sind und waschen Sie das Fell danach gründlich mit klarem Wasser nach. So sind Sie sicher, dass der Hund nicht durch die Anwendung des Insektizides in seiner Gesundheit gefährdet wird.

Die Larven der Herbstgrasmilbe lauern im Gras auf ihre Wirte.

HAUTERKRANKUNGEN

➤ Vorbeugung

Vorbeugend gegen Herbstgrasmilben helfen die gleichen Mittel,
die auch gegen Flöhe und
Zecken angewandt werden.
Besonders wirksam ist ein seit
einiger Zeit in Deutschland
erhältliches Präparat zum auf-
sprühen auf das Fell (Frontline).
Der Wirkstoff geht eine unlösliche

Naturheilkunde

Eichenrinde-Abkochung eignet
sich auch bei Herbstgrasmilben-
Befall, die juckenden und entzündeten Hautstellen zu beruhigen.
Die Milben werden dadurch jedoch
nicht abgetötet. 2 Esslöffel Eichenrinde werden in 500 ml Wasser
10 Minuten gekocht und abgeseiht.
Bis zum Abklingen des Juckreizes
und der Hautrötung sollten die
betroffenen Stellen täglich einmal
mit einem darin getränkten Wattebausch abgetupft werden.

Gefahr für den Menschen

Herbstgrasmilben können, zum
Beispiel beim Barfußlaufen
über eine Wiese, auch den
Menschen befallen. Es entstehen juckende Hautentzündungen, die nach einer gründli-
chen Reinigung der betroffenen Hautstellen mit einem
desinfizierenden, juckreizstillenden Präparat schnell wieder
verschwinden. Eine Übertragung der Parasiten vom Hund
auf den Menschen erfolgt
nicht.

Verbindung mit dem Fell ein und
kann nicht mehr mit Wasser
abgewaschen werden. Ver-
schluckte, mit diesem Präparat
behandelte Haare werden mit
dem Kot wieder ausgeschieden,
ohne dass der Wirkstoff vom
Haar abgelöst wird. Die vorbeugende Wirkung gegen Herbstgrasmilben hält etwa 4 Wochen
an. Dann sollte der Hund erneut
eingesprüht werden. Ebenso
wirksam ist die Spot-on-Methode,
bei der der gleiche Wirkstoff oder
auch ein anderer auf die Haut im
Nacken des Hundes aufgeträufelt
wird. Bei Hunden über 15 kg Körpergewicht muss zusätzlich eine
weitere Ampulle auf die Haut am
Schwanzansatz entleert werden.
Lassen Sie sich von Ihrem Tierarzt beraten, welches Präparat
sich für die Anwendung bei
Ihrem Hund am besten eignet.

Haarlinge

➤ Erreger

Ähnlich wie die Laus legt der
Hundehaarling seine Eier in
einem klebrigen Sekret direkt an
die Haare. Aus den Eiern schlüpfen nach ungefähr 5–8 Tagen die
Larven und entwickeln sich auf
dem Wirtstier über 3 Häutungen
zu erwachsenen Haarlingen.

➤ Ansteckung

Die Ansteckung erfolgt direkt von
Hund zu Hund oder indirekt über
Gegenstände wie Decken, Trans-
portboxen oder Pflegeutensilien.

➤ Verlauf

Haarlinge sind als Parasiten relativ harmlos. Sie ernähren sich
von Hautschuppen und saugen
kein Blut.
Haarlingsbefall findet man vor
allem bei schlecht gepflegten,
abwehrgeschwächten Hunden.
Bei Jungtieren kann man gele-
gentlich Massenbefall beobachten. Die Welpen sind dabei sehr
unruhig, trinken schlecht und bleiben in ihrer Entwicklung zurück.
Grund für die Beunruhigung ist
die auffallend starke Beweglichkeit der Parasiten. Bei genauerer
Beobachtung erkennt man das
dauernde »Herumwieseln« der
hellfarbenen Parasiten sehr gut.

➤ Tierärztliche Behandlung

Es gibt inzwischen ein für Säugetiere ungiftiges Präparat, mit dem
man den Hund einsprühen kann.
Der Wirkstoff geht eine unlösliche
Verbindung mit den Haaren ein
und tötet die Parasiten wirksam
ab. Auch Welpen können mit dem
Präparat (Frontline) ohne Bedenken eingesprüht werden. Da die
Wirkung etwa 3 Wochen anhält,
bis erneut gesprüht werden muss,
werden auch die nach einer Woche noch aus den Eiern schlüpfen-
den Larven vollständig abgetötet.

➤ Häusliche Behandlung

Die Sprühbehandlung sollte zur Sicherheit nach 3 Wochen wiederholt
werden. Damit ist gewährleistet,
dass auch später noch schlüpfende
Haarlingslarven erfasst werden.

HAUTERKRANKUNGEN

➤ Vorbeugung

Da es sich bei Haarlingsbefall, wie übrigens bei jeder parasitären Erkrankung, um eine Abwehrschwäche des Organismus handelt, ist die beste Vorbeugemaßnahme die Erhaltung oder Wiederherstellung des intakten Immunsystems. Artgerechte Haltung, vollwertige Ernährung und liebevolle Pflege sind Grundvoraussetzungen für die Gesundheit jedes Tieres. Bei geschwächten Tieren empfiehlt es sich, durch Vitaminpräparate, Echinacea-Präparate, Paramunitätsinducer (Mittel zur Steigerung der unspezifischen Abwehr) und essenzielle Fettsäuren im täglichen Futter »von innen« die Abwehr gegen Parasiten zu stärken.

Naturheilkunde

Eine Fellspülung 2–3-mal im Abstand von jeweils 1 Woche mit einer Mischung aus 5 Tropfen Lavendelöl und $1/2$ Liter Wasser vertreibt die lästigen Parasiten. Bei der Behandlung von Welpen sollten Sie jedoch nur 2 Tropfen des Öls mit einem $1/2$ Liter Wasser vermischen, da die kleinen Tiere sonst mit Überempfindlichkeitssymptomen wie Speicheln und Augenausfluss reagieren können. Achten Sie darauf, dass die Badeflüssigkeit nicht in die Augen des Patienten gelangt. Am besten geben Sie vor der Fellspülung einen dicken Strang Vitamin-A-Augensalbe in beide Augen.

Gefahr für den Menschen

– Keine –

---

2. HAUTPILZE

➤ Erreger

Pilzerkrankungen der Haut, der Nägel bzw. Krallen bei unseren Haustieren werden als Dermatomykosen bezeichnet. Die weitaus häufigste Dermatomykose beim Hund wird durch den Fadenpilz *Microsporum canis* verursacht. Die durch diesen Pilz hervorgerufene **Hauterkrankung** bezeichnet man als **Mikrosporie**. Eine weitere Hauterkrankung wird durch den Pilz *Trichophyton mentagrophytes* verursacht. Diese Erkrankung, deren Erscheinungsbild fast identisch mit dem der Mikrosporie ist, heißt **Trichophytie**.

➤ Ansteckung

Obwohl Hautpilzerkrankungen beim Hund nicht so häufig auftreten wie bei der Katze, sollte jedoch jeder Hundefreund darüber Bescheid wissen. Infektionsquellen sind meist klinisch gesunde Hunde (oder auch Katzen), die den Hautpilz in ihrem Fell beherbergen, ohne selbst zu erkranken. Die Übertragung erfolgt durch direkten Kontakt von Tier zu Tier, aber auch über Gegenstände wie z. B. Decken, Transportboxen, Spielzeug und Pflegeutensilien (Bürsten, Kämme). Die Sporen, d. h. die Dauerformen des Pilzes bleiben Monate bis Jahre infektionsfähig. Auch Flöhe können den Hautpilz übertragen. Die Parasiten nehmen bei der Blutmahlzeit Pilzsporen mit ihren Mundwerkzeugen auf und geben sie beim Wirtswechsel auf die Haut eines gesunden Hundes wieder ab. Igelflöhe sind häufig mit den Sporen des Hautpilzes *Tichophyton* behaftet.

Nun wird nicht jeder Hund, der mit Pilzsporen in Berührung kommt, auch krank. Gesunde Tiere besitzen in der Regel eine so starke körpereigene Abwehr, dass ihnen der Pilz oder die Pilzsporen auf der Haut und im Fell nichts anhaben können. Solche Tiere sind oft Jahre infiziert, ohne dass irgendwelche Hautveränderungen beobachtet werden können. Erst beim Auftreten zusätzlicher Stressfaktoren kommt es zur Schwächung der Abwehrmechanismen. Die im Fell haftenden Pilze können sich nun ungestört vermehren, und es entsteht eine **Hautpilzerkrankung**.

Folgende Stressfaktoren spielen häufig eine Rolle:

Mangelernährung

Vor allem der Mangel an essenziellen Fettsäuren in der Nahrung erhöht die Anfälligkeit der Haut für Infektionskrankheiten durch Pilze, Bakterien und Parasiten.

Versteckte Organerkrankungen

Erkrankungen des Herzens, der Nieren, der Leber oder anderer innerer Organe können im Anfangsstadium noch unauffällig sein. Der Körper mobilisiert

HAUTERKRANKUNGEN

zunächst »alle Kräfte«, um die Schwäche zu kompensieren und hat nun keine Kraft mehr, sich gegen Erreger von außen zu wehren. Dadurch sind den »lauernden« Krankheitserregern, wie z.B. Pilzsporen im Fell Tür und Tor geöffnet. Sie können sich vermehren und die körpereigene Abwehr überrennen.

Wurmbefall

Hunde mit starkem Wurmbefall haben oft struppiges, stumpfes Fell und trockene, spröde Haut – ein idealer Nährboden für Hautpilze.

Seelischer Kummer

Unglückliche Tiere bleiben selten gesund, denn auch seelischer Kummer bedeutet Stress. Der Aufenthalt in Tierheimen, eine lieblose Behandlung, Misshandlungen, der Verlust einer Bezugsperson oder auch dauernde Überforderung (durch unsinnige Ausbildungen auf den Hundetrainingsplatz), alles dies schwächt die Abwehrkräfte und kann die Entstehung von Hautpilzerkrankungen begünstigen.

➤ Verlauf

Bei der Microsporie und Trichophytie kommt es bevorzugt im Bereich von Gesicht (um die Nase, an den Ohrrändern), aber auch an anderen Körperteilen zu rundem, manchmal auch diffusem Haarausfall. Die Ränder der kahlen Stellen sind durch einen leicht rötlichen Wall begrenzt; die Haare um die Veränderungen lassen sich leicht auszupfen. Nicht immer besteht Juckreiz. In einigen Fällen werden auch Bläschen, Schuppen oder Krusten beobachtet. Jede Veränderung mit Haarausfall oder Haarbruch ist verdächtig für Hautpilz und sollte Anlass für eine Untersuchung des Hundes sein.

➤ Tierärztliche Behandlung

Bei Verdacht auf Hautpilzerkrankung sollte immer eine Untersuchung der befallenen Haut und Haare auf Pilzsporen durchgeführt werden. Dazu zupft der Tierarzt mit einer sterilen Pinzette einige Haare aus dem Rand der veränderten Hautbezirke und gibt sie auf einen speziellen Nährboden. Der so geimpfte Nährboden wird bei etwa 32 °C im Brutschrank bebrütet. Bei bestehender Microsporie oder Trichophytie dauert es ungefähr 3–10 Tage, bis die Pilze auf dem Nährboden wachsen und zur eindeutigen Diagnose herangezogen werden können.

Eine weitere Möglichkeit der Diagnose ist die Untersuchung des erkrankten Hundes mit Hilfe der **Woodschen Lampe.** Diese spezielle Lichtquelle erzeugt UV-Licht bis 365 nm. Der Patient wird in einem abgedunkelten Raum mit der Woodschen Lampe angeleuchtet. In etwa 60 % der Fälle fluoreszieren die mit *Microsporum canis* bzw. *Trichophyton mentagrophytes* befallenen Hautbezirke gelbgrün. Dieses Diagnoseverfahren hat den Vorteil, dass im positiven Fall sofort mit der Therapie begonnen werden kann, während bei der Kultivierung erst das Pilzwachstum auf dem Nährboden abgewartet werden muss. Da allerdings nur etwa 60 % der Pilze fluoreszieren, ist die Kultur auf Nährböden dort unerlässlich, wo die Woodsche Lampe kein positives Ergebnis bringt.

Vom Tierarzt erhalten Sie eine pilzabtötende Flüssigkeit, die Sie zu Hause als Bad und als Desinfektionsmittel verwenden können. In besonders schweren Fällen kann der Tierarzt zusätzlich Tabletten verordnen, die dem Hund über mehrere Wochen verabreicht werden müssen. Sie hemmen das Pilzwachstum von innen heraus. Allerdings sind diese Tabletten für die Leber belastend, sodass es im Ermessen des Tierarztes liegt, ob sie bei einem Patienten angewendet werden können.

Zur Diagnose von Mikrosporie werden spezielle Nährböden verwendet.

HAUTERKRANKUNGEN

Neu auf dem Arzneimittelmarkt ist eine Injektionslösung, die bei Hautpilzbefall nach zweimaliger Injektion im Abstand von 14 Tagen absolute Heilung und einen Schutz vor Neuinfektion für 1 Jahr verspricht. Das Medikament ist sehr teuer, die Wirkung ist umstritten.

Wie bereits erwähnt, spielt die körpereigene Abwehr eine entscheidende Rolle im Krankheitsgeschehen. Es empfiehlt sich daher, den Patienten zu paramunisieren, d. h. die unspezifischen Abwehrkräfte durch Medikamente zu mobilisieren. Dazu eignen sich Paramunitätsinducer, die vom Tierarzt gespritzt werden.

➤ Häusliche Behandlung

Zu Hause wird der an Hautpilz erkrankte Hund viermal im Abstand von 2–3 Tagen gebadet. Dabei ist es wichtig, dass das Fell durch und durch mit dem im Wasser verdünnten pilzabtötenden Medikament durchnässt wird.

Um die Augen zu schützen, verwenden Sie eine Vitamin-A-Augensalbe vor dem Baden. Im Anschluss an das Bad wird das Fell nicht mehr ausgespült, sondern nur trocken geföhnt. Die Wohnung, die Lagerstätte und alle Gegenstände, mit denen der Hund in Berührung kam, müssen mit dem gleichen Mittel (in doppelter Konzentration verdünnt) eingesprüht werden. Übliche Haushaltsdesinfektionsmittel reichen in ihrer Wirkung nicht aus, um die überaus widerstandsfähigen Pilzsporen abzutöten.

➤ Vorbeugung

Da ein Hund Kontakt zu Artgenossen für seine seelische Ausgeglichenheit unbedingt braucht und bei Spaziergängen in Wald und Wiesen die Begegnung mit

> **Naturheilkunde**
>
> Da Hautpilze auch auf den Menschen übertragbar sind, sollte auf jeden Fall die Erkrankung beim Hund durch pilzabtötende Mittel bekämpft werden. Präparate aus der Naturheilkunde sind nicht ausreichend wirksam, um die Ansteckungsgefahr für den Menschen sicher zu beseitigen.
> Zusätzlich hat sich eine Abkochung aus Ringelblumen bewährt, um Juckreiz und Hautrötungen zu lindern. Die **Ringelblume** *(Calendula officinalis)* ist eine beliebte Pflanze in der Naturheilkunde. Die Blätter werden mit kochendem Wasser übergossen und 10 Minuten ziehen gelassen. Der abgekühlte Aufguss wird zum Spülen von Hautwunden verwendet. Die Inhaltsstoffe der Ringelblume fördern die Heilung von Wunden.

Igeln nicht zu vermeiden ist, besteht immer die Gefahr einer Ansteckung mit Hautpilzsporen. Die Erhaltung eines guten Gesundheitszustandes durch

Hunde können sich durch direkten Kontakt mit erkrankten Artgenossen mit Hautpilzen infizieren.

HAUTERKRANKUNGEN

Gefahr für den Menschen

Microsporum canis und *Trichophyton mentagrophytes* sind auf den Menschen übertragbar. Microsporie zeigt sich durch runde, schuppige, leicht rötliche Hautveränderungen an den Armen, im Gesicht, an den Händen, aber auch am Körper. Bei Befall der Kopfhaut (selten) kommt es zu Haarausfall. Bei Trichophytie entstehen oft Bläschen, die sich öffnen und ein wässriges Sekret entleeren. Zusatzinfektionen mit Bakterien führen bei Trichophytie häufig zu flächigen Ekzemen. Eine eindeutige Diagnose kann auch beim Menschen nur durch die Kultur eines Hautabstriches der veränderten Bezirke auf Nährböden erstellt werden. Es empfiehlt sich jedoch, bei Verdacht auf Hautpilzkrankung den behandelnden Arzt über eine bestehende Microsporie oder Trichophytie beim Hund zu informieren, um die Behandlung frühzeitig beginnen zu können. **Aber keine Panik!** Auch beim Menschen lässt sich die Krankheit behandeln. Meist genügt es schon, die veränderten Hautstellen mit einem Antimykotikum (Präparat zum Abtöten von Hautpilzen) in Salbenform einzureiben. Gleichzeitig ist die Stützung der körpereigenen Abwehrkräfte als Zusatztherapie auch beim Menschen hilfreich.

---

regelmäßige tierärztliche Untersuchungen, durch vollwertige Ernährung und eine liebevolle Behandlung sind wohl die einzigen Möglichkeiten einer **Hautpilzerkrankung** vorzubeugen.

3. ALLERGIEN UND AUTOIMMUNER-KRANKUNGEN

➤ Ursachen

Allergien sind Überempfindlichkeitsreaktionen des Körpers auf die verschiedensten Stoffe (Allergene). Man unterscheidet zwischen Kontakt- und Nahrungsmittelallergie. Bei der **Kontaktaller-**gie wird die überschießende Abwehrreaktion der Haut schon durch die Berührung mit dem Allergen ausgelöst. Das können ganz verschiedene Substanzen sein, z. B. Pilze, Parasiten (Flöhe, Milben), Bakterien, Medikamente (Flohhalsbänder, Salben, Kosmetika), Waschmittel, Fußboden- oder Möbelpflegemittel, Plastikfutterschüsselchen oder Pflanzen und vieles mehr.

Unter einer **Nahrungsmittelallergie** versteht man eine krankhafte Reaktion der Haut oder anderer Organe (Magen-Darm-Trakt) auf Futtermittel oder Futtermittelbestandteile. So können zum Beispiel verschiedene Eiweiße, Kohlenhydrate oder auch Zusatzstoffe wie Geschmacksverstärker, Konservierungsstoffe- und Farbstoffe Allergien auslösen. Bei einer **Autoimmunerkrankung** »wütet« der Körper gegen eigenes Gewebe, ohne dass ein Allergen von außen die Reaktion hervorruft. Es handelt sich dabei um eine Störung des Immunsystems.

➤ Ansteckung

Weder Allergien noch Autoimmunerkrankungen sind ansteckend. Sie werden nicht von Hund zu Hund bzw. auf andere Tiere oder den Menschen übertragen. Die Neigung zu dieser Über- bzw. Fehlreaktion des Immunsystems ist jedoch vererblich und kann von der Hündin auf ihre Welpen weitergegeben werden.

➤ Verlauf

Die allergische Hauterkrankung zeigt sich durch leichte Rötung der Haut, durch Pusteln und Krusten bis hin zu schweren mit Bakterien superinfizierten Ekzemen. Häufig besteht starker Juckreiz.

Die bekanntesten Autoimmunerkrankungen beim Hund sind Pemphigus und Lupus erythematodes. Beim **Pemphigus** finden wir chronische bläschenbildende Veränderungen der Haut, vor allen an den Lippen und um die Augen. Sie können jedoch auch über den ganzen Körper verteilt sein. Ganz selten ist auch die

ZOONOSEN

Zoonosen sind Krankheiten, die auf natürlichem Weg vom Tier auf den Menschen übertragen werden.

➤ Tollwut

Der Erreger der Tollwut ist ein Virus und wird fast ausschließlich durch den **Biss** eines tollwütigen Tieres übertragen. Der Hauptüberträger der Tollwut in Deutschland ist der Fuchs, aber auch ein an Tollwut erkrankter Hund kann, **wenn er beißt**, den Erreger auf den Menschen übertragen.

Über Schuhe, Kleidung oder andere Gegenstände kann das Virus nicht eingeschleppt werden. Die immer wieder gestellte Frage, ob auch geimpfte Hunde eine Gefahr für den Menschen darstellen, wenn sie z. B. virushaltigen Speichel eines tollwütigen Fuchses in ihrem Fell mit nach Hause bringen, kann mit **nein** beantwortet werden.

Tollwut ist in Deutschland eine anzeigepflichtige Krankheit. Die Impfung oder Behandlung eines tollwutverdächtigen Tieres ist gesetzlich verboten.

Die beste Vorbeugung gegen Tollwutgefahr ausgehend vom eigenen Hund, ist die jährliche Schutzimpfung des Tieres (siehe S. 42).

Die Tollwut der Füchse hat sich in den letzten Jahren drastisch verringert durch das breitflächige Auslegen von Impfködern im Wald. Auch der Mensch kann sich vor Tollwut durch eine Impfung schützen. Empfohlen wird dieser vorbeugende Schutz bei Jägern, Forstpersonal und Tierärzten.

➤ Salmonellose

Salmonellen sind Bakterien, die bei Mensch und Tier unter anderem schwere Darminfektionen mit Durchfall und Erbrechen hervorrufen. Die Hauptinfektionsquelle für Mensch und Hund sind rohes Geflügelfleisch und rohe Eier. Salmonellen können vom Hund durch Lecken, durch Kot oder auch durch mit Kot verschmutzte Gegenstände auf den Menschen übertragen werden. Durchfallerkrankungen beim Hund gehören daher immer in tierärztliche Behandlung.

Als Alarmzeichen ist zu werten, wenn mehrere Familienmitglieder gleichzeitig an einer Darminfektion leiden. Salmonellen werden mit Antibiotika behandelt. Zur Vorbeugung sollten Sie Geflügelfleisch und Eier grundsätzlich nur gut durchgekocht oder durchgebraten verfüttern.

Die Infektion mit Salmonellen beim Menschen ist in Deutschland eine meldepflichtige Erkrankung. Bei ihrem Auftreten kontrolliert das Gesundheitsamt zum Schutz der Bevölkerung den Ablauf und den Erfolg der Behandlung.

➤ Mikrosporie

Die Hautpilzerkankung Mikrosporie wird ausführlich auf Seite 66 behandelt.

➤ Spulwürmer

Infektionen des Menschen mit dem Hundespulwurm *(Toxocara canis)* sind selten. Dennoch ist bei Menschen mit geschwächtem oder noch nicht ausgereiftem Immunsystem (Aids-Patienten, Tumorpatienten nach einer Chemotherapie, Kleinstkinder) Vorsicht geboten. Die Larven des Parasiten können sich, wenn

Bei regelmäßiger Kontrolle durch den Tierarzt sind Hunde kein Gesundheitsrisiko für den Menschen.

HAUTERKRANKUNGEN

auch sehr selten, in den Organen des Menschen einkapseln. Augenveränderungen, Entzündungen der Leber und des Herzens oder neurologische Erscheinungen können auftreten. Junghunde sollten daher konsequent entwurmt werden. Beim erwachsenen Tier sollte mindestens einmal jährlich eine Kotuntersuchung durchgeführt werden (siehe S. 26). Aber keine Panik. Wie bei allen Infektionskrankheiten spielt die körpereigene Abwehr eine entscheidende Rolle, ob sich ein Parasit im Körper eines Menschen ansiedeln kann. In der Regel kann sich ein gesunder Organismus gegen einen Hundespulwurm erfolgreich wehren.

➤ Bandwürmer

Der typische **Hundebandwurm** wird auch *Echinococcus granulosus* genannt. Auf Seite 87 wird ausführlich über ihn berichtet. Der **Fuchsbandwurm** wird auf Seite 90 behandelt.

➤ Giardia

Wissenswertes über den Darmparasiten *Giardia* finden Sie auf Seite 90.

➤ Leptospirose

Über Infektionen mit Leptospiren wird auf Seite 44 berichtet.

➤ Leishmaniose

Die Leishmaniose wird ausführlich auf den Seiten 50–51 behandelt.

Mundschleimhaut betroffen. Die Bläschen platzen und entwickeln sich zu flächigen Ekzemen und Geschwüren.
Der *Lupus erythematoides* beim Hund ist durch Schuppen und Krusten, vor allem auf der Nase, seltener an anderen Körperstellen gekennzeichnet. Es entwickeln sich Geschwüre, die nicht abheilen. Die v. a. bei Collies (Collienose) auftretenden krustigen Veränderungen des Nasenspiegels sind häufig auf *Lupus erythematoides* zurückzuführen.

➤ Tierärztliche Behandlung

Es ist für den behandelnden Tierarzt unmöglich, allein anhand der Art der Veränderung eine Diagnose zu stellen. Hauterkrankungen sind, vor allem wenn sie schon länger bestehen und sekundär durch Bakterien infiziert sind, nicht ohne Laboruntersuchungen zu unterscheiden. Der Tierarzt muss bei seiner Untersuchung Differenzialdiagnosen berücksichtigen, d. h. er muss alle für diese Hautveränderungen ebenfalls in Frage kommenden Krankheiten (z. B. Mangelerscheinungen, Organerkrankungen, Parasiten, Pilze) ausschließen.
Das ist gerade bei Hauterkrankungen sehr umfangreich und zeitaufwendig. Die Geduld und auch der Geldbeutel des Tierbesitzers werden stark belastet; der Heilungsprozess ist oft langwierig. Eine häufig angewandte Diagnosemöglichkeit ist die Hautbiopsie.

Dabei entnimmt der Tierarzt ein kleines Stückchen eines veränderten Hautbezirkes unter örtlicher Betäubung und lässt es histologisch untersuchen.
Die unter dem Mikroskop betrachtete Haut gibt durch ganz spezifische Veränderungen Hinweise auf die Ursache der Erkrankung.
Wenn man definitiv weiß, dass es sich um eine Allergie handelt, muss man das auslösende Allergen finden und den Kontakt damit nach Möglichkeit meiden. Das ist Detektivarbeit und fordert vor allem vom Tierbesitzer Beobachtungsgabe, Einsatz und – wie gesagt – viel Geduld. Manchmal helfen auch spezielle Allergietests, bei denen verschiedene Allergene auf die Bauchhaut des Hundes gegeben werden. Bei einer entstehenden Rötung kann man von einer Allergie gegen das aufgebrachte Allergen ausgehen.

Hautveränderungen durch ständiges Benagen der Haut bei Flohallergie.

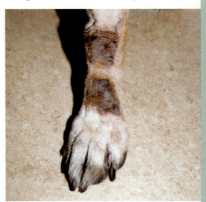

HAUTERKRANKUNGEN

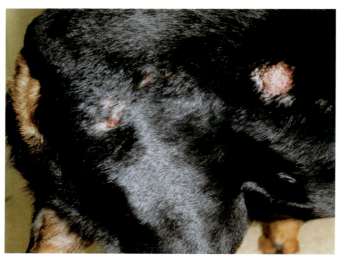

Ekzeme bei Flohallergie.

In vielen Fällen gelingt es jedoch nicht, den Übeltäter zu finden. Medikamente, welche die überschießende Körperabwehr unterdrücken (z. B. Kortison) kommen dann zum Einsatz und lindern die Beschwerden des Patienten. Autoimmunerkrankungen sind schwer zu behandeln. Erfolge werden meist nur mit immununterdrückenden Medikamenten erzielt. Allerdings gibt es inzwischen sehr gut verträgliche Kortison-Präparate, die, über lange Zeit (auch Jahre!) dem Hund als Depot-Injektion oder Tabletten verabreicht, ohne gravierende Nebenwirkungen die Lebensfreude des Patienten wiederherstellen und erhalten.

➤ Häusliche Behandlung

Bitte verwenden Sie ohne Rücksprache mit Ihrem Tierarzt keine humanmedizinischen Mittel oder Präparate aus der Naturheilkunde bei Ihrem hautkranken Hund an.

Gerade bei Hautkrankheiten ist eine frühzeitige und konsequente Zusammenarbeit mit dem Tierarzt für den Erfolg der Therapie besonders wichtig. Um es nochmals zu betonen:
Die Art der Veränderung sagt in der Regel wenig über ihre Ursache aus, sodass die Anwendung eines Mittels, das bei einem Hund die Erkrankung heilte, bei einem anderen die Hautschäden verschlimmern kann.
Vor jeder Therapie steht daher die Diagnose!

➤ Vorbeugung

Vorbeugemaßnahmen zur Vermeidung einer krankhaften Entgleisung des Immunsystems sind nicht bekannt. Um zu verhindern, dass die Neigung zur Allergie

---

Naturheilkunde

Wenn die Diagnose Allergie oder Autoimmunerkrankung gesichert ist, kann man durch Naturheilverfahren viel erreichen. Gute Erfolge wurden durch **Eigenblutbehandlungen** erzielt. Dabei entnimmt der Tierarzt dem Hund Blut aus der Vene und spritzt es dann sofort, eventuell angereichert mit einem Pflanzenpräparat, dem Tier unter die Haut. Durch dieses Verfahren entsteht ein Reiz auf das Immunsystem, wodurch häufig eine Umstimmung und damit eine Normalisierung der Abwehr erreicht wird.
Süßholz *(Glyyrrhiza glabra)* wird bei Allergien seit alters her angewandt. Gut bekannt ist der getrocknete Extrakt aus der Süßholzwurzel als Lakritze. Die entzündungshemmende und antiallergische Wirkung von Süßholz ähnelt dem des Kortison. Damit eignet sich die Anwendung von Süßholz auch als Begleittherapie bei notwendigem Kortisoneinsatz zur Verringerung der anzuwendenden Kortisonmenge. Verwenden Sie für den Hund eine Abkochung von Süßholz. Die Wurzeln (sie erhalten Sie in der Apotheke) werden ca. 20 Minuten in Wasser gekocht. Die abgekühlte Flüssigkeit (1 Tasse pro 10 kg Körpergewicht am Tag) wird mit dem Futter vermischt.
Vorsicht: Verwenden Sie Süßholz nicht bei Hunden mit Herzminderleistung und damit verbundenem Wasserstau, da Süßholz die Einlagerung von Wasser im Gewebe fördert.

HAUTERKRANKUNGEN

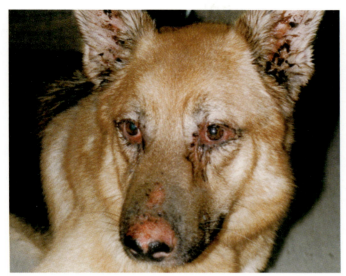

Pemphigus ist eine Autoimmunerkrankung und führt zu Hautveränderungen (Bläschen und Ekzemen) an Augen und Lippen.

oder Autoimmunerkrankung weitervererbt wird, sollte mit Hunden, bei denen solche Krankheiten aufgetreten sind, grundsätzlich nicht gezüchtet werden.

Gefahr für den Menschen
– Keine –

4. ERNÄHRUNGSFEHLER

➤ Ursachen

Auf Grund von Ernährungsfehlern können u. a. auch Hauterkrankungen beim Hund auftreten.
Vor allem Welpen großwüchsiger Rassen (Deutscher Schäferhund, Deutsch Kurzhaar, Rhodesian Ridgeback, Mittel- und Großpudel, Dobermann, Deutsche Dogge) reagieren sehr empfindlich auf Fehlernährung während der Wachstumsphase. Nicht selten wird, um alles richtig zu machen »des Guten« übertrieben. So entsteht bei übermäßiger Mineralstoff- und Vitaminzufuhr in Form von Pulver oder Tabletten bei den genannten Rassen ein Zinkmangel. Man vermutet, dass die überschüssigen Mineralstoffe und Vitamine die Aufnahmefähigkeit des Körpers für Zink aus der Nahrung vermindern. Es entsteht eine **zinkreaktive Dermatose** (Hauterkrankung).
Eine ähnliche Hautkrankheit findet man bei Hunden, die über einen relativ kurzen Zeitraum (2–4 Wochen) nur mit Billigfertigfutter ernährt werden. Auch hier wird u. a. ein Zinkmangelsyndrom vermutet. Um diese Reaktion auf Billigfutter abzuklären, sind jedoch noch weitere Forschungen notwendig.
Der Mangel an essenziellen (lebensnotwendigen) Fettsäuren ist ein häufiges Problem bei überwiegender Fütterung mit ungenügend haltbarem Trockenfutter. Da die Konservierung von Trockenfutter sehr schwierig ist, werden v. a. bei Lagerungen in der Sonne, in warmen Supermärkten oder in der Wohnung, die darin enthaltenen Fette sehr schnell ranzig. Zur Gesunderhaltung der Haut- und Fellfunktion benötigt der Hund jedoch ausreichende Mengen ungesättigter Fettsäuren. Diese sind in dem Trockenfutter nicht mehr enthalten. Das ranzige Fett schädigt zudem die Leber.

➤ Ansteckung

Bei Hauterkrankungen, die durch Ernährungsfehler entstehen, besteht keine Ansteckungsgefahr.

➤ Verlauf

Bei der zinkreaktiven Dermatose sowie dem Billigfertigfuttersyndrom entstehen vor allem um die Lippen, am Kinn, um die Augen sowie an Körperöffnungen (Vulva, Präputium, Ohren) Rötungen, Schuppen und Krusten, unter denen sich Eiter bildet. Das Fell ist stumpf. An den Ellbogen und an anderen Gelenksflächen,

HAUTERKRANKUNGEN

die beim Liegen Druck ausgesetzt sind, bilden sich dicke Verhornungen, die sich leicht entzünden.

➤ Tierärztliche Behandlung

Der Tierarzt wird anhand einer Blutuntersuchung feststellen, ob ein Mineralstoffungleichgewicht sowie ein Zinkmangel vorliegen. Wenn ja, wird er dieses durch entsprechende Präparate ausgleichen. Durch ein ausführliches Gespräch über die Ernährung des Patienten kann der Tierarzt einen eventuellen Mangel an essenziellen Fettsäuren herausfinden. Da viele Hauterkrankungen gleich aussehen, muss er gleichzeitig durch weitere umfangreiche Untersuchungen abklären, ob es sich bei den bestehenden Veränderungen auch tatsächlich »nur« um eine ernährungsbedingte Hauterkrankung handelt. Eine Bauchspeicheldrüsenunterfunktion oder chronischer Durchfall können zum Beispiel die gleichen Mangelsyndrome verursachen (siehe S. 99 und 92).

➤ Häusliche Behandlung

Besonders reich an ungesättigten Fettsäuren sind kalt gepresste Pflanzenöle (z.B. Distelöl, Leinöl, Sonnenblumenöl) aus dem Reformhaus. 1 Esslöffel pro 10 kg Körpergewicht am Tag ins Futter gleicht Mangelerscheinungen aus und unterstützt die Heilung von Hauterkrankungen, nicht nur bei ernährungsbedingten Mangelsyndromen. Lediglich bei Hunden mit Bauchspeicheldrüsenerkrankungen ist es empfehlenswert, vor Verabreichung von Pflanzenölen erst den Tierarzt zu fragen, ob sie für Ihren kranken Hund verträglich sind. Mineralstoff-, Vitamin- und Zinkpräparate dürfen nur nach Verordnung des Tierarztes in der für das Tier angemessenen Menge verabreicht werden. Auf keinen Fall sollten Sie solche Zusatzfutterstoffe wahllos in einem Tiergeschäft kaufen und Ihrem Hund verfüttern. »Viel« nützt in diesem Fall nicht viel, sondern schadet eher.

➤ Vorbeugung

Als Vorbeugung gegen ernährungsbedingte Hauterkrankungen empfiehlt sich eine abwechslungsreiche und vollwertige Ernährung sowie der Verzicht auf Trockenfutter. Chronische Durchfallerkrankungen sowie eine Bauchspeicheldrüsenunterfunktion sollten immer tierärztlich behandelt werden, um Mangelerscheinungen zu vermeiden.

Naturheilkunde

Bei Mangelerscheinungen helfen keine Mittel aus der Naturheilkunde. Der Mangel muss beseitigt werden, um die daraus entstehenden Hautveränderungen zu beeinflussen.

Gefahr für den Menschen

– Keine –

---

5. HORMONELL BEDINGTE HAUTERKRANKUNGEN

➤ Ursachen

Eine Schwarzfärbung der Haut am Bauch, im Innenbereich der Schenkel sowie auf dem Rücken mit Haarausfall findet man häufig im Zusammenhang mit **Hodentumoren**. Vor allem kryptorchide (siehe S. 120/121) Hoden neigen zur Entartung und produzieren dann weibliche Hormone, die für diese Haut- und Fellstörungen beim Rüden verantwortlich gemacht werden.

Bei weibliche Tieren mit **Eierstockzysten** entwickelt sich oft ein symmetrischer Haarausfall an den Flanken und Oberschenkeln. Auch diese Veränderung ist auf Hormonstörungen zurückzuführen.

Als relativ seltene **Nebenwirkung der Kastration** bei der Hündin beginnt das Fell übermäßig lang zu wachsen. Die Haare werden flauschig weich, ähnlich wie das Fell der Welpen. Besonders langhaarige Rassen, wie z.B. Afganen und Cockerspaniel sind dazu prädestiniert.

Bei einer **Schilddrüsenunterfunktion** sind Haut- und Fellveränderungen typisch: Beidseitiger symmetrischer Haarausfall, stumpfes, trockenes Fell, leicht auszupfbare Haare, die nach dem Scheren nicht mehr nachwachsen, schlechte Wundheilung sowie häufig eitrige Entzündungen mit Krusten und Schuppen (siehe S. 127).

HAUTERKRANKUNGEN

➤ Ansteckung

Veränderungen von Haut und Fell auf Grund Hormonstörungen sind nicht ansteckend.

➤ Verlauf

Die beschriebenen Haut- und Fellerkrankungen sind fortschreitend, wenn die Grundkrankheit nicht behandelt wird.

➤ Tierärztliche Behandlung

Hodentumoren sowie Eierstockzysten müssen chirurgisch behandelt werden, um die Hormonstörungen zu beseitigen.
Das übermäßige Fellwachstum als Nebenwirkung der Kastration bei der Hündin wird mit Hormonpräparaten therapiert.
Bei einer Schilddrüsenunterfunktion werden Schilddrüsenhormone in Form von Tabletten verabreicht.

➤ Häusliche Behandlung

Neben der Kontrolle der Wundheilung nach einer eventuell notwendigen Operation (Hodentumoren, Eierstockzysten) sowie der regelmäßigen Verabreichung vom Tierarzt verordneter Medikamente, ist keine häusliche Behandlung erforderlich.

Naturheilkunde

Zur Unterstützung der schuldmedizinischen Therapie hat sich zur Behandlung hormoneller Störungen bei der Hündin (Eierstockzysten, Hormonstörungen auf Grund der Kastration) die Anwendung der **Gewöhnlichen Küchenschelle** *(Pulsatilla vulgaris)* bewährt. Den Extrakt aus dieser Heilpflanze erhalten Sie in Tropfenform bei Ihrem Apotheker oder beim Tierarzt. 1 Tropfen pro kg Körpergewicht werden der Hündin mit etwas Wasser verdünnt direkt in die Mundhöhle oder ins Futter gegeben.
Hautveränderungen auf Grund eines Hodentumors oder einer Schilddrüsenerkrankung können nicht mit Naturheilpräparaten beeinflusst werden. Sie sollten, um das Leben des Patienten zu retten, frühzeitig operiert und mit schulmedizinischen Mitteln bekämpft werden.

➤ Vorbeugung

Es gibt keine vorbeugenden Maßnahmen, die vor der Entstehung hormoneller Entgleisungen schützen. Eine regelmäßige tierärztliche Gesundheitskontrolle (am besten einmal im Jahr beim Impftermin) hilft versteckte Erkrankungen im Anfangsstadium zu erkennen, bevor schwere Schädigungen von Haut und Fell auftreten.

Gefahr für den Menschen
– Keine –

6. HAUTTUMOREN

➤ Ursachen

Über die Ursachen von Hauttumoren beim Hund kann nur spekuliert werden. Einige auslösende Faktoren wie z. B. UV-Licht bei weißen Hunden sind zwar bekannt, der genaue Zusammenhang mit der Entstehung von Tumoren ist jedoch nicht eindeutig geklärt. Eine Beteiligung des Immunsystems am Entstehen bösartiger Geschwulste wird heute jedoch nicht mehr bezweifelt. Bei einigen Tumorarten spielen genetische Faktoren mit Sicherheit eine Rolle.
So treten zum Beispiel bei Boxern Hauttumore im Vergleich zu anderen Hunderassen sehr viel häufiger auf.

➤ Verlauf

Hauttumoren kommen beim Hund relativ häufig vor. Der Pro-

Übermäßiges Wachstum von weichem seidigen »Babyfell« als Nebenwirkung der Kastration.

zentsatz bösartiger Tumoren ist jedoch im Vergleich zur Katze niedriger. Betroffen können alle Hautschichten und Hautanhangsgebilde sein. So finden wir Entartungen der Oberhaut, der Unterhaut, des Fettgewebes, der Haarfollikel, der Muskeln sowie der Gefäße und Nerven der Haut.

➤ Tierärztliche Behandlung

Ob es sich bei einer Hautgeschwulst um einen bösartigen oder gutartigen Prozess handelt, kann man nur dann mit Sicherheit sagen, wenn sie herausoperiert und von einem Pathologen untersucht wurde. Die Entfernung und Untersuchung von verdächtigen Hautknoten sollte wegen der Gefahr der Metastasierung (Streuung) nicht zu lange hinausgezögert werden. Je früher operiert wird, desto größer ist die Chance auf Heilung. Nicht selten verweigern Hundebesitzer die Operation aus Angst vor Streuung **durch** die Operation. Diese Angst ist nicht berechtigt, denn solange der Tumor, der mit dem Körper durch Blutgefäße in Verbindung steht, im Körper bleibt, solange besteht die Gefahr der Abwanderung von Tumorzellen über die Blutgefäße in andere Teile des Körpers. Der Tierarzt entfernt den Tumor bei der Operation großflächig, wobei er nach Möglichkeit, um ganz sicher zu sein, dass kein noch so kleiner Teil des Gewächses im Körper zurückbleibt, bis in umliegendes **gesundes** Gewebe schneidet. Je früher operiert wird bzw. je kleiner der zu entfernende Tumor ist, desto eher ist diese Operationstechnik »Entfernung bis ins gesunde Gewebe« möglich. Ist der Hauttumor sehr klein, kann er eventuell auch ohne Narkose, nur mit örtlicher Betäubung, entfernt werden.

Nach der Operation wird der Tierarzt die körpereigene Abwehr des Patienten stärken. Präparate zur Immunstimulanz (Paramunitätsinducer) oder Enzympräparate, die beim Menschen mit bösartigen Tumoren zur Abwehrsteigerung eingesetzt werden, haben sich auch beim Hund bewährt.

➤ Häusliche Behandlung

Außer der Kontrolle der Wundheilung nach der Operation ist keine häusliche Behandlung bei Hauttumoren erforderlich. Nach 10 Tagen werden in der Regel die Fäden gezogen. Wundheilungsstörungen treten selten auf.

➤ Vorbeugung

Hunde mit weißem Fell und kurzem Haarkleid sollten nicht zu lange intensiver Sonnenbestrahlung ausgesetzt werden. Da durch UV-Strahlen ausgelöster Hautkrebs bei Hunden vor allem dort auftritt, wo keine Haare sind bzw. das Fell sehr dünn ist (Ohrmuschel, Nasenrücken) sollten solche Hunde an diesen Stellen im Sommer täglich mit einem Sonnenschutzmittel (mindestens Lichtschutzfaktor 20) eingerieben werden.

Naturheilkunde

Zur Behandlung von bösartigen Tumoren wird in der anthroposophischen Medizin ein Präparat aus **Mistelextrakt** (Iscador) verwendet, welches das Wachstum von Tumorzellen hemmt und gleichzeitig das Immunsystem stärkt. Die Therapie mit Iscador kann auch bei Hunden mit bösartigen Geschwulsten angewandt werden. Iscador wird unter die Haut des Patienten gespritzt. Sprechen Sie mit Ihrem Tierarzt, ob er diese Therapie bei Ihrem Hund empfiehlt und durchführen kann. Zusätzlich helfen Eigenblutbehandlungen, die Gabe von **Echinacea-Präparaten** (1 Tropfen pro kg Körpergewicht am Tag) sowie 4 Tropfen pro 10 kg Körpergewicht einer Tinktur aus **Gemeinem Wasserdost** (Eupatorium cannabium) der körpereigenen Abwehr, sich gegen Tumorzellen zu wehren und das erneute Auftreten von Hauttumoren (Rezidiv) zu verhindern.

Gefahr für den Menschen

– Keine –

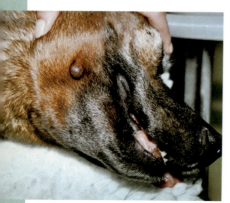

Tumoren der Haut können gut- oder bösartig sein.

VERDAUUNGSTRAKT

Unter Verdauung versteht man die Zerkleinerung der Nahrung, den Abbau der Nahrungsbestandteile (Eiweiße, Kohlenhydrate, Fette) in kleinste Teilchen und die Verwendung der Teilchen zum Aufbau körpereigener Substanzen sowie zur Energiegewinnung. Viele Organe sind an der Verdauung beteiligt:
1. Zähne und Zahnfleisch
2. Magen
3. Darm
4. Leber
5. Bauchspeicheldrüse

Alle diese Organe können erkranken, was zu Störungen des gesamten Verdauungssystems führt.

1. ZÄHNE UND ZAHNFLEISCH

Zahnstein

➤ **Ursache**

Bei vielen Hunden, die routinemäßig vom Tierarzt untersucht werden, finden sich starke Zahnbeläge und Zahnstein. Ursache dafür ist die überwiegende Ernährung mit Weichfutter sowie mangelnde Zahnhygiene. Für den weichen Nahrungsbrei aus der Dose brauchen die Tiere eigentlich keine Zähne. Der Selbstreinigungsprozess durch Reibung, wie beim Zerkleinern großer Stücke Fleisch oder Knochen wird durch Dosennahrung nicht in Gang gesetzt. Die Folge davon sind Zahnbeläge. Sie werden als Plaque bezeichnet. Plaque besteht aus Nahrungsresten, abgestorbenen Mundschleimhautzellen sowie Schmutzpartikeln. Bei mikrobiologischen Untersuchungen von Hundegebissen wurden unter anderem Eiterbakterien (Streptokokken, Staphylokokken) im Plaque massenweise nachgewiesen. Durch Einlagerung von Mineralien aus dem Speichel wird der weiche Zahnbelag zu hartem Zahnstein.

➤ **Ansteckung**

Es besteht keine Ansteckungsgefahr für andere Hunde.

➤ **Verlauf**

Plaque und Zahnstein sind die Hauptursachen für Zahnfleischentzündungen, Paradontosen und Zahnverluste bei Hunden. Bakterien und die mechanische Reizung durch den harten Zahnstein führen vor allem am Zahnfleischsaum in kurzer Zeit zu Entzündungen (Gingivitis). Durch die Entzündung und Schwellung entstehen Zahnfleischtaschen, in die sich weiter Plaque und Zahnstein einlagern. Schwere Paradontosen, die Zerstörung des Zahnhalteapparates und letztlich der Verlust der Zähne sind die Folgen. Während des ganzen Krankheitsverlaufes hat der Hund Schmerzen!

Vor allem Hunde kleiner Rassen sind stark betroffen. Wahrscheinlich, weil sie im Gegensatz zu Artgenossen größerer Rassen weniger Knochen oder andere Nahrungsmittel zum Kauen angeboten bekommen.

Manche Tiere müssen mit massiv entzündetem Zahnfleisch, eitrigen Zahnwurzeln und lockeren Zähnen jahrelang leben, bis sie irgendwann einmal vor Schmerzen die Futteraufnahme ganz ein-

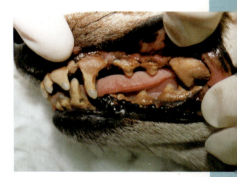

Zahnstein verursacht Zahnfleischentzündungen und führt zum Verlust der Zähne.

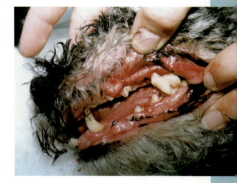

Bei diesem Hund konnten einige Zähne nicht mehr gerettet werden.

stellen und endlich zum Tierarzt gebracht werden. Dann sind jedoch oft viele der Zähne nicht mehr zu retten und müssen gezogen werden.
Sind die Wurzeln des Backenzahn P4 im Oberkiefer vereitert, entsteht manchmal unter dem Auge der betroffenen Seite eine schmerzhafte Schwellung. Es handelt sich dabei um eine **Fistel,** die von der erkrankten Zahnwurzel ausgeht. Sie bricht häufig nach außen auf und es entleert sich eitriges Sekret. Oft findet man bei »vergammelten« Gebissen schwerste Paradontosen und Entzündungen im Bereich der Eckzähne (Canini). Zwischen den Wurzeln der Canini und der Nasenhöhle ist lediglich eine papierdünne Wand. Sind die Wurzeln der Eckzähne vereitert, ist diese Wand am Entzündungsprozess oft beteiligt. Vielfach bricht sie durch und den Tieren

Wurzelentzündungen bei Eckzähnen (Canini) können in die Nasenhöhlen durchbrechen.

läuft Eiter und Blut aus der Nase der betroffenen Seite. Spätestens dann, wenn solche Symptome auftreten, wird jeder Hundefreund einen Tierarzt aufsuchen, um seinen vierbeinigen Freund von den Schmerzen zu befreien. Ein über Jahre bestehendes »vergammeltes« Gebiss mit chronischen Entzündungen des Zahnfleisches belastet den gesamten Organismus. In die Blutbahn ausgeschwemmte Eiterbakterien können für **Herz- und Nierenerkrankungen** verantwortlich sein.

▶ Tierärztliche Behandlung

Wird Zahnstein festgestellt (z. B. bei den Routineuntersuchungen zum Impftermin) sollte er so schnell wie möglich entfernt werden, bevor große Schäden entstehen. Bei kooperativen Hunden und wenig Zahnstein kann das während der Sprechstunde ohne Narkose erfolgen. Sehr starke Zahnsteinbildung und widerspenstige Patienten erfordern jedoch eine Narkose. Um das Narkoserisiko zu verringern, sollte bei älteren Tieren über 6 Jahren grundsätzlich vorher eine Blutuntersuchung durchgeführt werden. Latente Leber- und Nierenerkrankungen können damit erkannt und bei der Narkosedosierung berücksichtigt werden. Unter Narkose wird das Gebiss gereinigt und jeder Zahn maschinell poliert. Das ist ein sehr zeitaufwändiges Verfahren und nicht ganz billig. Vorbeugende Maßnahmen, um die Bildung von Zahnstein von vornherein zu verhindern, lohnen sich daher nicht nur für das Wohlergehen des Hundes sondern auch für den Geldbeutel des Tierbesitzers.

▶ Häusliche Behandlung

Ist Zahnstein erst einmal entstanden, kann der Hundehalter kaum mehr etwas ausrichten. Die harten Beläge können in der Regel nur mit zahnmedizinischen Werkzeugen sicher entfernt werden. Bei Zahnstein ist daher ein Tierarztbesuch unerlässlich.

▶ Vorbeugung

Das Gebiss des Hundes verfügt über einen besonders guten Selbstreinigungsmechanismus. Zur Selbstreinigung des Hundegebisses bedarf es jedoch einer artgerechten Ernährung. Wildlebende Hunde (z. B. Dingos) oder die Vorfahren unserer Haushunde (Wölfe) ernähren sich von Beutetieren. Sie müssen zum Zerkleinern der Beute ihre Zähne fordern. Große Futterstücke werden mit den Backenzähnen in schluckgerechte Stücke gebissen. Der Hund legt dazu den Kopf etwas seitlich auf das zu zerkleinernde Fleischstück und bewegt den Unterkiefer scherenförmig auf und nieder. Dabei werden die Seitenflächen der Zähne durch Reibung von Belägen befreit. Der nun einsetzende Speichelfluss schwemmt die Beläge weg und reinigt auch die Zahnzwischenräume.
Mit den Eckzähnen schlagen sie

ihre Beute. Dadurch werden auch diese von Belägen befreit. Bei Hunden, die regelmäßig Knochen fressen oder das Futter in Form großer Fleischstücke erhalten, erübrigt sich in der Regel eine spezielle, vom Besitzer durchgeführte Zahnpflege. Lediglich an den Eckzähnen muss ab und zu etwas Zahnstein entfernt werden. Wenn es sich nur um wenig Zahnstein handelt, gelingt das recht gut mit dem Fingernagel des Daumens.

Die Zähne eines Hundes, der überwiegend Dosenfutter oder sonstiges kleingeschnittenes und weiches Futter erhält, müssen regelmäßig geputzt werden. Bei Hunden kleinwüchsiger Rassen (Yorkshire, Zwergpudel, Papillon u.a.) sollten die Zähne von klein auf gereinigt werden, da diese Hunde, wahrscheinlich erblich bedingt, sehr zu Zahnstein neigen. Die richtige Ernährung reicht als Vorbeugemaßnahme oft nicht aus.

Es ist eigentlich erstaunlich: Durch Radio und Fernsehen wird täglich über die Gefahr von Plaque bei jeder Zahnpastawerbung aufgeklärt. Mindestens zweimaliges Zähneputzen am Tag ist für jeden von uns selbstverständlich. Zahnhygiene bei Hunden erscheint vielen jedoch so ungewöhnlich, dass sie darüber nur kopfschüttelnd lächeln, wenn sie von ihrem Tierarzt darauf hingewiesen werden.

Die Zivilisation mit ihren Schäden hat jedoch auch unsere Haustiere erreicht und fordert Maßnahmen zur Gesunderhaltung. Mindestens zweimal in der Woche sollte einem Hund, der keine Knochen frisst, die Zähne geputzt werden; bei reiner Dosenernährung täglich. Dazu gibt es beim Tierarzt spezielle Zahnpasta in verschiedenen Geschmacksrichtungen, die vom Hund abgeschluckt werden kann.

»Verkaufen« Sie Ihrem Hund das **Zähneputzen** als ein wunderschönes Spiel, das von Ihnen besonders gerne gespielt wird. Hunde tun in der Regel alles, um ihren Besitzer glücklich zu machen. Wenn sie danach noch ausgiebig gelobt werden und einen kleinen Leckerbissen erhalten, werden sie das Zähneputzen gerne über sich ergehen lassen. Beginnen Sie damit schon im Welpenalter, damit die Prozedur für den kleinen Hund von Anfang an zum Leben dazugehört.

Es ist ganz einfach. Legen Sie die Hand um den Kopf des Hundes und schließen Sie ihm den Mund, indem sie den Unterkiefer mit den Fingern nach oben drücken. Ziehen Sie die Lefze des Hundes mit dem Daumen hoch und schieben Sie die feuchte, mit Zahnpaste behaftete Bürste zwischen Backen und Zähne. Bürsten Sie die Außenseite der Backenzähne besonders gründlich. Hier sind die Hauptansatzstellen von Plaque.

Unterstützend wirken Kauknochen, die mit einem plaquelösenden Enzym (das gleiche, das in menschlichen Zahnpflege-Kaugummis enthalten ist) beschichtet sind. Solche Zahnpflege-Kauknochen erhalten Sie bei Ihrem Tierarzt.

Zähneputzen ist bei vielen Hunden erforderlich, um die Bildung von Zahnstein zu verhindern.

VERDAUUNGSTRAKT

> **Naturheilkunde**
>
> Präparate aus der Naturheilkunde zur Ablösung von festem Zahnstein sind nicht bekannt. **Eichenrinden-Abkochungen** und **Salbeitee** können zum Einreiben von entzündetem Zahnfleisch verwendet werden. Neben den entzündungshemmenden Eigenschaften wirken diese Substanzen adstringierend (zusammenziehend) und leicht schmerzlindernd.
>
> Eichenrinde wird 20 Minuten in Wasser gekocht und abgeseiht. Salbei sollten Sie mit kochendem Wasser übergießen und dann 10 Minuten ziehen lassen. Zum Auftragen der abgekühlten Arzneimittelzubereitung auf das entzündete Zahnfleisch eignet sich ein weicher Wattebausch.
>
> Zahnfleischpinselungen mit einer Tinktur aus **Blutwurz, Arnika** und **Myrrhe** haben sich bei chronischen Entzündungen in der Mundhöhle bewährt. Der Apotheker kann sie Ihnen nach folgendem Rezept herstellen:
>
> Rp.
> Tinct.Tormentillae
> Tinct Arnicae   aa 20,0
> oder
> Rp.
> Tinct.Tormentillae
> Tinct.Myrrhae   aa 20,0

Gefahr für den Menschen

– Keine –

Persistierende Milchzähne

➤ Ursachen

Der Durchbruch der Milchzähne sowie deren Ersatz durch bleibende Zähne ist ein komplizierter Vorgang, der nicht immer ohne Störungen verläuft.

Auch Milchzähne haben vollständig ausgebildete Wurzeln. Wenn der Zahnkeim des bleibenden Zahnes darunter zu wachsen beginnt, übt er Druck auf die Zahnwurzel des Milchzahnes aus, wodurch dieser locker wird und nach einiger Zeit ausfällt.

Bei kleineren Hunderasse beobachtet man häufig einen gestörten Zahnwechsel. Der bleibende Zahn wächst neben dem Milchzahn, ohne Druck auf dessen Wurzel ausüben zu können. Diese Störung findet man vor allem an den Eckzähnen, die dann doppelt vorhanden sind. Man spricht von **persistierenden** (bleibenden) **Milchzähnen**.

Als Ursache für die Verlagerung des Zahnkeims neben die Wurzel des Milchzahns kommen Verletzungen, Wachstumsstörungen des Kieferknochens und »Fehlzüchtungen« (vor allem bei kleinen Rassen) in Frage.

➤ Ansteckung

Störungen des Zahnwechsels sind nicht ansteckend. Die Neigung zu solchen Anomalien kann jedoch vererbt werden. Aus diesem Grunde sollte mit Hunden, bei denen persistierende Milchzähne festgesellt wurden, nicht gezüchtet werden.

➤ Verlauf

Persistierende Milchzähne stören das Wachstum der nachfolgenden Zähne, indem sie ihnen den Platz wegnehmen und sie verdrängen. Die Folgen sind Zahnstellungsanomalien. So werden z.B. die bleibenden Eckzähne (Canini) in manchen Fällen so von ihrem eigentlichen Platz weggeschoben, dass sie in den korrespondierenden Kiefer einbeißen. Eine solche Fehlstellung nennt man **Mandibula angusta**. Sie verursacht an den Einbissstellen Entzündungen und Schmerzen. Auf Grund der Engstellung durch die zusätzlichen Zähne bleiben dazwischen häufig Essensreste über längere Zeit im Gebiss stecken. Zahnfleischentzündungen mit Parodontose sind die Folgen.

➤ Tierärztliche Behandlung

Persistierende Milchzähne müssen grundsätzlich gezogen werden. Da sie eine relativ lange Wurzel haben und in der Regel sehr fest sitzen, ist dazu eine Narkose erforderlich. Die Extraktion (Entfernen) dieser Zähne ist sehr schmerzhaft und muss sorg-

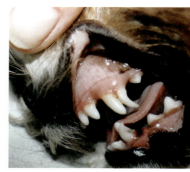

Persistierende Milchzähne müssen gezogen werden.

VERDAUUNGSTRAKT **81**

fältig durchgeführt werden. Wird ohne Narkose eine Entfernung versucht, besteht durch die Abwehr des Hundes die Gefahr, dass die Milchzähne abbrechen und die Wurzel im Kiefer zurückbleibt. Das kann neben ständigen Schmerzen, zur Fistel- und Abszessbildung führen. Zudem ist eine Extraktion ohne Schmerzausschaltung schon aus tierschützerischen Gründen abzulehnen. Wenn bereits gravierende Fehlstellungen der bleibenden Zähne entstanden sind (z. B. Mandibula angusta), kann der Tierarzt durch eine kieferorthopädische Schiene Abhilfe schaffen. Es gibt Fachtierärzte für Zahnheilkunde, die solche Stellungskorrekturen durchführen können.

➤ Häusliche Behandlung

Manchmal gelingt es durch vorsichtiges Wackeln an den unerwünschten Milchzähnen, sie zu lockern und zum Ausfallen zu bewegen. Ein Versuch ist es wert. Nehmen Sie den Zahn zwischen Daumen und Zeigefinger und ruckeln sie vorsichtig hin und her. Der Druck darf nicht zu fest sein. Es besteht sonst die Gefahr, dass der Zahn abbricht. Wenn sich durch diese Behandlung nach 2 Wochen kein Erfolg einstellt, muss der Milchzahn durch einen Tierarzt entfernt werden.

➤ Vorbeugung

Da bei manchen Hunderassen persistierende Milchzähne gehäuft auftreten, empfiehlt es

sich, als verantwortungsvoller Züchter besonders auf die Ausmerzung dieses Fehlers zu achten. Mit Tieren, die Zahnwechselanomalien aufweisen, sollte grundsätzlich nicht gezüchtet werden.

Naturheilkunde

Es sind keine Mittel aus der Naturheilkunde bekannt, um persistierende Milchzähne zu entfernen.

Gefahr für den Menschen

– Keine –

Abgebrochene Zähne

➤ Ursachen

Sind die bleibenden Zähne vollständig durchgebrochen, ändert sich ihre äußere Form kaum mehr. Im Innern jedoch wird zeitlebens Dentin, eine relativ weiche Zahnsubstanz gebildet und angelagert. Dadurch wird im Laufe der Zeit der Zahnkanal, in dem die Blutgefäße und der Nerv verlaufen, immer enger. Der Zahn wird insgesamt stabiler. Bis zum 2. Lebensjahr ist der Zahnkanal jedoch noch so weit, dass die Zähne bei übermäßiger Belastung gerne abbrechen.

➤ Ansteckung

Es besteht keine Ansteckungsgefahr für andere Hunde.

➤ Verlauf

Die Wurzeln eines Hundezahnes reichen sehr weit in die Kieferknochen hinein. Bei den Eckzähnen ist das Verhältnis des sichtbaren Zahns zu dem im Kiefer verborgenen Teil etwa 1:3, d. h. $2/3$ sind nicht sichtbar. Bricht ein solcher Zahn ab, ist der Kanal offen. Essensreste und Krankheitserreger können ungehindert hinein. Es entsteht im Zahn eine Entzündung, durch die der Nerv abgetötet wird. Dieser Vorgang dauert in der Regel ein paar Tage und ist sehr schmerzhaft. Ist der Nerv tot, verschwinden die Schmerzen vorübergehend. Die Entzündung bleibt jedoch bestehen, zunächst ohne auffallende Symptome. Solche chronischen Entzündungen sind, durch Ausschwemmung von Eitererregern in die Blutbahn, häufig verantwortlich für Herz- und Nierenerkrankungen. Erst spät, manchmal erst nach Jahren, lockern sich die betroffenen Zähne auf Grund der ständigen Entzündung im Wurzelkanal. Es bilden sich Fisteln und Abszesse. Der Hund leidet unter Schmerzen.

➤ Tierärztliche Behandlung

Abgebrochene Zähne müssen grundsätzlich zahnmedizinisch versorgt werden. Der Tierarzt wird den Wurzelkanal reinigen und durch eine Wurzel- und Deckfüllung abdichten. Sind mehrwurzelige Zähne betroffen (es gibt 1-, 2- und 3-wurzelige

VERDAUUNGSTRAKT

Zähne im Hundegebiss), müssen immer **alle** Wurzeln eines Zahnes behandelt werden, da sie untereinander in Verbindung stehen und infiziert sind, auch dann, wenn nur ein Teil eines solchen Zahns abgebrochen ist.

Es ist auch möglich eine Krone über dem abgebrochenen Zahn zu befestigen. Vorher muss jedoch der Wurzelkanal wie beschrieben saniert werden. Aus Stabilitätsgründen eignet sich beim Hund nur eine Goldkrone. Kunststoffkronen halten die Belastung, denen ein Hundegebiss ausgesetzt ist, nicht aus. Um eine Goldkrone zu befestigen, muss

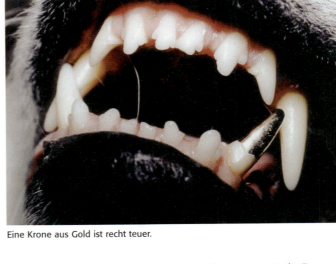

Eine Krone aus Gold ist recht teuer.

der Zahn zunächst präpariert und dann ein Abdruck entnommen werden. Anhand dieses Abdrucks fertigt der Zahntechniker die Krone an. Da dies in der Regel ein paar Tage dauert, benötigt der Hund 2 Narkosen. Ob das dem Tier zuzumuten ist, hängt von seinem allgemeinen Gesundheitszustand ab. Der Tierarzt wird dies bei der Beratung berücksichtigen.

▸ Häusliche Behandlung

Kontrollieren Sie regelmäßig (mindestens 1–2-mal wöchentlich) spielerisch das Gebiss Ihres Hundes, damit eventuell beschädigte Zähne rechtzeitig versorgt werden können.

▸ Vorbeugung

Vermeiden Sie bei Hunden bis zum 2. Lebensjahr Spiele, bei denen er schwere Gegenstände apportieren muss. Auch »Zugspiele« mit Seilen, Stoff oder sonstigen Gegenständen sollten nur so gespielt werden, dass kein übermäßiger Zug auf das Gebiss ausgeübt wird.

Achten Sie darauf, dass Ihr Hund grundsätzlich keine Steine herumschleppt. Durch Tragen von Steinen, Auffangen von Steinen in der Luft beim Spiel oder Tauchen nach Steinen werden Hundezähne häufig beschädigt. Neigungen zu solchen Spielen sollten Sie von Klein auf unterbinden.

Abgebrochene Zähne müssen zahnmedizinisch versorgt werden.

Naturheilkunde

Es gibt keine Mittel aus der Naturheilkunde, um abgebrochene Zähne fachgerecht zu versorgen.

Gefahr für den Menschen

– Keine –

Karies

➤ Ursachen

Karies tritt bei Hunden, im Gegensatz zum Menschen, dessen Gebiss zu einem großen Prozentsatz von Karies befallen ist, sehr selten auf. Man nimmt an, dass die Selbstreinigungskräfte durch die glatte Form der Hundezähne effektiver sind. Menschliche Zähne haben im Vergleich zu Hundezähnen vielmehr Rillen und Fissuren. Wenn in seltenen Fällen dennoch Karies beim Hund entsteht, ist in der Regel nur der obere Backenzahn betroffen. Er hat eine zentrale Grube, in den sich der gegenüberliegende Zahn des Unterkiefers hineinbeißt. Man vermutet, dass diese mechanische Dauerbelastung eine gewisse Anfälligkeit für Karies erzeugt.

Anders ist es mit beschädigten Zähnen. Durch Spielen mit Steinen oder gebrauchten Tennisbällen, die auf Sandplätzen verwendet wurden, wird der Zahnschmelz oft soweit abgerieben, dass das Dentin, eine relativ weiche Zahnsubstanz, freigelegt wird. Auch Hunde, die als Welpen an Staupe erkrankten, haben ausgeprägte Zahnschmelzdefekte (siehe S. 34). An diesen Stellen bildet sich häufig Karies.

➤ Verlauf

Karies »zerfrisst« die Zahnsubstanz. Es entstehen Löcher und Krater. Blutgefäße sowie der Nerv sterben ab. Eitererreger verursachen eitrige Entzündungen im Wurzelbereich und im Kiefer. Die Tiere leiden unter Schmerzen. Häufig bezweifeln Tierbesitzer, wenn der Tierarzt schwerste Zahnschäden feststellt, dass ihr Hund Schmerzen leidet. Er fresse noch und jammere nicht. Tiere zeigen bei chronischen Schmerzen selten auffällige Reaktionen. Das bedeutet jedoch nicht, dass keine Schmerzen vorhanden sind. Ein Tier geht mit dem Schmerz anders um als ein Mensch. Da es von seiner Sicht aus nichts gegen dagegen tun kann, lebt es damit. Erst wenn der Schmerz überhand nimmt, wird das Fressen eingestellt. Häufig stellt man an der erkrankten Mundseite im Gegensatz zur anderen Seite verstärkte Zahnsteinbildung fest. Das deutet darauf hin, dass der Hund einseitig kaut, um dem Schmerz auszuweichen. Werden die Zähne saniert, kann man meist eine Steigerung der Lebensfreude beobachten. Auch das zeigt, wie sehr das Tier durch Zahnschmerzen beeinträchtigt war.

➤ Tierärztliche Behandlung

Typisch für Karies ist, dass sein Ausmaß von außen nur selten abzuschätzen ist. Er breitet sich meist unter der Schmerzoberfläche unterminierend aus. Der Tierarzt kann daher oft erst beim Bohren entscheiden, welche Behandlung erforderlich ist. Wenn der Zahnkanal nicht durch den Kariesbefall offen liegt, genügt nach dem Entfernen des Karies das Plombieren des Defektes. Der so behandelte Zahn bleibt lebendig. Liegt der Kanal offen, muss eine Wurzelkanalbehandlung durchgeführt werden. In diesem Fall ist der betroffene Zahn abgestorben. Er kann jedoch nach korrekter zahnärztlicher Behandlung noch lange seine Funktion erfüllen. Wenn ein Zahn jedoch von Karies regel-

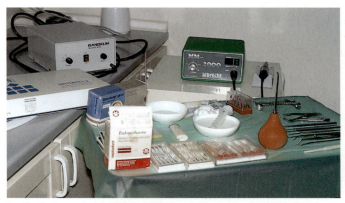

Es gibt Tierärzte mit spezieller Ausbildung auf dem Gebiet der Zahnheilkunde.

84 VERDAUUNGSTRAKT

recht zerfressen ist, bleibt nur noch die Extraktion (Ziehen des Zahnes).

➤ Häusliche Behandlung

Ist Karies erst einmal entstanden, gibt es keine Behandlung, die zu Hause durchgeführt werden kann.

➤ Vorbeugung

Eine artgerechte Ernährung (Fleisch, Kalbsknochen) sowie Zahnhygiene (Zähneputzen, Zahnpflegeknochen) reinigen das Gebiss und verhindern die Entstehung von Karies. Das Spielen mit zahnschädigenden Gegenständen (z. B. Steinen, Tennisbällen) sollte unterbunden werden. Regelmäßige Kontrolle des Gebisses, v. a. bei geschädigtem Zahnschmelz, helfen, Karies im Frühstadium zu erkennen, bevor es für eine zahnerhaltende Therapie zu spät ist.

Naturheilkunde

Grüner Tee hilft Karies zu verhindern. Hunde, die bereits wegen Karies behandelt werden mussten oder Zahnschmelzdefekte aufweisen sollten einmal täglich mit Grünem Tee behandelt werden. Brühen Sie den Tee auf und lassen Sie ihn 10 Minuten ziehen. Tränken Sie einen Wattebausch mit dem abgekühlten Tee und tupfen Sie das Gebiss des Hundes damit ab.

Gefahr für den Menschen

– Keine –

Epulis

➤ Ursachen

Unter Epulis versteht man eine **gutartige** Wucherung des Zahnfleisches. Die Veränderungen können glatt oder höckrig sein, einzeln oder verstreut vorkommen. Die Entstehungsursache der Wucherungen ist bis heute unbekannt. Sie tritt eher bei jüngeren Hunden auf.

➤ Ansteckung

Epulis ist nicht ansteckend für andere Hunde.

➤ Verlauf

Die Wucherungen können ein solches Ausmaß annehmen, dass sie bei der Nahrungsaufnahme stören. Zunächst sind sie schmerzlos. Wird die Oberfläche jedoch verletzt, was beim Fressen und Spielen leicht passieren kann, bluten sie. Auf die offenen Wunden setzen sich schnell Bakterien aus der Mundhöhle und führen zu eitrigen Entzündungen.

➤ Tierärztliche Behandlung

Das Mittel der Wahl ist die chirurgische Entfernung der Wucherungen. Die dabei entstehenden starken Blutungen werden durch Kauterisierung (Brennen) gestoppt.

➤ Häusliche Behandlung

Solange die Veränderungen im Mund noch klein sind, muss nicht gleich operiert werden, da das Tier keine Beschwerden hat. Sie sollten jedoch regelmäßig die Mundhöhle Ihres Vierbeiners inspizieren, um eventuell entstehende Entzündungen an den Wucherungen im Frühstadium zu erkennen.

➤ Vorbeugung

Es gibt keine Vorbeugung gegen Epulis.

Naturheilkunde

Es sind keine Präparate aus der Naturheilkunde gegen Epulis bekannt.

Gefahr für den Menschen

– Keine –

---

2. MAGEN

Erbrechen

➤ Ursachen

Erbrechen ist ein Symptom verschiedenster Erkrankungen. Obwohl der Magen an dem Vorgang hauptsächlich beteiligt ist, muss er nicht unbedingt Sitz der zum Erbrechen führenden Krankheit sein. Auch bei akuten Infektionskrankheiten (z. B. Parvovirose, Staupe), bei Organerkrankungen (Leber, Niere, Bauchspeicheldrüse), bei Vergiftungen, bei Fremd-

VERDAUUNGSTRAKT

körpern im Magen oder Darm sowie bei Störungen des Gleichgewichtsorgans (z. B. Innenohrerkrankungen, Reisekrankheit) oder der Gehirnfunktion wird erbrochen. Futtermittel-Allergien zeigen sich sowohl in Hautveränderungen und Juckreiz als auch häufig durch Erbrechen. Bei Erkrankungen des Magen-Darm-Traktes ist Erbrechen ein Leitsymptom.

Erbrechen muss jedoch nicht immer ein Zeichen für eine Erkrankung sein. Manche säugende Hündinnen erbrechen angedautes Futter zur Fütterung der Welpen. Das ist ein atavistisches Verhalten (von alters her überliefert aus der Zeit, als unsere Hunde noch Wölfe waren) und hat keinen krankhaften Hintergrund. Auch bei scheinträchtigen Hündinnen kann man dieses »atavistische Erbrechen« manchmal beobachten. Viele gesunde Hunde, v. a. Junghunde erbrechen nach übermäßigem und zu schnellem Fressen zur Entlastung des Magens. Das Futter wird nach dem Erbrechen häufig gleich wieder aufgefressen.

➤ Ansteckung

Der Vorgang des Erbrechens selbst ist nicht ansteckend. Liegt dem Erbrechen jedoch eine Infektionskrankheit zugrunde, kann diese auf andere Hunde übertragen werden und dort ebenfalls Erbrechen auslösen.

➤ Verlauf

Durch pumpende Bewegungen, wobei der gesamte Körper mitbeteiligt zu sein scheint, wird der Mageninhalt herausgeschleudert. Durch das ständige Herauswürgen von Nahrung und Magensaft gehen dem Körper lebenswichtige Stoffe (Wasser, Elektrolyte) in großer Menge verloren. Bei sehr häufigem Erbrechen besteht, vor allem bei geschwächten Tieren, die Gefahr eines akuten Herz-Kreislauf-Versagens. Durch anhaltenden Würgereiz tritt Darminhalt aus dem Dünndarm (Duodenum) in den leeren Magen über. Aggressive Verdauungsenzyme sowie Gallenflüssigkeit aus dem Darmtrakt reizen die Magenschleimhaut. Die nun erbrochene Flüssigkeit ist gelblich und übelriechend. Im Volksmund spricht man von »Galle brechen«, was ja auch teilweise korrekt ist.

➤ Tierärztliche Behandlung

Wenn ein Hund häufig erbricht, sollte er einem Tierarzt zur Generaluntersuchung vorgestellt werden. Es können Blut- und Kotuntersuchungen, Röntgenaufnahmen (eventuell nach Eingabe eines Kontrastmittels), Ultraschall oder sogar eine Magenspiegelung erforderlich sein, um der Ursache des Symptoms Erbrechen auf die Spur zu kommen. Bei großen Wasser- und Elektrolytverlusten sorgen Infusionen für den Ausgleich und damit für die Kreislaufstabilität. Medikamente, die den Würgereiz durch Wirkung auf das Brechzentrum im Gehirn unterdrücken, lindern die Beschwerden des Patienten. Sie bekämpfen allerdings nicht die Ursache und sind daher nur als Begleittherapie zu werten. Die spezielle Therapie richtet sich danach, welche Erkrankung dem Erbrechen zugrunde liegt.

Eine Röntgenaufnahme kann bei häufigem Erbrechen zur Abklärung der Ursache erforderlich sein.

VERDAUUNGSTRAKT

➤ Häusliche Behandlung

Auch die häusliche Behandlung richtet sich nach der Ursache des Symptoms. Neben der Gabe von Elektrolyten (beim Tierarzt erhältlich) zur Stabilisierung des Kreislaufs sollte der Hund, nach Absprache mit Ihrem Tierarzt, eine leicht verdauliche Diätnahrung bis zum Abklingen der Beschwerden erhalten. Um den Magen nicht zu belasten, wird das Futter über den Tag auf 4–5 Mahlzeiten verteilt.

➤ Vorbeugung

Hunde, die zu häufigem Erbrechen neigen, sollten grundsätzlich ihre Futterration auf dreimal täglich verteilt erhalten, um den Magen nicht zu überladen. Das Futter darf nicht direkt aus dem Kühlschrank gegeben werden. Achten Sie darauf, dass Ihr Hund stressfrei fressen kann und nicht gezwungen ist, das Futter schnell in sich hineinzuschlingen. Da das Symptom Erbrechen vielfältige Ursachen haben kann, ist die regelmäßige Gesundheitskontrolle (ein- bis zweimal im Jahr) die beste Vorbeugung.

Gefahr für den Menschen

– Keine –

Magendrehung

➤ Ursache

Der Magen des Hundes ist im Vergleich zu anderen Säugetieren durch relativ **lange** Bänder aus Bindegewebe im Bauchraum befestigt. Wird der Magen durch Aufnahme übermäßiger Futtermengen überladen, kommt es zu einer Magenwanddehnung

(Magendilatation), vor allem im Bereich der großen Magenkrümmung (Kurvatur). Die Magendrehung wird gehäuft bei Hunden großer Rassen gesehen, ist aber auch bei mittelgroßen und kleinen Hunden nicht selten.

➤ Ansteckung

Eine Magendrehung ist nicht ansteckend für andere Hunde.

➤ Verlauf

Der Magenausgang verlagert sich durch die Verformung der Magenwand so, dass die Zu- und Abgänge des Magens verschlossen werden. Es bilden sich Gase, die nun keinen Abgang mehr finden. Dadurch bläht der Magen auf, die Magenwand dehnt sich weiter, die Verformung wird stärker und der Magen dreht sich im Uhrzeigersinn um die Speiseröhre herum. Durch die Drehung werden wichtige Blutgefäße abgeklemmt sowie das Zwerchfell an seiner für die Atmung wichtigen Bewegung gehemmt. Die durch die abgedrehten Blutgefäße normalerweise versorgten Organe erhalten zu wenig Sauerstoff. Der Blutdruck sinkt. Es entsteht Atemnot. **Es besteht akute Lebensgefahr.**

Die Hunde sind unruhig, würgen und versuchen zu erbrechen, ohne dass etwas herauskommt. Der Bauch bläht zunehmend auf. Die Atembewegungen sind pumpend und lediglich im Brustbereich sichtbar. Der Puls wird schnell und schwach, die

---

Naturheilkunde

Melisse *(Melissa officinalis)* wirkt krampfstillend und beruhigend auch auf den Magen. Für den Hund eignet sich die Zubereitung der Heilpflanze als Tee. 2 Esslöffel Melisseblätter werden mit 1 Tasse kochendem Wasser übergossen und 10 Minuten ziehen gelassen. Danach werden die Blätter abgeseiht. Diese Menge reicht für einen Hund bis 10 kg Körpergewicht. Nach Abkühlung wird der Tee über den Tag verteilt dem Patienten in kleinen Mengen direkt in die Mundhöhle eingegeben.

Zur Beruhigung angegriffener Magenschleimhaut dient Süßholzabsud. Dazu werden **Süßholzwurzeln** (sie erhalten Sie in jeder Apotheke) in kaltem Wasser angesetzt und ca. $1/2$ Stunde gekocht. Nach Abkühlen der Flüssigkeit werden die Wurzeln abgeseiht und der Absud dem Hund über den Tag verteilt ebenfalls direkt in die Mundhöhle eingegeben. Für einen 10 kg schweren Hund genügen $3 \times$ täglich 5 ml.

Warnung: Die Anwendung dieser Naturheilmittel bei Erbrechen ersetzt nicht den Gang zum Tierarzt, um die Ursache abzuklären!

Schleimhäute werden zunehmend blasser. Der Patient ist im Schock (siehe S. 14).

➤ Tierärztliche Behandlung

Eine Magendrehung ist eine Notfallsituation und muss **sofort** behandelt werden. Jede Minute Verzögerung, bis zum Beginn der Therapie, kann über Leben und Tod des Patienten entscheiden. Der Tierarzt versucht durch eine Magenpunktion als Sofortbehandlung eine Druckentlastung auf die Blutgefäße zu erreichen. Als zweite Sofortmaßnahme muss der Schock bekämpft werden. Danach wird unverzüglich operiert. Der Magen wird eröffnet, entleert und in seine ursprüngliche Lage verbracht. Um eine erneuter Drehung auf Grund der überdehnten Bänder vorzubeugen, wird der Magen durch eine spezielle Nahttechnik verankert.

➤ Häusliche Behandlung

Eine Magendrehung muss stationär, d.h. in einer Klinik behandelt und nachgesorgt werden. Erst wenn der Gesundheitszustand des Hundes stabil ist, kann er nach Hause entlassen werden. 48 Stunden nach der Operation wird der Patient erstmals wieder gefüttert. Bis dahin erhält er die notwendige Energie und Flüssigkeit in Form von Infusionen direkt in die Vene. Nach dieser Fastenzeit wird leicht verdauliches Futter (z.B. gekochtes Hühnerfleisch und Reis im Mixer zerkleinert) in

3–4 Portionen über den Tag verteilt gegeben.

➤ Vorbeugung

Um eine Überladung des Magens mit Futter zu vermeiden sollten Hunde ihre tägliche Futterration auf **2 Mahlzeiten** (morgens und spät nachmittags) verteilt erhalten. Der früher häufig praktizierte Fastentag einmal in der Woche hat keinen gesundheitlichen Nutzen. Er führt lediglich dazu, dass die Hunde, wenn sie wieder Nahrung erhalten, das Futter besonders gierig verschlingen. Nach dem Fressen sollte der Hund mindestens 1 Stunde ruhen. Springen und Toben mit anderen Hunden ist in dieser Zeit verboten. Am besten wird erst nach dem Spaziergang gefüttert. Wenn bei Hunden, die zusammen in einem Haushalt leben, Futterneid zu gierigem und schnellen Fressen führt, müssen die Tiere getrennt gefüttert werden.

Naturheilkunde

Die Magendrehung ist eine Notfallsituation und muss ohne Verzögerung operiert werden. Jegliches »herumdoktern« mit Naturheilmitteln und damit der Verlust wertvoller Zeit bis zur tierärztlichen Behandlung, kostet dem betroffenen Hund das Leben.

Gefahr für den Menschen

– Keine –

---

3. DARM

Würmer

www. aktiv - fuer -
➤ **Erreger** -tiere . de /
krank /wuermer - htm

Bandwürmer benötigen zu ihrer Entwicklung immer mindestens einen Zwischenwirt. Zwischenwirte für Bandwürmer können z. B. Insekten (Flöhe), Reptilien, Nagetiere (Mäuse, Ratten usw.) oder landwirtschaftliche Nutztiere (Rind, Schwein) sein. In der Muskulatur dieser Tiere sitzt die Finne, eine eingekapselte Zwischenform des Bandwurms. Frisst der Hund finnenhaltiges Fleisch (oder einen Floh), wird im Darm des Hundes die Finne frei und entwickelt sich zum ausgewachsenen, geschlechtsreifen Bandwurm. Die Endglieder des Wurms enthalten Eier und werden kontinuierlich mit dem Kot ausgeschieden. Wie kommen nun die Eier in den Zwischenwirt? Setzt z. B. ein bandwurminfizierter Hund seinen Kot auf einer Wiese ab, bleiben die Eier des Parasiten am Gras hängen und werden zusammen mit dem Gras von Kühen aufgefressen. Im Körper der Kuh entwickeln sich aus den Eier wieder Finnen und kapseln sich in deren Muskulatur ein. Damit ist der Kreislauf geschlossen. Das gilt für den *Echinococcus granulosus,* den typischen **Hundebandwurm.** Bei den anderen Bandwürmern ist der Mechanismus der zweiwirtigen

Entwicklung gleich. Es sind jedoch andere Zwischenwirte. Der *Echinococcus granulosus*, der landwirtschaftliche Nutztiere als Zwischenwirt benutzt, ist auf Grund der in Deutschland gesetzlich vorgeschriebenen Fleischbeschau inzwischen so gut wie ausgestorben. Unsere Hunde werden heutzutage hauptsächlich durch Flöhe mit Bandwürmern infiziert.

Spulwürmer benötigen zu ihrer Entwicklung keinen Zwischenwirt. Nach Aufnahme von Spulwurmeiern schlüpfen die Larven des Parasiten im Dünndarm des Hundes. Sie bohren sich durch die Darmwand und gelangen über die Blutgefäße zum rechten Herzen und von dort über den Lungenkreislauf in die Lunge. Aus der Lunge bewegen sich die inzwischen schon etwas größeren Larven aktiv zur Luftröhre. Durch die dadurch entstehende Reizung der Luftröhre muss der Hund husten. Die Larven werden hochgehustet und wieder abgeschluckt. So kommen sie über den Magen wieder in den Darm.

Spülwürmer findet man bei massivem Befall auch im Kot.

Manchmal husten die betroffenen Hunde zum Entsetzen ihrer Besitzer schon einmal einen Spulwurm aus. Auf dem Fuß- oder Teppichboden sehen sie ähnlich wie Spagetti aus. Die abgeschluckten, inzwischen zu geschlechtsreifen Würmern entwickelten Parasiten paaren sich im Darm und geben ihre Eier über den Kot in die Außenwelt ab. Damit ist der Entwicklungskreislauf geschlossen.
Einige der im Körper wandernden Spulwurmlarven (sie sind zu dieser Zeit noch mikroskopisch klein) kapseln sich in der Muskulatur des Hundes ein. Dort bleiben sie manchmal jahrelang liegen, ohne Beschwerden zu verursachen. Bei Hormonveränderungen (Läufigkeit, Trächtigkeit) oder Stresssituationen werden sie wieder aktiv und setzen ihren Wanderweg fort. Ein Teil davon wandert in die Milchdrüse und wird über die Muttermilch auf die Welpen übertragen. Aus diesem Grund sind 99 % aller kleinen Hunde mit Spulwürmern infiziert.

Hakenwürmer haben ebenfalls einen interessanten Entwicklungszyklus. Die mikroskopisch kleinen Larven schlüpfen in der Außenwelt aus den Eiern und können über die **Haut** (Pfoten) in den Körper des Hundes eindringen. Während eines Wanderweges im Körper, ähnlich wie bei den Spulwürmern, häuten sie sich und erreichen schließlich als geschlechtsreife Würmer den

Jagdhunde infizieren sich durch den Aufbruch erlegter wild lebender Wiederkäuer häufiger mit Bandwürmern.

Darm. Ein Teil der Larven wird ebenfalls in der Muskulatur des Hundes eingekapselt.

▶ Ansteckung

Bandwürmer werden nicht direkt von Hund zu Hund übertragen, sondern benötigen immer einen oder mehrere Zwischenwirte. Typische Infektionsquelle für Hunde sind Flöhe und landwirtschaftliche Nutztiere, wobei die Übertragung der Parasiten durch letztere, auf Grund der in Deutschland vorgeschriebenen Fleischbeschau, kaum noch eine Rolle spielt. Lediglich bei Jagdhunden, die den Aufbruch erleg-

VERDAUUNGSTRAKT

ter wildlebender Wiederkäuer als Belohnung für ihre Arbeit erhalten, wird hin und wieder der *Echinococcus* diagnostiziert.

Da Hunde in der Regel Spitzmäuse, die Zwischenwirte für den gefährlichen Fuchsbandwurm, weder jagen noch fressen, werden sie mit diesem Bandwurm nur in Ausnahmefällen infiziert.

Mit **Spulwürmern** kann sich der Hund durch Aufnahme von Spulwurmeiern aus dem Kot infizierter Artgenossen (beim Schnüffeln) oder über die Muttermilch anstecken.

Hakenwürmer können über die Pfotenhaut und über die Muttermilch in den Körper gelangen.

➤ Verlauf

Würmer schädigen die Darmwand und schaffen somit die Voraussetzung zur Ansiedlung krankmachender Keime. Aus diesem Grund entsteht bei Wurmbefall häufig Durchfall.

Würmer nehmen aus dem Nahrungsbrei wichtige Nährstoffe heraus. Struppiges, glanzloses Fell, bei Wurmbefall häufig zu sehen, entsteht durch diesen Nährstoffverlust. Bei massivem Wurmbefall magern die Tiere trotz gutem Appetit ab.

Würmer geben ihre Stoffwechselendprodukte in den Darm des Wirtes, in dem sie leben, ab. Diese Stoffwechselprodukte sind giftig und schädigen, wenn sie durch die Darmwand resorbiert (aufgenommen) werden, die inneren Organe des betroffenen Tieres.

➤ Tierärztliche Behandlung

Substanzen, die Würmer abtöten, sind auch für Säugetiere nicht besonders gesund. Sie sollten nur angewandt werden, wenn es tatsächlich notwendig ist. **Unnötige Entwurmungen belasten den Organismus** des Hundes. Folgendes Entwurmungsschema hat sich bewährt:

Hundebabys müssen ca. 14 Tage nach dem Absetzen von der Mutter gegen Spul- und Hakenwürmer entwurmt werden. Da die üblichen Wurmpasten die wandernden Larven der Parasiten nicht erreichen, muss die Wurmkur nach 14 Tagen wiederholt werden. Gegen Bandwürmer muss der Hund nur behandelt werden, wenn starker Flohbefall vorlag und wenn durch eine Kotuntersuchung Bandwurmbefall nachgewiesen wurde. Auch die Hündin sollte nach dem Absetzten der Jungen nochmals gegen Spul- und Hakenwürmer behandelt werden. Sie erinnern sich: Durch die Trächtigkeit werden die in der Muskulatur eines jeden Hundes eingekapselten Larven wieder aktiv.

Bei erwachsenen Hunden ist Wurmbefall gar nicht so häufig, wie landläufig angenommen. Das Immunsystem eines gesunden Hundes wehrt sich in der Regel erfolgreich gegen die Ansiedelung von Parasiten. Hier genügt es zur Sicherheit einmal im Jahr (beim Impftermin) eine mikroskopische Kotuntersuchung vom Tierarzt durchführen zu lassen und nur dann eine Wurmkur zu machen, wenn tatsächlich Wurmbefall vorliegt, nach dem Motto: **Vor jeder Therapie steht die Diagnose.**

➤ Häusliche Behandlung

Nach Eingabe von Entwurmungspräparaten sterben die im Darm befindlichen Parasiten ab und werden in der Regel verdaut ohne in die Außenwelt zu gelangen. Bei massivem Wurmbefall werden die abgetöteten Würmer sowie noch infektionstüchtige Eier mit dem Kot ausgeschieden. Um nach der Entwurmung eine erneute Infektion durch Kontakt mit diesen Eiern, sowie eine Gefährdung anderer Hunde zu vermei-

---

Naturheilkunde

Pflanzliche Präparate aus der Naturheilkunde gegen Wurmbefall sind für Hunde nicht immer verträglich. So z.B. verursacht der Wurmfarn lebensbedrohliche Leberschäden. Auch Knoblauch, häufig als vermeintlich harmloses Mittel gegen Würmer dem Futter zugesetzt, kann bei besonders empfindlichen Hunden zu Blutbildveränderungen führen. Weitgehend ungefährlich sind Kürbiskerne. Der im Samen des Kürbis enthaltene Wirkstoff tötet den Bandwurm nicht ab, sondern lähmt ihn nur. Nach Einnahme von geschroteten Kürbiskernen muss daher dem Hund zusätzlich ein Abführmittel (z.B. Rizinusöl) verabreicht werden. Häufig entsteht dadurch Durchfall. Gegen Spul- und Hakenwürmer wirken Kürbiskerne nicht.

Gefahr für den Menschen

Für den Menschen gefährlich ist der typische **Hundebandwurm** (*Echinicoccus granulosus*). Zwischenwirt dieses Parasiten sind Rinder und Schweine. Der Mensch kann »Fehlzwischenwirt« werden, wenn die mikroskopisch kleinen Eier des Bandwurms in seinen Magen-Darm-Trakt gelangen. Vor allem in der Leber, manchmal im Herz oder im Gehirn, entwickelt sich eine bis zu kindskopfgroße Finne, die nur chirurgisch entfernt werden kann. Für die betroffenen Menschen besteht Lebensgefahr. Der Hundebandwurm ist in Deutschland zum Glück fast ausgestorben. Die gesetzlich vorgeschriebene Fleischbeschau verhindert, dass finnenhaltiges Fleisch verkauft wird. Lediglich Jäger, deren Hunde als Belohnung für ihre Mitarbeit bei der Jagd den Aufbruch des erlegten Wildes erhalten, gelten als besonders gefährdete Personen. Der **Fuchsbandwurm** (*Echinococcus multilocularis*) und damit die Übertragung von Eiern auf den Menschen spielen beim Hund kaum eine Rolle. Um sich mit dem Fuchsbandwurm zu infizieren, müsste er Spitzmäuse, die Zwischenwirte dieses Parasiten, fressen. Hunde, die das tun, sind sicherlich eine absolute Seltenheit. Hauptinfektionsquelle für den Menschen sind ungewaschene Waldfrüchte, auf denen unsichtbar die vom Fuchs mit dem Kot ausgeschiedenen Bandwurmeier haften. Die Auswirkungen einer Infektion mit Fuchsbandwurmeiern beim Menschen sind die gleichen wie nach einer Infektion mit dem Hundebandwurm. **Spulwurmlarven** können sich auch beim Menschen nach Kontakt mit Eiern des Parasiten im Körper einkapseln. Bevorzugte Stelle ist dabei das Auge. Allerdings geschieht das so selten, dass man nicht von einer ernsten Gefahr sprechen kann. Die beste Vorbeugung dagegen ist die Einhaltung des Entwurmungsschemas für Junghunde und regelmäßige Kotuntersuchungen auf Wurmbefall beim erwachsenen Hund.

den, sollte der Kot die ersten (1–2) Tage nach der Entwurmung eingesammelt und unschädlich beseitigt werden (z. B. in der Toilette oder gut verpackt in den Hausmüll geben).

> **Vorbeugung**

Eine medikamentöse Vorbeugung wie z.B. eine Impfung gegen Infektionskrankheiten gibt es gegen Wurmbefall nicht. Verschiedene Maßnahmen können jedoch verhindern, dass eine Ansteckung erfolgt: Schützen Sie Ihren Hund vor Flohbefall (siehe S. 53). Flöhe sind Zwischenwirte für Bandwürmer. Frieren Sie Fleisch, das sie Ihrem Hund roh verfüttern möchten, 24 Stunden vorher bei −18 °C ein. Eventuell vorhandene Wurmfinnen werden dadurch abgetötet.

Giardia

> **Erreger**

Giardia ist ein mehrzelliger Darmparasit, der bei fast allen Haustieren vorkommt und beim Hund relativ häufig anzutreffen ist. Statistiken besagen, dass erwachsene Hunde zu ca. 10 % mit *Giardia* befallen sind. Bei Welpen und Junghunden sollen es sogar 50 % sein. In Zwingeranlagen und in Tierheimen sind

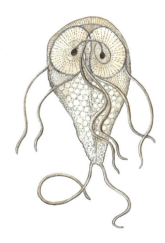

Giardia sind Darmparasiten.

VERDAUUNGSTRAKT **91**

nach Ausbruch einer Infektion nach kurzer Zeit sogar 100 % der Hunde mit dem Parasiten infiziert.

➤ Ansteckung

Giardia ist leicht übertragbar. Die Erreger werden durch direkten Kontakt von Hund zu Hund sowie aus der Umgebung aufgenommen. *Giardia* können mit den Schuhen in die Wohnung eingeschleppt werden.

➤ Verlauf

Das Leitsymptom dieser Erkrankung ist Durchfall. Dieser kann vorübergehend sein (wenn die körpereigenen Abwehrkräfte den Parasiten besiegen) oder aber längere Zeit andauern. Der Kot der betroffenen Hunde ist meist hell, übelriechend und manchmal mit frischem Blut durchsetzt. Die Tiere nehmen meist ab; Welpen bleiben in ihrer Entwicklung zurück. Der Appetit ist in den meisten Fällen jedoch gut.

➤ Tierärztliche Behandlung

Das Problem bei *Giardia*-Befall ist die Diagnose. *Giardia* kann nur kurze Zeit und nur in noch körperwarmem Kot nachgewiesen werden. Daher sind mikroskopische Untersuchungen von Kotproben, die vom Besitzer zum Tierarzt gebracht werden und daher mindestens ein paar Stunden alt sind, in der Regel *Giardia* negativ. Aussagekräftiger ist eine spezielle Untersuchung des Kotes, die nur in einem Spezialla-

bor durchgeführt werden kann. Bei anhaltenden, therapieresistenten Durchfällen sollte eine solche Kotuntersuchung immer durchgeführt werden.

Es gibt inzwischen gut wirksame Mittel gegen *Giardia*, die, wenn sie konsequent verabreicht werden, den Parasiten zuverlässig abtöten.

➤ Häusliche Behandlung

Lebt ein Hund im Haus, reicht die medikamentöse Therapie neben allgemeiner Hygiene (Reinigung des Fußbodens, Waschen von Decken) aus. Schwieriger wird es bei Zwingerhaltung und in Tierheimen. Dort ist das Risiko einer erneuten Ansteckung nach der Therapie besonders groß. Da die Dauerstadien (Zysten) des Parasiten in der Außenwelt am besten bei feucht-kalten Bedingungen überleben, lassen sie sich mit Hilfe eines Dampfstrahlers am wirkungsvollsten beseitigen. Durch die Hitze des Dampfstrahlers und die nachfolgende Abtrocknung werden *Giardia*-Dauerformen zuverlässig abgetötet. Um die gereinigten Räume nicht erneut mit *Giardia*-Zysten zu verschmutzen, empfiehlt es sich, die Afterregion der Tiere während der Therapie nach jedem Kotabsatz mit Shampoon zu reinigen.

➤ Vorbeugung

Hunde sind soziale Tiere und der Kontakt zu anderen Hunden ist für ihr psychisches Wohlbefinden

absolut notwendig. Daher ist eine Übertragung von *Giardia* von Hund zu Hund, aber auch durch Schnüffeln an Ausscheidungen anderer Hunde kaum zu vermeiden. Ob die Infektion »angeht«

Naturheilkunde

Es gibt keine Mittel aus der Naturheilkunde zur Bekämpfung von *Giardia*. Da die Infektion auch auf den Menschen übertragbar ist, sollte die Behandlung mit nachgewiesen wirksamen schulmedizischen Präparaten nicht zu lange hinausgezögert werden.

Gefahr für den Menschen

Giardia ist von der Weltgesundheitsorganisation (WHO) als Zoonose-Erreger (Erreger, der vom Tier auf den Menschen übertragbar ist) eingestuft. Besonders bei Kindern treten bei *Giardia*-Befall Durchfall, Mangelerscheinungen und Wachstumsverzögerung auf. Beim Menschen soll der Befall mit *Giardia* die häufigste Darmparasitose in den westlichen Industrieländern sein.
Aber auch hier ist Panik fehl am Platz. Auch beim Menschen kommt es auf das Immunsystem an, ob nach Kontakt mit *Giardia* auch wirklich eine Erkrankung auftritt. Menschen, die durch *Giardia* erkranken, sollten daher nicht nur den Parasiten bekämpfen, sondern nach Ursachen ihrer Abwehrschwäche forschen.

VERDAUUNGSTRAKT

und der Erreger sich vermehren kann, hängt von der Effektivität der körpereigenen Abwehrkräfte ab. Die beste Vorbeugung gegen Parasitenbefall ist daher eine vollwertige Ernährung, regelmäßige Kontrolle durch einen Tierarzt auf versteckte Organkrankheiten sowie viel Liebe und Zuwendung. Gesunde, wohlgenährte und zufriedene Hunde sind für Parasitenbefall wenig empfänglich.

Durchfall

➤ Ursachen

Durchfall ist keine eigenständige Erkrankung sondern ein Symptom. Die verschiedensten Ursachen können Durchfall hervorrufen: Viren (z.B. Parvoviren, Staupeviren), Bakterien (z.B. Salmonellen), Parasiten (z.B. Würmer, Giardia), Nahrungsmittelallergien, Leber- und Bauchspeicheldrüsenerkrankungen, Vergiftungen, falsche Ernährung und vieles andere mehr.
Bei manchen besonders sensiblen Hunden tritt manchmal der so genannte **psychogene Durchfall** auf. Typisch für diese psychisch bedingte Darmfunktionsstörung ist, dass sie hauptsächlich bei Aufregung auftritt. Solche Hunde setzen bei einem Spaziergang 5–6-mal Kot ab, wobei die Konsistenz zunächst fest ist und dann von Mal zu Mal dünner wird. Ursache ist hier eine gesteigerte Darmperistaltik (Darmbewegung) auf

Grund aufregender Erlebnisse während des Spaziergangs (z.B. Gerüche von Artgenossen oder Begegnungen mit anderen Hunden).

➤ Ansteckung

Wenn der Durchfall im Rahmen einer Infektion mit Viren, Bakterien oder Parasiten auftritt, können diese Krankheitserreger von Hund zu Hund übertragen werden und bei den betroffenen Tieren ebenfalls Durchfall auslösen. Ist der Durchfall auf psychische Ursachen zurückzuführen oder Symptom einer versteckten Organerkrankung, ist er nicht ansteckend.

➤ Verlauf

Von Durchfall spricht man, wenn der Hund ungeformten, breiigen bis wässrigen Kot absetzt. Vor allem bei längerem Krankheitsverlauf ist dem Kot Schleim oder Blut beigemischt. Der After ist durch die ständige Reizung gerötet. Manchmal tritt unwillkürlich tropfenweise Darminhalt aus. Oft leiden die Tiere unter Blähungen und Bauchschmerzen. Bei schweren Durchfällen gehen dem Körper große Mengen an Wasser und Elektrolyten verloren. Die Patienten trocknen aus. Es besteht vor allem bei Welpen oder geschwächten älteren Tieren Schockgefahr.

➤ Tierärztliche Behandlung

Die Behandlung richtet sich nach der Grundkrankheit. Durch bakte-

riologische und parasitologische Kotuntersuchungen, durch Blutuntersuchungen und Röntgen versucht der Tierarzt die eigentliche Ursache zu ermitteln, um gezielt behandeln zu können. Gleichzeitig wird er die Beschwerden des Patienten durch entsprechende Medikamente lindern und, bei besonders geschwächten Tieren, den Kreislauf durch Infusionen stützen.

➤ Häusliche Behandlung

Bei leichtem Durchfall empfiehlt es sich, einen Tag auf jegliche Fütterung zu verzichten. Wasser muss dem Hund immer in ausreichender Menge zur Verfügung stehen. Besser als Wasser sind Vollelektrolytlösungen, die sie bei Ihrem Tierarzt erhalten. Sie gleichen den Flüssigkeits- und Elektrolytverlust aus.
Ab dem 2. Tag wird eine Diät aus $2/3$ in Wasser sehr weichgekochtem Milchreis (kein Vollkornreis!) und $1/3$ Hüttenkäse oder Magerquark über mehrere Tage verabreicht. Manche Hunde verweigern die Diät. In diesem Fall kochen Sie den Reis mit einem Suppenwürfel, um ihn schmackhafter zu machen. Füttern Sie mehrmals täglich in kleinen Mengen. Oft reguliert sich die Darmfunktion allein durch diese Diätmaßnahmen.
Wenn der Durchfall jedoch länger als 2 Tage andauert und Symptome wie Erbrechen und Apathie hinzukommen, sollten Sie ohne weitere Wartezeit einen Tierarzt

VERDAUUNGSTRAKT

aufsuchen. Auch Durchfälle, die nach kurzzeitiger Besserung immer wieder neu auftreten, erfordern eine gründliche tierärztliche Untersuchung, um den Ursachen auf die Spur zu kommen. Geben Sie Ihrem Hund niemals Kohlepräparate ohne ausdrückliche Verordnung durch den Tierarzt. Durchfall ist eine Schutzreaktion des Körpers, um krankmachende Keime aus dem Darm herauszuschleusen. Durch Kohle oder andere stopfende Mittel werden die Krankheitserreger im Darm zurückgehalten, können in den Körperkreislauf übertreten und zu schweren Allgemeinerkrankungen führen. Den Kot eindickende Medikamente ohne keimtötende Wirkung wie z.B. Kohle dürfen nur dann verabreicht werden, wenn gesichert ist, dass es sich nicht um eine durch Viren, Bakterien oder Parasiten ausgelöste Darmerkrankung handelt. Verabreichen Sie niemals einem Hund ohne tierärztlichen Auftrag Medikamente aus der Humanmedizin. Viele für Menschen völlig ungefährliche Präparate (z.B. Aspirin) können beim Hund zu schweren Gesundheitsschäden führen.

> ### Vorbeugung

Neben den selbstverständlichen Dingen wie das Füttern immer frischer, unverdorbener Nahrung und regelmäßiger Gesundheitsvorsorge (Impfungen, Kotuntersuchungen) kann man gegen Durchfall nicht vorbeugen.

Naturheilkunde

Ein überaus wirksames und völlig nebenwirkungsfreies Mittel aus der Naturheilkunde gegen Durchfall ist **lebende Trockenhefe** *(Saccharomyces boulardii)*. In der Apotheke oder bei Ihrem Tierarzt können Sie sie unter dem Namen »Perenterol« kaufen. Eine Stoßtherapie mit 1 Kapsel pro kg Körpergewicht stoppt akuten Durchfall in der Regel innerhalb weniger Stunden. Den Inhalt der Kapsel (Pulver) kann man mit Wasser verdünnt direkt in die Mundhöhe eingeben oder dem Futter beimischen.
Ein Absud aus **Odermennig** *(Agrimonia eupatoria)*, einer alten Heilpflanze, wirkt beruhigend auf den Darm. Die Blätter oder Sprossteile (Sie erhalten sie in Apotheken) werden in kaltem Wasser angesetzt und zum Kochen gebracht. Nach mindestens 20 Minuten Kochzeit wird abgeseiht und die Flüssigkeit abkühlen gelassen. Geben Sie Ihrem durchfallkranken Hund von der Flüssigkeit drei- bis viermal täglich 5 ml pro 10 kg Körpergewicht direkt in die Mundhöhle.

Gefahr für den Menschen

Außer bei massivem Spulwurm- und *Giardia*-Befall oder einer Infektion mit für Menschen pathogenen Keimen (z.B. Salmonellen) besteht keine Gefahr für den Menschen. Zur Sicherheit sollte jedoch bei anhaltendem Durchfall nach spätestens 2 Tagen ein Tierarzt mit der Suche nach der Ursache beauftragt werden.

Verstopfung

> ### Ursachen

Eine Verstopfung kann wegen Organerkrankungen, Tumoren, eines Fremdkörpers, Nervenerkrankungen, Skelettveränderungen nach Unfällen oder durch falsche Ernährung auftreten. Besonders junge Hunde neigen dazu »wie ein Staubsauger« alles in sich hineinzufressen, was sie unter die Schnauze bekommen. Solche Tiere sind besonders gefährdet, auf Grund eines Fremdkörpers einen Darmverschluss zu erleiden. Steinharter

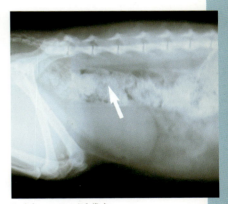

Steinharter Kot (Pfeil) kann zum Darmverschluss führen.

Kot durch Aufnahme übermäßiger Mengen von Knochen (z.B. im Sommer in Biergärten oder nach unerlaubtem Ausräumen eines Mülleimers) kann ebenfalls zum Darmverschluss führen. Hunde mit schmerzhaften Wirbelsäulenerkrankungen vermeiden oft die Bauchpresse, die für

VERDAUUNGSTRAKT

den Kotabsatz erforderlich ist. Die Häufigkeit der Entleerung wird geringer, wodurch der Kot im Enddarm eintrocknet und das Problem noch verstärkt.

Unter chronischer Verstopfung leiden häufig übergewichtige Hunde mit Bewegungsmangel. Hier verhindert das übermäßige Fettgewebe in der Bauchhöhle die normale Entleerungsfunktion des Darms.

➤ Ansteckung

Darmverstopfung ist nicht ansteckend.

➤ Verlauf

Blähungen, Bauchschmerzen, Erbrechen und Appetitlosigkeit sind die Hauptsymptome, die den Hundebesitzer zum Tierarzt führen. Bei Darmtumoren wird häufig über eine bleistiftdünne Kotform berichtet. Das Lumen des Darm ist durch den Tumor verengt und lässt nur eine dünne Kotmenge hindurch.

Als Folge der chronischen Verstopfung, aus welchen Gründen auch immer, weitet sich der Dickdarm, verliert seine Elastizität und wird träge. Durch die lange Verweilzeit des Kotes im Darm treten Giftstoffe aus dem Kot in die Blutbahn. Durch den Druck der Kotmassen auf die Organe wird der Kreislauf stark belastet. Verstopfungen, die länger als 3–4 Tage anhalten, gehören in die Hand eines Tierarztes. Kommt Erbrechen hinzu, besteht der Verdacht auf Darmverschluss. In diesem Fall besteht akute Lebensgefahr.

➤ Tierärztliche Behandlung

Durch Darmeinläufe und die Darmperistaltik anregende Mittel wird der Tierarzt versuchen, den angesammelten Kot zu entfernen. In fortgeschrittenen Fällen und bei Darmverschluss muss in der Regel operiert werden. Gleichzeitig wird der Tierarzt nach den Entstehungsursachen der Verstopfung forschen, um eine erneute Kotanschoppung zu verhindern.

➤ Häusliche Behandlung

Als häusliche Therapie wird die sofortige Umstellung der Ernährung empfohlen. Koteindickende Nahrungsmittel (Trockenfutter, Knochen) müssen reduziert werden. Beim Tierarzt erhalten Sie konzentrierte Ballaststoffe in Kapselform. Täglich eingegeben verhelfen Sie den Hunden zu regelmäßigem Stuhlgang. Übergewichtige Hunde müssen abnehmen. Viel Bewegung sowie Bauchmassagen im Uhrzeigersinn regen die Peristaltik (Darmbewegungen) an. Geben Sie Ihrem Hund keine Abführmittel aus Ihrer Hausapotheke. Viele Medikamente für den Menschen sind für Hunde giftig. Die Eingabe von Rizinusöl grenzt an Tierquälerei. Diese längst der Vergangenheit angehörende Behandlung chronischer Verstopfung regt den Darm zu starker Peristaltik an. Ist der Darmkanal durch eingetrockneten Kot oder durch einen Fremdkörper verstopft (Darmverschluss!) kann die Darmwand reißen.

➤ Vorbeugung

Durch artgerechte Haltung (viel Bewegung) und vernünftige Ernährung mit Vermeidung von Übergewicht kann man chronische Verstopfung verhindern. Allerdings sollte ein untrainierter Hund nicht »gehetzt« werden. Die Bewegung muss seinem Gesundheits- und Trainingszustand angepasst sein. Weiche Kalbsknochen oder Knorpel, die für die Gesunderhaltung des Gebisses erforderlich sind, müssen dosiert verabreicht werden. Eine eventuell zu starke Eindickung des Kotes durch Knochengaben kann bei Bedarf durch Ballaststoffe (Kapseln erhalten Sie beim Tierarzt) ausgeglichen werden.

Naturheilkunde

Wegerich-Samen *(Plantago*-Arten) wirken als Teezubereitung, zusammen mit dem Samen getrunken, mild abführend. Dazu übergießt man 1 Teelöffel Wegerich-Samen mit 1 Tasse kochendem Wasser, lässt alles abkühlen und vermischt Flüssigkeit und Samen über den Tag verteilt in das Futter. Die Menge ist ausreichend für einen Hund bis 5 kg Körpergewicht. Wegerich-Samen-Tee kann man einem zur Verstopfung neigenden Hund (z. B. bei Übergewicht) auch vorbeugend ein- bis zweimal in der Woche verabreichen.

Gefahr für den Menschen

– Keine –

VERDAUUNGSTRAKT

Analbeutelentzündung

> Ursachen

Analbeutel sind 2 kleine Bindegewebsbeutel unter der Haut beiderseits des Anus, deren Ausführungsgänge in das Endstück des Darms münden. Sie enthalten ein für den Menschen übelriechendes Sekret, das mit jedem Kotabsatz tropfenweise in die Außenwelt abgegeben wird. Das Sekret scheint eine wichtige Funktion bei der Kommunikation zwischen Artgenossen zu haben. Im Volksmund werden die Analbeutel auch als »Duftdrüsen« bezeichnet.
Verstopfungen der Ausführungsgänge und Entzündungen der Analbeutel sind bei Hunden relativ häufig.

> Ansteckung

Analbeutelentzündungen sind nicht ansteckend.

> Verlauf

Im Anfangsstadium erzeugen Verstopfungen der Analbeutel Juckreiz. Die Hunde rutschen auf dem Anus (»fahren Schlitten«) und beißen sich ins Hinterteil oder in die Oberschenkel. In den meisten Fällen entleert sich das angestaute Sekret durch das Rutschen spontan. Der starke Eigengeruch des Sekretes im Fell des Hundes und manchmal auch auf dem Teppichboden kann eine starke Belastung für die Nase des Besitzers sein. Löst sich der Stau nicht spontan, entstehen nach 1–2 Tagen pralle Vorwölbungen rechts und links neben dem After, die sehr schmerzhaft sind und nach außen aufbrechen können.

> Tierärztliche Behandlung

Wiederholte Entleerungen der Analbeutel können die Verstopfung in der Regel für längere Zeit beseitigen. Die manuelle Hilfestellung sollte jedoch nur erfolgen, wenn der Hund durch sein Verhalten (ständiges »Schlittenfahren«) zeigt, dass wirklich ein Problem vorliegt und die natürliche Entleerung des Sekretes nicht funktioniert. Regelmäßige unnötige Entleerungen der Analbeutel fördern die Entstehung chronischer Verstopfungen der »Duftdrüsen«.
Besteht bereits eine Entzündung, verwendet der Tierarzt Spülungen mit entzündungshemmenden Lösungen und Antibiotika-Gaben zur Therapie. Wenn Analbeutelentzündungen immer wieder in kurzen Abständen auftreten, können die Beutel chirurgisch entfernt werden.

> Häusliche Behandlung

Versuchen Sie nicht zu Hause die Analbeutel auszudrücken. Zu starker Druck auf die feinen Ausführungsgänge können sie verletzen. Durch anschließend entstehende mikrofeine Vernarbungen kann das Lumen der Ausführungsgänge so verkleinert

Analbeutelentleerungen müssen fachgerecht ausgeführt werden.

werden, dass eine Anschoppung des Sekretes im Beutel erst entsteht. Bei häufiger unnötiger Entleerung der Analbeutel wird zudem vermehrt Sekret gebildet, was wiederum zu Stauungen führen kann. Die Kontrolle und Entleerung von Analbeuteln gehören in die Hände eines Tierarztes.

> Vorbeugung

Bei Darmverstopfung (zu seltener Kotabsatz) oder bei Durchfällen (zu weicher Kot) wird das Analbeutelsekret häufig nicht in ausreichender Menge abgegeben. Auch bei Hunden mit schwachem Bindegewebe (z. B. Golden Retriever, Cocker Spaniel) kann es durch sehr tief liegenden Analbeuteln zu Entleerungsstörungen kommen. Bei Tieren, bei denen bereits eine Entzündung der Ausführungsgänge aufgetreten ist, kann das Lumen der Gänge durch Vernarbung so verengt sein, dass nur unzureichend Sekret hindurchkommt. Es kommt zum Stau in den Beuteln. In all diesen Fällen sollten Sie Ihren Hund ein- bis zweimal in der Woche nach auffallenden Vorwölbungen rechts und links (4 und 8 Uhrstellung) neben dem After kontrollieren. Sind solche Vorwölbungen vorhanden oder rutscht der Hund häufig auf dem After, sollten Sie Ihren Tierarzt bitten, die Analbeutel zu entleeren, um einer Entzündung durch gestautes Sekret vorzubeugen.

Naturheilkunde

Spezielle Naturheilmittel zur Behandlung von Analbeutelentzündungen gibt es nicht. Eine gesunde Darmfunktion mit geregeltem Kotabsatz (ohne Durchfall oder Verstopfung) ist die beste Vorbeugung gegen Verstopfung der Analbeutel. Lebende **Trockenhefe** *(Saccharomyces bulardii)*, vorbeugend einmal täglich 1 Kapsel pro 10 kg Körpergewicht verabreicht, verhilft zu einer gesunden Darmflora und beugt Durchfällen vor. **Wegerich-Samen-Tee** zusammen mit den Samen (1 Teelöffel Samen pro 10 kg Körpergewicht mit einer Tasse Wasser aufgebrüht) zweimal wöchentlich ins Futter gemischt, verhindert eine Vestopfung.

Gefahr für den Menschen

– Keine –

Perianalfistel

➤ Ursachen

Zirkumanaldrüsen liegen rund um den Anus des Hundes und geben ein kaum sichtbares Sekret, ähnlich wie unsere Schweißdrüsen, an die Außenwelt ab. Ihre genaue Funktion ist bisher nicht erforscht. Man vermutet eine Bedeutung bei der Kommunikation zwischen Hunden untereinander.
Entzündlich eitrige Fistelung der Zirkumanaldrüsen werden hauptsächlich beim Deutschen Schäferhund gesehen, aber auch andere Hunderassen können betroffen sein. Da die Fisteln um den Anus herum entstehen, werden sie auch Peri(neben)analfisteln genannt. Die Ursachen der Entstehung sind unbekannt.

➤ Ansteckung

Perianalfisteln sind nicht ansteckend.

➤ Verlauf

Zunächst tritt Juckreiz mit »Schlittenfahren« (der Hund rutscht auf dem Hintern) auf. Später wird der Krankheitsprozess sehr schmerzhaft. Bei der Untersuchung findet man Fisteln rund um den Anus, deren Gänge bis tief unter die Haut reichen. Durch sekundäre Infektion mit Bakterien entstehen überaus schmerzhafte, meist blutig-eitrige Entzündungen. Die betroffenen Hunde vermeiden, um den Schmerzen zu

entgehen, Kot abzusetzen. Die daraus entstehende Verstopfung belastet den Patienten zusätzlich. Oft besteht gleichzeitig eine Enddarmentzündung.

➤ Tierärztliche Behandlung

Die Fisteln selbst müssen chirurgisch behandelt werden.
Eitrige Entzündungen werden durch Antibiotika-Gaben therapiert. Um dem Tier Erleichterung zu verschaffen, werden Schmerzmittel appliziert.

➤ Häusliche Behandlung

Der Anus ist beim Schäferhund, der vorwiegend betroffenen Hunderasse, durch die Schwanzwurzel abgedeckt. Hier liegt Haut an Haut, wodurch ein besonders günstiges Milieu für Bakterienwachstum entsteht. Es ist für die Heilung nach der Operation der Fisteln von großer Bedeutung, dass dieser Bereich sauber gehalten wird. Reinigen Sie den After des erkrankten Hundes täglich mehrmals, vor allem nach jedem Kotabsatz, mit klarem lauwarmem Wasser. Verwenden Sie dazu ein **weiches** Tuch oder einen Wattebausch, um weitere Reizung durch Reibung zu vermeiden. Wenn es der Hund duldet, föhnen Sie ihn danach trocken. Bakterien vermehren sich dort, wo es trocken ist, schlechter.

➤ Vorbeugung

Es gibt keine Vorbeugung gegen die Entstehung von Perianalfisteln.

VERDAUUNGSTRAKT

> **Naturheilkunde**
>
> Zur Reinigung der Aftergegend kann auch Tee aus **Ringelblumenblüten** *(Calendula officinalis)* verwendet werden. Die Ringelblumen werden mit kochendem Wasser aufgebrüht, 10 Minuten ziehen gelassen und dann abgeseiht.

> **Gefahr für den Menschen**
>
> – Keine –

Analtumoren

› Ursachen

Analtumoren gegen von den Zirkumanaldrüsen aus. Das sind Schweißdrüsen um den Anus, die wahrscheinlich für die Kommunikation von Hunden untereinander von Bedeutung sind. Tumoren der Zirkumanaldrüsen kommen nur bei älteren Rüden vor und werden durch Hormonstörungen hervorgerufen. Sie sind in der Regel **gutartig.**

Analtumoren sind in der Regel gutartig.

› Ansteckung

Es besteht keine Ansteckungsgefahr für andere Hunde.

› Verlauf

Die anfänglich kleinen Tumoren am After können einzeln oder in Gruppen auftreten und wachsen sehr schnell. Im fortgeschrittenen Stadium umgeben sie den After wie dicke Pakete, wodurch der Kotabsatz behindert wird. Oft werden die Tumoren von den betroffenen Tieren benagt. Starke Blutungen und eitrige Entzündungen sind die Folgen.

› Tierärztliche Behandlung

Gute Erfolge werden durch Injektionen von weiblichen Hormonen (Gestagenen) erzielt. Die Injektionen müssen meist lebenslang in mehr oder weniger langen Abständen erfolgen. Die Intervalle der Hormongaben sind individuell verschieden und können von einmal monatlich bis zu einmal jährlich variieren. Bei Tieren, denen aus sonstigen gesundheitlichen Gründen keine Hormone verabreicht werden dürfen (z. B. bei Diabetes mellitus) hilft die Kastration, um Zirkumanaltumoren zum Verschwinden zu bringen und ihre Neubildung zu verhindern. Entzündungen der Tumoren werden mit Antibiotika bekämpft.

› Häusliche Behandlung

Nach der tierärztlichen Behandlung sollte bis zum Verschwinden der Tumoren der befallene Bereich besonders sauber gehalten werden. Reinigen Sie den Afterbereich des Hundes mehrmals täglich, v. a. nach jedem Kotabsatz mit klarem lauwarmem Wasser. Verwenden Sie dazu ein weiches Tuch oder einen Wattebausch, um Reizungen durch Reibung zu vermeiden.

› Vorbeugung

Es gibt keine Vorbeugung gegen die Entstehung von Zirkumanaltumoren.

> **Naturheilkunde**
>
> Präparate aus der Naturheilkunde, die Tumoren um den Anus eines Hundes heilen, gibt es leider nicht. Um Entzündungen der Zirkumanaltumoren vorzubeugen, kann zum Sauberhalten des Afterbereiches ebenfalls ein Tee aus **Ringelblumenblüten** *(Calendula officinalis)* verwendet werden.

> **Gefahr für den Menschen**
>
> – Keine –

4. LEBER

Leberfunktionsstörungen

› Ursachen

Schwere Leberentzündungen findet man bei der Hepatitis contagiosa canis (H.c.c.; siehe S. 37) sowie bei Vergiftungen (z. B. nach

Lebertumoren sind meist nicht mehr operabel.

Renovierungen der Wohnung mit lösungsmittelhaltigen Farben und Klebstoffen oder nach Rattengiftkontrakt). Auch Bakterien (Salmonellen) oder Parasiten können, wenn auch selten, zu akuten Leberentzündungen (Hepatitiden) führen. Bei Herzminderleistung kommt es häufig zu einer Stauungsleber, wodurch die Funktion des Organs beeinträchtigt wird. Die Ursache für die Entstehung nicht selten auftretender Lebertumoren ist nicht bekannt. Eine schleichende Leberschädigung entsteht durch die Zufuhr von ranzigem Fett aus überlagertem Trockenfutter sowie durch Konservierungs- und Zusatzstoffe in Billigdosenfutter.

➤ Ansteckung

Wenn die Lebererkrankung im Zusammenhang mit einer Infektionskrankheit auftritt (z. B. H.c.c.) kann diese auf andere Hunde übertragen werden und dort wiederum eine Erkrankung des großen Verdauungsorgans hervorrufen. Lebererkrankungen nach Vergiftungen sind nicht ansteckend.

➤ Verlauf

Die Symptome sind nicht einheitlich, sodass zur Diagnose umfangreiche Untersuchungen erforderlich sind. Auffallende Krankheitszeichen treten meist erst im fortgeschrittenen Stadium auf. Das ist der Grund, warum leberkranke Tiere oft erst spät zur Behandlung gebracht werden. Meist fällt den Besitzern nur auf, dass der Hund weniger leistungsfähig ist und viel schläft. Der Volksmund sagt daher: **Die Müdigkeit ist der Schmerz der Leber.**
Später können Appetitlosigkeit, Abmagerung, Erbrechen, Durchfall, Blähungen, »Gelbsucht« (Gelbfärbung der Haut und der Schleimhäute), Blutungen sowie Bauchwassersucht, Funktionsstörungen des Gehirns mit Krämpfen und Gleichgewichtsstörungen hinzukommen. Zerstörtes Lebergewebe wird durch funktionsloses Narbengewebe ersetzt. In der medizinischen Fachsprache spricht man dann von einer **Leberzirrhose**. Das Endstadium ist vollständiges Leberversagen. Die Patienten fallen dann ins Koma (tiefe Bewusstlosigkeit) und sterben.

➤ Tierärztliche Behandlung

Durch Bestimmung der Leberwerte im Blut kann der Tierarzt das Ausmaß der Erkrankung beurteilen. Röntgen- und Ultraschalluntersuchungen geben Aufschluss über sichtbare Veränderungen des Organs (Schrumpfung, Vergrößerung, Tumoren). Die Therapie von Lebererkrankungen ist schwierig und richtet sich nach der Grundkrankheit. Im akuten Stadium erhält der Hund Infusionen und leberzellschützende Medikamente. Welche Medikamente im Einzelfall Anwendung finden, entscheidet der Tierarzt nach Auswertung seiner Untersuchungsergebnisse.

➤ Häusliche Behandlung

Eine speziell für alle Leberkrankheiten günstige Diät gibt es nicht. Die Futterzusammensetzung muss dem jeweiligen Grad der Organschädigung und den auftretenden Symptomen angepasst werden. Günstig hat sich aber das Verteilen von leicht verdaulichem Futter über den Tag in mehreren kleinen Mahlzeiten erwiesen. Dadurch wird die Leber, als das zentrale Verdauungsorgan nicht zu stark belastet. Leberkranke Tiere sollten weder körperlichem noch seelischem Stress ausgesetzt werden. Auch Kälte sollte vermieden werden. Hunde mit kurzem Fell tragen daher im Winter einen Kälteschutzmantel.

➤ Vorbeugung

Hunde sollten keinen giftigen Substanzen ausgesetzt werden. Viele Leberschädigungen entstehen durch Einatmen von

VERDAUUNGSTRAKT

Lösungsmitteln aus Farben und geklebten Teppichböden. Verwenden Sie daher bei Renovierungsarbeiten in Ihrer Wohnung auch im Interesse Ihrer eigenen Gesundheit lösungsmittelfreie Farben und Klebstoffe.

Die Ernährung mit Frischfutter vermindert das Risiko von Erkrankungen durch chronische Zufuhr von Konservierungs- und Geschmacksstoffen sowie ranzigen Fetts (bei überlagertem Trockenfutter). Regelmäßige Entwurmungen ohne Kontrolle, ob überhaupt Wurmbefall vorliegt, belasten die Leber. Vor einer Entwurmung sollte daher immer eine Kotuntersuchung durchgeführt werden. Die meisten Hunde beherbergen keine Wür-

mer in ihrem Darm, sodass viele Entwurmungen unnötig sind.

Da sich Lebererkrankungen oft erst im fortgeschrittenen Stadium zeigen, empfiehlt es sich bei Hunden über 6 Jahren einmal im Jahr eine Blutuntersuchung zur Kontrolle der Organfunktion durchführen zu lassen. So können Erkrankungen der Leber frühzeitig erkannt und behandelt werden.

Gefahr für den Menschen

– Keine –

5. BAUCHSPEICHEL-DRÜSE

Erkrankungen des exkretorischen Teils

➤ Ursachen

Eine wesentliche Funktion der Bauchspeicheldrüse (Pankreas) ist die Bildung von Pankreassaft. Er enthält die Enzyme Amylase, Lipase und Trypsin. Diese Enzyme werden über den Ausführungsgang des Pankreas in den Dünndarm geleitet, wo sie die Kohlenhydrate, Fette und Eiweiße aus der Nahrung in ihre kleinsten Bestandteile zerlegen. Nur so kann die Nahrung vom Körper verwertet werden.

Akute und chronische Entzündungen der Bauchspeicheldrüse mit Störung der Enzymbildung werden bei Hunden häufiger dia-

gnostiziert. Die auslösenden Ursachen sind nicht immer festzustellen. Es gibt eine angeborene Bauchspeicheldrüsenunterfunktion und erworbene Störungen dieses Organs. Oft sind es Entzündungen benachbarter Organe (Leber, Zwölffingerdarm, Gallengang), die auf die Bauchspeicheldrüse übergreifen und sie ebenfalls schädigen. Auch Viren können am Krankheitsgeschehen beteiligt sein.

➤ Ansteckung

Angeborene Pankreaserkrankungen werden nicht von Hund zu Hund übertragen. Entzündungen, die auf Krankheitserreger zurückzuführen sind, können auch andere Hunde infizieren und dort ebenfalls eine Bauchspeicheldrüsenerkrankung hervorrufen.

➤ Verlauf

Die Symptome einer **akuten** Bauchspeicheldrüsenentzündung sind dramatisch. Die Tiere leiden unter starken Bauchschmerzen im gesamten Bauchbereich. Erbrechen, Durchfall und Störung des Allgemeinbefindens bis hin zum akuten Kreislaufzusammenbruch (Schock) sind nicht selten. Die **chronische** Bauchspeicheldrüsenentzündung verläuft nicht weniger belastend für den Patienten. Vorherrschend sind hier die Einschränkung der Enzymbildung und die dadurch entstehenden Verdauungsstörungen. Wenn zu wenig Enzyme in den Darm abgegeben werden, kön-

Naturheilkunde

Die **Mariendistel** *(Silybum marianus)* fördert die Regeneration des Lebergewebes. Man kann sie als Tee (1 Tasse pro 10 kg Körpergewicht) unter das Futter mischen oder als Fertigpräparat beim Tierarzt in der Apotheke kaufen. 1 Kapsel pro 10 kg Körpergewicht pro Tag. Die Therapie mit Mariendistel sollte 3–4 Monate durchgeführt werden.

Eine Abkochung aus getrockneten und klein geschnittenen **Bocksdorn-Früchten** *(Lycium chinense)* kann zur Unterstützung der Leber ebenfalls unter das Futter gegeben werden. Die Früchte (in jeder Apotheke erhältlich) werden 10 Minuten gekocht und dann abgeseiht. Von der Abkochung erhält der Hund 1 Tasse pro 10 kg Körpergewicht über den Tag verteilt.

nen die Nahrungseiweiße nicht zu Aminosäuren, die Kohlenhydrate nicht zu einfachen Zuckern und die Fette nicht zu Fettsäuren gespalten werden. Die Folge davon ist, dass das Futter unverdaut nach Passage des Dünn- und Dickdarms ausgeschieden wird. Der Nahrungsbrei gärt durch bakterielle Zersetzung im Darm. Es entstehen Durchfälle und Blähungen. Der ausgeschiedene Kot ist durch seinen hohen Anteil an unverdautem Fett ganz hell und auf Grund der bakteriellen Zersetzung widerlich stinkend. Die betroffenen Tiere sind immer hungrig. Sie magern trotz unmäßiger Futteraufnahme »bis auf die Knochen« ab und sterben an Entkräftung.

Nicht immer fehlt es vollständig an Verdauungsenzymen. In vielen Fällen liegt lediglich eine verminderte Bildung von Pankreassaft vor. Die Symptome sind dann nicht ganz so deutlich.

➤ Tierärztliche Behandlung

Als Sofortmaßnahme bei akuten Entzündungen der Bauchspeicheldrüse muss jegliche Futter- und Flüssigkeitsaufnahme eingestellt werden. Durch die Entzündung geht die Schutzschicht auf der Schleimhaut der Ausführungsgänge des Pankreas verloren, so dass das eiweißspaltende Enzym Trypsin körpereigenes Gewebe angreifen kann. Es kommt zur Selbstverdauung des Organs durch die eigenen Enzyme. Um das zu verhindern, muss der Pati-

ent mehrere Tage über die Vene (mit Infusionen) ernährt werden. Medikamente zur Bekämpfung der Entzündung, zur Stabilisierung des Kreislaufs und zur Schmerzlinderung sind bis zur Genesung ebenfalls erforderlich.

Bei chronischer Pankreasunterfunktion verschwinden die Beschwerden meist, wenn der Nahrung etwa eine Viertelstunde vor dem Verfüttern Pankreasenzyme in Pulverform beigemischt werden. Das Futter wird dadurch im Napf vorverdaut und kann vom Körper aufgenommen werden.

➤ Häusliche Behandlung

Ein Patient mit Bauchspeicheldrüsenunterfunktion darf keine auch noch so kleine Menge anderes als im Napf durch Pulverenzyme vorverdautes Futter erhalten. »Normales«, d.h. nicht aufgeschlossenes Futter erzeugt Blähungen, Bauchschmerzen und Durchfälle. Sollte Ihr Hund (was beim Spaziergang nicht immer zu vermeiden ist) doch einmal etwas erwischen, was nicht durch Enzyme vorverdaut wurde, können Sie die entstehenden Beschwerden durch krampflösende Medikamente lindern. Der Tierarzt wird Ihnen solche Spasmolytika, am besten in Zäpfchenform, für den Notfall gerne überlassen. Nach Anweisung des Tierarztes angewandt, haben sie keine Nebenwirkungen.

➤ Vorbeugung

Bauchspeicheldrüsenerkrankungen können Sie nicht vorbeugen.

Allerdings sollte mit Tieren, die unter angeborenen Defekten dieses Organs leiden, nicht gezüchtet werden. Besteht bereits eine Bauchspeicheldrüsenunterfunktion, so kann man durch konsequente Fütterung mit ausschließlich vorverdauter Nahrung die schweren Verdauungsstörungen vermeiden und die Lebensfreude des Patienten trotz chronischer Krankheit erhalten. Krampflösende Medikamente für den Notfall sollten Sie immer in Ihrer Hausapotheke bereithalten.

Naturheilkunde

Gegen Blähungen und Bauchschmerzen hilft (zusätzlich zu den Verdauungsenzymen!) eine Messerspitze feingemahlener **Kümmel** *(Carum carvi)* pro 5 kg Körpergewicht im Futter. Auch **Fencheltee** *(Foeniculum vulgare)* etwa 30 ml pro 5 kg Körpergewicht, abgekühlt und über den Tag verteilt dem Hund in die Mundhöhle gegeben oder dem Futter beigemengt, hilft Blähungen zu vermeiden.

Gefahr für den Menschen

– Keine –

Diabetes mellitus (Zuckerkrankheit)

➤ Ursachen

Die Zuckerkrankheit oder Diabetes mellitus ist eine Stoffwechselstörung. Die Bauchspeicheldrüse ist dabei nicht in der Lage, genügend Insulin zu produzieren. Bei

VERDAUUNGSTRAKT

Hunden scheint die Zuckerkrankheit in den letzten Jahren immer häufiger aufzutreten. Experten vertreten die Meinung, dass die steigenden Diabetikerzahlen bei Hunden auf Fehlernährung, Übergewicht und zuwenig Bewegung zurückzuführen sind.
Neben Übergewicht können jedoch auch Entzündungen der Bauchspeicheldrüse sowie Hormonstörungen und bestimmte Medikamente (z. B. Hormone zur Beeinflussung der Geschlechtsfunktion) Diabetes mellitus auslösen. Zusätzlich wird über eine Störung des Immunsystems sowie eine genetisch bedingte Veranlagung als Ursache für die Entstehung von Diabetes mellitus diskutiert.

➤ Ansteckung

Diabetes mellitus ist nicht ansteckend.

➤ Verlauf

Insulin ist ein Hormon, das von bestimmten Zellen der Bauchspeicheldrüse (Langerhanssche Inseln) in die Blutbahn abgegeben wird. Es sorgt unter anderem für den Einbau des im Blut vorhandenen Zuckers (Glukose) in die Körperzellen. Indirekt ist es auch für den Fett- und Eiweißstoffwechsel lebensnotwendig. Fehlt Insulin, so »verhungern« die Körperzellen bei gleichzeitigem Anstieg der Zuckermenge im Blut. Als Ausgleich werden vermehrt Körperfett und Körpereiweiße abgebaut, um den Energiehaushalt des Körpers aufrecht zu erhalten. Die betroffenen Tiere magern im Verlauf der Erkrankung stark ab.
Durch den krankhaft erhöhten Abbau von Körpersubstanzen entstehen vermehrt giftige Stoffwechselprodukte, die so schnell nicht eliminiert werden und dadurch Schäden der verschiedensten Organe verursachen können. Das **diabetische Koma**, eine lebensbedrohliche Notfallsituation, wird durch diese giftigen Stoffwechselprodukte hervorgerufen. Die Patienten fallen dabei in tiefe Bewusstlosigkeit.
Für die Zuckerkrankheit typische Spätschäden sind vor allem Veränderungen an den Blutgefäßen (Arteriosklerose) und Leberfunktionsstörungen. Die Gefäßveränderungen können im ganzen Körper auftreten. An den Augen verursachen sie eine schleichende Erblindung (es entsteht relativ schnell ein grauer Star), im Gesamtorganismus sind sie für Infarkte (Herz, Gehirn), für Durchblutungsstörungen, schlecht heilende Wunden und vieles mehr verantwortlich.
Die Krankheit tritt vorwiegend bei weiblichen Hunden auf (80–90%). Auslöser sind häufig Stresssituationen, Läufigkeit und Trächtigkeit. Die Patienten trinken auffallend viel und setzten dadurch vermehrt Urin ab. Sie schlafen viel, spielen weniger und erscheinen insgesamt lustlos und schlapp. Vielfach verlieren sie den Appetit. Aber auch dann, wenn die Futteraufnahme unverändert ist, magern die Hunde ab. Ein verantwortungsvoller Tierbesitzer sollte sofort bei Auftreten solcher Symptome einen Tierarzt zur Abklärung der Verhaltensänderung aufsuchen.

➤ Tierärztliche Behandlung

Eine Blutuntersuchung beim Tierarzt gibt Gewissheit. Blutzuckerwerte bis 100 mg/dl sind normal. Werte über 180 mg/dl deuten sehr wahrscheinlich, Werte über 200 mg/dl sicher auf Diabetes mellitus hin. In Zweifelsfällen müssen die Blutuntersuchungen wiederholt oder Spezialteste (Fruktosamin – Bestimmung, Glukosebelastungstest) durchgeführt werden.
Die Behandlung des Diabetes mellitus steht auf 2 Säulen. Ziel der Behandlung ist es, den Blutzuckerspiegel zu senken. Dazu gehört eine konsequente **Diäternährung** des Patienten. In

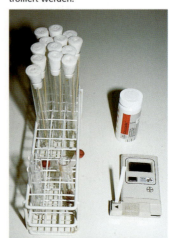

Bei der Einstellung des Patienten auf die richtige Insulinmenge muss der Blutzuckerwert mehrmals täglich kontrolliert werden.

leichten Fällen reicht das aus, um die Blutzuckerwerte in den Normbereich zurückzuführen. In schweren Krankheitsfällen muss regelmäßig **Insulin** gespritzt werden. Jeder zuckerkranke Hund wird auf die richtige Insulinmenge individuell eingestellt. Allgemeingültige Dosisangaben gibt es nicht. Zur Einstellung sollte das Tier am besten 1–2 Tage in eine Tierklinik. Danach muss die erforderliche Insulinmenge täglich vom Besitzer selbst unter die Haut des Patienten gespritzt werden. Aber keine Angst! Das ist ganz einfach und nach Anleitung durch den Tierarzt von jedem Hundefreund leicht zu erlernen. Die Behandlung des Diabetes mellitus mit Tabletten führt beim Hund nicht zum Erfolg.

▶ Häusliche Behandlung

Die richtige Ernährung ist bei insulinabhängigen Tieren auch deshalb so wichtig, um Unterzuckerung zu vermeiden. Es hat sich bewährt, kurz vor der Insulininjektion zu füttern. Bei normalerweise 2 Insulininjektionen pro

Das Aufziehen einer Insulinspritze und die Injektion kann vom Tierbesitzer nach Anleitung zu Hause durchgeführt werden.

Tag wird dann auch zweimal im Abstand von 8 Stunden gefüttert. Da die Insulinmenge genau auf die verabreichte Nahrungsmenge eingestellt wird, sollte das Futter schmackhaft sein, damit durch eventuelle Verweigerung keine Unregelmäßigkeiten bezüglich der Insulindosierung entstehen. Die diabetischen Tiere erhalten eine eiweißreiche, kohlenhydrat- und fettarme Ernährung. Wichtig ist dabei, dass die Kohlenhydratmenge im Futter nach Möglichkeit immer gleich bleibt, denn darauf ist die Insulinmenge ja eingestellt. Mageres Geflügel-, Rind- oder Schafffleisch, Quark, mit gekochten Kartoffeln oder Gemüse sind zu empfehlen.
Da der individuelle Insulinbedarf Schwankungen unterliegt, kann es trotz konsequenter Diät und sorgfältiger Einstellung des Patienten auf die notwendige Insulinmenge, wenn auch selten, zu einer Überdosierung von Insulin und damit zur **Unterzuckerung** kommen. Die Symptome – plötzliche Schwäche, Zittern, Krämpfe – sollten jedem Besitzer eines diabetischen, insulinpflichtigen Hundes bekannt sein. Bei Auftreten dieser Symptome müssen Sie umgehend handeln. Die sofortige Gabe von Zuckerwasser in die Mundhöhle des Patienten rettet ihn vor einem hypoglykämischen Schock (Schock auf Grund Unterzuckerung).
All dies scheint auf den ersten Blick sehr aufwendig und mancher Hundebesitzer fühlt sich

zunächst überfordert, zumal die Behandlung eines diabetischen Hundes lebenslang erfolgen muss. Die Frage, ob man solche Patienten nicht besser einschläfern sollte, wird häufig gestellt. Wenn man jedoch einen richtig eingestellten und konsequent ernährten Hund beobachtet, wird man sehr schnell zu der Überzeugung gelangen, dass sich jeder Aufwand lohnt, um die offensichtliche Lebensfreude noch einige Jahre zu erhalten.

▶ Vorbeugung

Die Vermeidung von Übergewicht durch eine bedarfsgerechte Ernährung beugt der Entstehung von Diabetes mellitus (und anderer Erkrankungen!) vor.

Naturheilkunde

Geißraute *(Galea officinalis)*, **Griechisch Heu** *(Trigonella foenum-graecum)* und **Heidelbeere** (Vaccinium myrtillus) sind Heilkräuter, die den Blutzuckerspiegel senken. Von der Geißraute werden die Sprossteile, vom Griechisch Heu der Samen und von der Heidelbeere die Blätter als Absud oder Tee dem Hund zweimal täglich 5 ml pro 10 kg Körpergewicht verabreicht.
Vorsicht: Bei insulinpflichtigen Hunden ist es sehr wichtig, dass die Anwendung der Heilkräuter bei der Einstellung auf die notwendige Insulinmenge berücksichtigt wird, um Unterzuckerungen zu vermeiden.

Gefahr für den Menschen

– Keine –

VERGIFTUNGEN

Giftstoffe

Folgende Stoffe können beim Hund zu Vergiftungen führen:

Äthylenglykol

Der bekannteste Vertreter dieses Stoffes ist Glysantin, ein Frostschutzmittel, das einen süßen Geschmack hat. Vergiftungen treten auf, wenn Hunde ausgelaufenes Frostschutzmittel (z.B. in der Garage) auflecken.
Die Symptome zeigen sich relativ schnell. Es kommt zu Erbrechen, Durchfall, Speicheln, Müdigkeit und Krampfanfällen. Unbehandelt sterben die betroffenen Hunde innerhalb weniger Stunden an akutem Nierenversagen.

Botulismus

Mit dem Bakterium Clostridium botulinum können Fleischkonserven, Schinken und Wurst befallen sein. Das Bakterium produziert ein stark wirkendes Nervengift, das bei Mensch und Hund zu lebensbedrohlichen Erscheinungen führt. Schon geringe Mengen des Giftes führen beim Hund zu Schluckbeschwerden, Gleichgewichtsstörungen, Lähmungen, Sehstörungen und Herzbeschwerden. An Hunde dürfen keine verdorbenen Lebensmittel verfüttert werden!

Rattengifte

Zwei Substanzen werden häufig als Rattengifte verwendet: Cumarin und Strychnin. Die Aufnahme von Rattengift durch ausgelegte Giftköder führt beim Hund zu zentralnervösen Störungen mit Krämpfen (Strychnin) sowie porzellanweißen Schleimhäuten, Erbrechen und **blutigen** Durchfällen (Cumarin).

Nikotin

Nikotin wird von Welpen und Junghunden beim Spielen mit Zigaretten, Tabak oder abgebrannten Zigarettenresten aufgenommen. Es wirkt auf das Atemzentrum und führt nach anfänglicher Erregung mit Speicheln und Erbrechen zum Atemstillstand.

Lösungsmittel

Lösungsmittel, die bei Wohnungsrenovierungen aus Farben und Klebstoffen ausströmen, führen durch Einatmen bei Hunden zu schweren Leberschäden. Sogar wochenlanges Lüften verringert die Gefahr der Vergiftung nur wenig, da sich die Tiere sehr nahe am Teppich aufhalten. Auch für den Menschen sind diese Stoffe nicht ganz ungefährlich. Ihre Anwendung sollte der Vergangenheit angehören. Verwenden Sie Ihrer eigenen und der Gesundheit Ihres Hundes zuliebe grundsätzlich nur lösungsmittelfreie Farben und Klebstoffe.

Zwiebel und Knoblauch

Bei Hunden führt die übermäßige Aufnahme von Zwiebeln oder Knoblauch zu schweren Anämien. Symptome wie Erbrechen, Durchfall, Gelbfärbung der Haut

Junghunde können sich durch Zigarettenreste mit Nikotin vergiften.

und der Schleimhäute (Gelbsucht) bis hin zum Tod treten zwar erst bei Aufnahme von mindestens 5 Zwiebeln pro kg Körpergewicht auf; Blutbildveränderungen entstehen jedoch schon durch kleinere Mengen. Hunde, deren Gesundheitszustand aus anderen Gründen bereits angegriffen ist, sind besonders gefährdet. Die so genannte »natürliche Entwurmung« durch Knoblauch oder Zwiebeln, die von einigen Hundebesitzern noch praktiziert wird, ist nicht nur wirkungslos sondern bei Hunden aus den genannten Gründen grundsätzlich abzulehnen.

Kakao

In Kakao ist die gefährliche Substanz Theobromin enthalten. Tödlich für Hunde ist die Menge von 100mg/kg Körpergewicht. 100 g Vollmilchschokolade enthält bis zu 230mg Theobromin, Zartbitterschokolade bis zu 1580 mg/100g Theobromin. Für kleine Hunderassen kann das zum Verhängnis werden. 4–12 Stunden nach der Aufnahme kommt es zum Durchfall, Erbrechen, zentralnervösen Störungen (Muskelzittern, Krämpfen, Lähmungen) bis hin zum Tod durch Herzversagen.

Arzneimittel

Viele Arzneimittel, die für den Menschen gut verträglich sind, können bei Hunden zu schwersten Gesundheitsschäden führen. Das ist ein Hauptargument gegen die Arzneimittelprüfung durch Tierversuche. Die Ergebnisse solcher Prüfungen lassen sich nur bedingt auf den Menschen übertragen, wodurch die Leiden der Versuchstiere sinnlos werden. Medikamente, die als »harmlos« gelten, wie z.B. Acetylsalicylsäure, besser bekannt unter dem Handelsnamen Aspirin oder auch Rheumamittel (Voltaren), können bei Hunden schwere Magenblutungen mit Todesfolge verursachen.

Geben Sie daher niemals Ihrem Vierbeiner ein Medikament aus Ihrer eigenen Hausapotheke ohne vorherige Rücksprache mit Ihrem Tierarzt.

Haushaltschemikalien

Hunde werden selten große Mengen Haushaltsreiniger verschlucken. Vor allem Junghunde zerbeißen jedoch beim Spielen gerne alles, was ihnen »unter die Schnauze« kommt. Schon geringe Mengen Laugen oder Säuren (z.B. ausgelaufen aus zerbissenen Plastikflaschen) können, wenn sie mit der Mundschleimhaut in Berührung kommen, zu schweren Verätzungen führen. Haushaltschemikalien, Düngemittel u.Ä. sind daher nicht nur vor Kindern, sondern auch vor Hunden unter sicherem Verschluss zu halten.

Flohpulver und Flohsprays

Flohpulver und Flohsprays dürfen niemals am Tier direkt angewandt werden. Hunde lecken die Insektizide ab und nehmen dadurch die giftigen Substanzen auf. Vor allem Welpen sind sehr empfindlich. Die vergifteten Tiere sind matt, lustlos und nehmen weder Nahrung noch Flüssigkeit auf. Das Zahnfleisch ist sehr blass. Manchmal, je nach Menge der Giftaufnahme, werden starker Speichelfluss, Durchfall, unkoordinierte Bewegungen und Krämpfe beobachtet. Die Leber der kleinen Hunde wird geschädigt. Verwenden Sie daher nur Präparate gegen Flöhe, die von den Hunden nicht abgeschluckt werden können (z.B. Frontline, siehe auch S. 57).

Was tun bei Vergiftungen?

❒ Wenn Sie sehen, dass der Hund z.B. Medikamente aus Ihrer Hausapotheke geschluckt hat, sollten Sie sofort zum Tierarzt fahren. Er wird mit einem schonenden Präparat Erbrechen auslösen und damit die gesundheitsschädlichen Wirkstoffe aus dem Magen entfernen. Das ist allerdings nur sinnvoll und wirksam, wenn seit der Giftaufnahme nicht mehr als 3 Stunden vergangen sind. Erreichen Sie innerhalb dieser Zeit keinen Tierarzt, können Sie den Hund selbst zum Erbrechen bringen: Lösen Sie 3 Teelöffel Speisesalz in 500 ml lauwarmem Wasser und geben Sie dem Patienten davon 3–4 Teelöffel direkt in den Mund. **Vorsicht:** Bei Verdacht auf eine Vergiftung mit Säuren oder Laugen darf Erbrechen **niemals** ausgelöst werden!

❒ Giftstoffe im Fell oder auf der Haut sollten gründlich mit viel Wasser abgespült werden, gegebenenfalls muss das verschmutzte Fell herausgeschnitten oder abgeschoren werden.

❒ Bei Verätzungen mit Säuren oder Laugen sollte die Mundhöhle unter fließendem Wasser ausgespült werden. Besteht Verdacht, dass der Hund die Substanzen auch geschluckt hat, flößen Sie ihm viel Wasser mit einer Plastikspritze (ohne Nadel) ein.

❒ Suchen Sie nach den Erste-Hilfe-Maßnahmen umgehend einen Tierarzt auf. Wenn möglich sollten Sie eine Giftprobe mitnehmen.

❒ Giftnotrufzentralen in ganz Deutschland sind Tag und Nacht dienstbereit. Sie geben telefonisch Auskunft über mögliche Sofortbehandlungen bei Vergiftungen, wenn die aufgenommene Substanz bekannt ist (siehe Adressen-Anhang).

HARNORGANE

Eingeschränkte Nierenfunktion

➤ Ursachen

Vor allem ältere Hunde leiden unter eingeschränkter Nierenfunktion. Die Filterorgane sind dabei nicht mehr in der Lage ihre vielfältigen Aufgaben zu erfüllen. Es ist nicht immer möglich, die Ursachen für die Nierenveränderungen herauszufinden. So können zum Beispiel im Laufe des Lebens durchgemachte Infektionen (meist sind es aufsteigende Entzündungen aus den harnableitenden Wegen wie Blase und Harnröhre) oder Vergiftungen dafür verantwortlich sein. Die auslösenden Erreger oder Gifte sind bei der viel späteren Entdeckung des Nierenschadens meist längst aus dem Körper verschwunden. Auch Durchblutungsstörungen auf Grund einer Herzminderleistung, Rückstau von Urin auf Grund Verschluss der harnabführenden Wege mit Blasensteinen sowie Verletzungen (z.B. Schläge, Fußtritte, Autounfall) können die Nieren dauerhaft schädigen. Beim Schock (akutes Kreislaufversagen) z.B. bei einem Unfall wird die Blutversorgung der peripheren Organe zugunsten des zentralen Organs (Gehirn) kurzfristig abgekoppelt, um das Überleben zu sichern. Je nach dem wie lange ein Schock andauert, können durch die zeitweise gedrosselte Blutversorgung Dauerschäden an den abgekoppelten Organen entstehen und die Funktion einschränken.

➤ Ansteckung

Chronisches Nierenversagen ist nicht ansteckend.

➤ Verlauf

Wenn die Nieren nicht richtig »arbeiten«, werden Stoffwechselschlacken, vor allem aus dem Eiweißstoffwechsel (Harnstoff), und andere für den Organismus schädliche Substanzen nicht ausreichend aus dem Blut entfernt und verursachen Schäden an den verschiedensten Organen. Die kranken Nieren können bei ihrer Filtertätigkeit das Wasser aus dem Blut nur noch ungenügend festhalten und in die Blutbahn zurückführen. Dadurch gehen dem Organismus ständig große Mengen an Wasser, Salz, wasserlöslichen Vitaminen und Kalzium verloren.

Zunächst können die Nieren einen teilweisen Funktionsausfall durch vermehrte Arbeit des intakten Gewebes ausgleichen. Viele Hunde, die an einem chronischen Nierenversagen erkrankt sind, zeigen daher anfangs keinerlei Symptome. Erst wenn etwa $2/3$ des Nierengewebes verloren sind, treten die ersten Krankheitszeichen auf: Die betroffenen Tiere sind schlapp und lustlos, beim Spielen werden sie schnell müde, sie haben wenig Appetit und das Fell ist stumpf und glanzlos. Typisch für eine Nierenerkrankung ist der vermehrte Durst. **Trinkt ein Hund auffallend viel, liegt meist eine Gesundheitsstörung vor.** Gleichzeitig wird vermehrt Urin abgesetzt. Weitere Symptome für eine Nierenfunktionsstörung sind Erbrechen, Appetitlosigkeit und die Unfähigkeit zu schlucken. Viele Hundebesitzer vermuten daher zunächst eine Zahnerkrankung bei ihrem Tier. Ursache der Schluckbeschwerden ist jedoch eine »Vergiftung« des Gehirns mit

Trinkt ein Hund viel, besteht der Verdacht auf eine Gesundheitsstörung.

Harnstoff, der Stoffwechselschlacke aus der Eiweißverdauung. Die Unfähigkeit zu schlucken ist damit eine zentralnervöse Störung als Folge des Nierenversagens.

Vielfach beobachtet man auch Zahnfleischentzündungen bei Nierenerkrankungen. Wenn gleichzeitig Zahnstein vorhanden ist oder einige Zähne sanierungspflichtig sind, wird dies häufig irrtümlich als Ursache der Entzündung vermutet.

Vorsicht: Wird ein nierenkranker Hund zur Zahn- und Zahnfleischbehandlung in Narkose gelegt, kann sich das bis dahin chronische zu einem galoppierenden Nierenversagen wandeln, wobei der Tod meist innerhalb weniger Tage bis Wochen nach der Narkose eintritt. Bei Hunden über 6 Jahren und bei Tieren, die viel trinken, sollte daher grundsätzlich vor jeder Narkose eine Nierenfunktionskontrolle durch eine Blutuntersuchung durchgeführt werden.

Im fortgeschrittenen Stadium einer Nierenerkrankung trocknen die betroffenen Hunde regelrecht aus. Sie scheiden mehr Urin aus, als sie durch Trinken ersetzen können. Die zunehmende Austrocknung kann man oft am Hautturgor (Hautelastizität) erkennen. Dazu zieht man eine Hautfalte am Rücken vom Körper leicht weg. Wenn Sie die Haut wieder loslassen, muss die Falte innerhalb 1–2 Sekunden verschwinden. Bleibt sie länger bestehen oder verstreicht sie gar nicht, ist der Patient stark ausgetrocknet. Der Patient muss sofort zum Tierarzt.

Die nierenkranken Hunde haben im fortgeschrittenen Stadium der Erkrankung eine unangenehme Ausdünstung. Es ist ein typischer, leicht süßlich-herber Geruch, der in der medizinischen Fachsprachen als »urämisch« bezeichnet wird. Der starke Flüssigkeitsverlust beeinträchtigt den Kreislauf. Es besteht die Gefahr des Kreislaufversagens.

Neben der Filterfunktion ist die Niere auch eine Bildungsstätte für ein Hormon (Erythropoetin), das die Bildung von roten Blutkörperchen im Knochenmark anregt. Ist die Niere erkrankt und wird weniger Erythropoetin produziert, entsteht eine mehr oder weniger stark ausgeprägte Anämie (Blutarmut). Stark anämische Hunde haben blasse bis schneeweiße Schleimhäute.

> ### Tierärztliche Behandlung

Der Tierarzt wird, nachdem er die Diagnose gestellt hat, zunächst den Flüssigkeits- und Elektrolytverlust durch Infusionen ausgleichen. Im fortgeschrittenen Stadium können solche Infusionen in immer kürzeren Abständen notwendig werden.

Neben den Infusionen werden Vitamine und Mineralstoffe sowie Nierenschutzpräparate verabreicht. Bei bestehender Infektion kann auch der Einsatz von Antibiotika erforderlich sein. Erythropoetin, das Hormon der Niere, das die Bildung von roten Blutkörperchen anregt, kann in Spritzenform substituiert (ersetzt) werden. Die Injektionen müssen ein- bis zweimal in der Woche verabreicht werden und sind recht teuer.

> ### Häusliche Behandlung

Wenn Ihr Hund an einer Nierenfunktionsstörung leidet, sollten Sie folgende Punkte beachten: Dem Tier muss frisches Wasser immer und in ausreichender Menge zur Verfügung stehen. Der starke Flüssigkeitsverlust durch vermehrten Urinabsatz muss ständig durch Trinken ausgeglichen werden. Es ist völlig falsch und sehr gefährlich, den häufigen Urinabsatz durch Wasserentzug »regulieren« zu wollen. Durch Austrocknung entstehen dann lebensbedrohliche Kreislaufsituationen.

Damit weniger giftige Stoffwechselschlacken (vor allem Harnstoff) entstehen, sollte die Nahrung des nierenkranken Hundes eiweißreduziert sein. Die Diät sollte weniger, dafür aber hochwertiges Eiweiß in Form von Milchprodukten (Jogurt, Quark), Geflügelfleisch, magerem Rindfleisch (ohne Flechsen) oder auch mal aus Ei (Rührei, Spiegelei, gekochtes Ei) bestehen. Innereien sollten nicht verfüttert werden. Sie enthalten viel Phosphat. Nierenkranke Hunde verlieren jedoch viel Kalzium, sodass beim Verfüttern von Innereien das Kalzium/Phosphor-Verhältnis noch

HARNORGANE

mehr aus dem Gleichgewicht gerät.

Die Ration eines nierenkranken Hundes sollte zu max. $1/3$ aus Eiweißträgern (Fleisch, Milchprodukte, Ei) und $2/3$ aus leicht verdaulichen Kohlenhydraten (gekochtes Gemüse, Kartoffel, Reis etc.) bestehen. Beim Tierarzt gibt es auch spezielle Dosendiät für nierenkranke Hunde, die Sie als Alternative zum Frischfutter z.B. im Urlaub verfüttern können. Der nierenkranke Hund verliert über den Urin Kochsalz. Geben ihm daher täglich 1 Messerspitze Kochsalz pro 10 kg Körpergewicht ins Futter.

Wasserlösliche Vitamine, vor allem Vitamin C und die Vitamine der B-Gruppe sowie Kalzium werden ebenfalls vermehrt ausgeschieden und müssen ersetzt werden.

1 Messerspitze Vitamin-C-Pulver pro 10 kg Körpergewicht sowie Vitamin B und Kalzium Präparate in Tabletten und Pulverform (die Dosierung nach Anweisung des Tierarztes) sollten dem Patienten täglich gegeben werden.

Stresssituationen können die Nierendurchblutung herabsetzen und den Krankheitsverlauf beschleunigen. Vermeiden Sie daher jeglichen unnötigen Stress bei Ihrem Hund.

Nässe, Kälte und körperliche Überlastung sind ebenfalls zu vermeiden. Kurzhaarige Hunde sollten im Winter einen Kälteschutz tragen. Schwimmen in kalten Flüssen oder Seen sowie anstrengende Bergtouren sollten Sie dem kranken Hund nicht zumuten.

➤ Vorbeugung

Die schleichende Verschlimmerung eines Nierenleidens erfordert eine rechtzeitige Behandlung, um das Leben des Patienten noch lange lebenswert zu erhalten. Die Therapie sollte am besten schon beginnen, bevor die ersten Symptome auftreten. Dies ist möglich, wenn der Hundebesitzer bei seinem vierbeinigen Freund einmal im Jahr eine umfassende Gesundheitskontrolle durchführen lässt. Durch die Bestimmung der Nierenwerte im Blut sowie des spezifischen Gewichtes des Urins kann der Tierarzt eine Schädigung der Filterorgane frühzeitig erkennen und behandeln.

Naturheilkunde

Lespedeza capita ist eine Heilpflanze aus Nordamerika mit harnstoffsenkender Eigenschaft. Ein Fertigextrakt aus dieser Heilpflanze wird bei eingeschränkter Nierenfunktion auch beim Hund mit Erfolg zur Entfernung der giftigen Stoffwechselschlacke aus dem Blut eingesetzt. 20–30 Tropfen pro 10 kg Körpergewicht pro Tag werden dem Hund direkt in die Mundhöhle eingegeben. Die Tropfen enthalten Alkohol und sollten daher mit Wasser verdünnt werden.

Gefahr für den Menschen

– Keine –

Blasenentzündung

➤ Ursachen

Eine Blasenentzündung (Zystitis) beim Hund wird hauptsächlich durch bakterielle Infektionen und durch Harnsteine hervorgerufen.

➤ Ansteckung

Eine Zystitis wird in der Regel nicht von Hund zu Hund übertragen. Wird die Blasenschleimhaut durch reizende Faktoren (Blasensteine, Kälte) vorgeschädigt, so vermehren sich gerne ubiquitäre Bakterien (Bakterien, die in der Umwelt immer vorhanden sind) auf dem geschädigten Gewebe und verschlimmern das Krankheitsbild.

➤ Verlauf

Die erkrankten Tiere setzen häufiger Urin in kleinen Mengen ab. Sie sind unruhig und wollen immer wieder nach draußen. Manche Hunde, vor allem jüngere, werden unsauber und urinieren in die Wohnung.

➤ Tierärztliche Behandlung

Bei bakteriellen Infektionen verabreicht der Tierarzt Antibiotika. Er kann sie dem Patienten spritzen oder als Tabletten verordnen. Wie sie auch gegeben werden, eine Antibiotikum-Therapie muss immer, auch bei Besserung oder Verschwinden der Symptome, mindestens 6–7 Tage erfolgen. Nur so kann man sicher sein, dass alle krankmachenden Bakte-

Das Sitzen auf kaltem Untergrund kann Blasenentzündungen auslösen.

rien abgetötet werden. Wird die Behandlung zu früh abgebrochen, bleiben einige Keime am Leben und können eine Resistenz (Unempfindlichkeit) gegenüber dem angewandten Antibiotikum entwickeln. Gleichzeitig vermehren sie sich wieder rapide.
Alle Nachkommen resistenter Bakterien können nun nicht mehr mit dem Antibiotikum behandelt werden. Es kommt zu gefährlichen, schwer behandelbaren Rückfällen der Krankheit. Brechen Sie daher niemals eine vom Tierarzt angeordnete Antibiotikum-Therapie aus falscher Rücksicht auf das Tier vorzeitig ab. Antibiotika müssen immer in hoher Dosierung ausreichend lange gegeben werden.
Spricht das angewandte Antibiotikum nicht an, liegt wahrscheinlich schon eine Resistenz des Erregers gegen das Medikament vor. Der Tierarzt wird nun eine bakteriologische Untersuchung des Urins veranlassen. Dabei werden die krankmachenden Bakterien im Urin identifiziert und anhand eines Antibiogramms getestet, welches Antibiotikum noch wirksam ist.
Bakteriell ausgelöste Blasenentzündungen sollten immer mit Antibiotika behandelt werden. Nieren- und Blasentees helfen zwar häufig, die Symptome zu lindern, zur vollständigen Eliminierung krankmachender Keime reicht ihre Wirkung jedoch meist nicht aus. Die Gefahr einer aufsteigenden Infektion zu den Nieren ist zu groß, um ein Risiko einzugehen.
Sind Blasensteine die Ursache der Blasenentzündung, muss eine spezielle Therapie eingeleitet werden (siehe S. 109).

▸ Häusliche Behandlung

Hunde mit Zystitis müssen warmgehalten werden. Wenn sich der Hund es gefallen lässt, unterstützt Rotlichtbestrahlung (1–2-mal täglich) auf den Bauch oder ein Wärmekissen den Heilungsprozess.
Es ist keine böse Absicht, wenn ein blasenkranker Hund einmal in die Wohnung macht. Eine Bestrafung, die er nicht verstehen würde, wäre deshalb völlig sinnlos.

▸ Vorbeugung

Im Winter sollten kurzhaarige Hunde einen Kälteschutz tragen. Schwimmen in Seen und Flüssen ist während der kalten Jahreszeit grundsätzlich verboten. Die Aufforderung »Sitz« z. B. vor einer Straßenüberquerung als Erziehungsmaßnahme sollte an kalten, nassen Tagen unterbleiben. Die unmittelbare Kälteeinwirkung beim Sitzen auf kaltem Asphalt fördert Blasenentzündungen.

Naturheilkunde

Bei Hunden, die an Blasenentzündungen akut erkrankt sind oder zu Zystitis neigen, hat sich **Zinnkraut** *(Equisetum arvense)* bewährt. 50 ml pro 10 kg Körpergewicht abgekühlten Zinnkrautabsud unter jedes Futter gemischt, wird von den meisten Hunden ohne Probleme angenommen. Zinnkraut soll über längere Zeit (mehrere Monate) gegeben werden. Es stabilisiert die Abwehrkräfte der Harnorgane gegen Infektionen. Bei akuten Entzündungen wirkt es beruhigend und schmerzlindernd auf die Blasenschleimhaut. Das Zinnkraut wird 20 Minuten gekocht, abgeseiht und abgekühlt dem Patienten verabreicht.

Gefahr für den Menschen

– Keine –

Blasensteine

> Ursachen

Die Ursache von **Urolithiasis** (Steinbildung im Bereich der harnabführenden Organe) ist bis heute noch nicht eindeutig geklärt. Es handelt sich um eine Stoffwechselstörung, wobei Substanzen (Kristalle), die normalerweise mit dem Urin problemlos ausgeschieden werden, sich zu Steinen zusammenballen. Verschiedene Theorien werden diskutiert: So vermutet man zum einen, bestimmte Bakterien als Kristallisationskern, worum sich das Steinmaterial sammelt. Eine andere Theorie erklärt die spontane Entstehung durch Übersättigung des Urins mit Kristallen aus dem Stoffwechsel ohne Beteiligung von Bakterien. Warum es aber zu einer übermäßigen Konzentration der Kristalle im Urin kommt, ist noch unklar. Beim Dalmatiner weiß man es genau. Hier handelt es sich um einen genetischen Defekt. Während bei anderen Hunderassen die Harnsäure (Abfallprodukt aus dem Eiweißstoffwechsel) vor dem Ausscheiden weiter abgebaut wird, fehlt dieser Stoffwechselschritt bei einigen Dalmatinern. Die schwer lösliche Harnsäure gelangt unverändert in den Urin und kann dort, je nach Konzentration, zu Uratsteinen führen.

Beim Hund gibt es Steine verschiedenster Zusammensetzung:
Struvitsteine, auch Tripelphosphat genannt, weil sie aus 3 Komponenten zusammengesetzt sind, bestehen aus Magnesium, Ammonium und Phosphat. Es sind die häufigsten Harnkonkremente beim Hund. Sie lösen sich im sauren Milieu auf.

Kalziumoxalatsteine bestehen aus Kalzium und Oxalat.
Zystinsteine findet man hauptsächlich beim Dackel.
Uratsteine werden fast nur beim Dalmatiner gefunden.

> Ansteckung

Blasensteine werden nicht von einem Hund auf den anderen übertragen.

> Verlauf

Durch die Reizung der oft kantigen Blasensteine entstehen immer wieder auftretende Entzündungen der Blasen- und Harnröhrenschleimhaut. Die Patienten sind unruhig und setzen häufig Urin in kleinen Mengen ab. Der Urin ist oft blutig. Die Tiere haben offensichtlich Schmerzen im Unterbauch. Im Bereich der Blase besteht Druckempfindlichkeit. Bei großen Steinen besteht die Gefahr, dass durch sie die Harnröhre verschlossen wird. Der Urin kann dann nicht mehr abfließen. Es kommt zum Rückstau in die Nieren. Innerhalb weniger Stunden kann dies zu irreversiblen (nicht

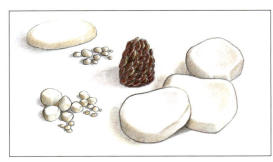

Es gibt unterschiedliche Blasensteine, die sich in ihrer chemischen Zusammensetzung unterscheiden.

HARNORGANE

wieder gut zu machenden) Schäden an den Filterorganen bis hin zum absoluten Nierenversagen führen.

Der Verschluss der Harnröhre mit Blasensteinen ist eine Notfallsituation und muss umgehend tierärztlich behandelt werden.

➤ Tierärztliche Behandlung

Die Therapie bei Blasensteinen ist, je nach Zusammensetzung der Konkremente, verschieden. Stuvitsteine lösen sich im sauren Milieu auf. Daher wird (vorausgesetzt es besteht kein lebensbedrohlicher Verschluss) zunächst durch Medikamente der Urin angesäuert. In vielen Fällen führt dies zum Erfolg. Bei Kalziumoxalat, Zystin und Uratsteinen verschlimmert das Ansäuern des Urins das Krankheitsbild. Sie müssen immer chirurgisch entfernt werden. Nach der Operation muss bei diesen Steinen der Urin alkalisiert (basisch gemacht) werden, um ihre Neubildung zu verhindern. Es besteht also ein grundsätzlicher Unterschied bei der Behandlung der einzelnen Blasensteinarten. Daher ist es wichtig, vor jeder Therapie zunächst festzustellen, um welche Art von Konkrementen es sich handelt. Bei Laboruntersuchungen findet man bei den betroffenen Hunden häufig im Urin mikroskopisch kleine Kristallteile, die auf ihre Zusammensetzung analysiert werden können. Ist dies nicht möglich, werden die

Steine nach der operativen Entfernung untersucht. Röntgenaufnahmen geben Aufschluss über die Größe der Blasensteine. Je größer der Stein, desto größer die Gefahr eines Harnröhrenverschlusses.

Je nach Art der Blasensteine verordnet der Tierarzt Medikamente, die auch nach einer Operation lebenslang eingenommen werden müssen, um die Neubildung von Steinen zu verhindern. Zusätzlich ist die Einhaltung einer speziellen, für jeden Steintyp unterschiedlichen Diät erforderlich.

➤ Häusliche Behandlung

Steinkranke Tiere müssen immer genügend Wasser zur Verfügung haben. Trinkt der Hund viel, können Stoffwechselendprodukte, die für die Harnsteinbildung verantwortlich sind, schneller und besser aus dem Körper ausgeschwemmt werden. Neben der Gabe der vom Tierarzt verordneten Medikamente müssen spezi-

elle Diätvorschriften eingehalten werden:

Struvitsteine
Die Diät für Hunde, die zu Stuvitsteinen neigen, sollte **magnesiumarm** sein:
gekochtes Muskelfleisch (die Brühe wegen ihres hohen Magnesiumgehaltes verwerfen), Quark, gekochter Reis, Ei. Der Urin muss durch Medikamente angesäuert werden.

Kalziumoxalatsteine
Die Diät sollte **oxalat- und kalziumarm** sein. Zu vermeiden sind daher Milchprodukte, Gemüse, Vitamin C und Kochsalz. Der Urin muss durch Medikamente alkalisiert (basisch gemacht) werden.

Zystinsteine und Uratsteine
Da Zystin und Urat Stoffwechselendprodukte aus dem Eiweißstoffwechsel sind, sollte die Diät **eiweißarm** sein. Füttern Sie weniger Fleisch (nur $1/3$ der Ration),

---

Naturheilkunde

Es gibt keine spezielle Therapie aus der Naturheilkunde gegen die verschiedenen Blasensteine. Durch **Zinnkrautabsud** (50 ml pro 10 kg Körpergewicht) in jedem Futter werden die harnabführenden Wege gestärkt und zusätzlich Flüssigkeit zugeführt. Die empfindliche Schleimhaut von Blase und Harnröhre erhält mehr Widerstandskraft gegen die scharfkantigen Kristalle. Durch die vermehrte Flüssigkeit werden Kristalle besser ausgeschwemmt. **Vorsicht:** Bei Hunden mit Kalzi-

umoxalatsteinen sollte Zinnkraut wegen seines Gehaltes an Oxalsäure nicht verwendet werden. Als Alternative kann bei diesen Hunden ein Aufguss aus **Wacholderbeeren** *(Juniperus communis)* verabreicht werden. 10 g Wacholderbeeren werden mit 500 Liter kochendem Wasser überschüttet 10 Minuten ziehen gelassen und abgeseiht. Diese Flüssigkeitsmenge kann einem Hund bis 10 kg über den Tag verteilt unter das Futter gemischt werden.

HARNORGANE

dafür jedoch hochwertigeres Eiweiß: Fisch, Milchprodukte, Geflügelfleisch. Zusätzlich kann gekochtes Gemüse verfüttert werden. Der Urin muss durch Medikamente alkalisiert werden. Es darf kein Vitamin C gegeben werden.

➤ Vorbeugung

Da möglicherweise Bakterien Auslöser für die Bildung von Blasensteinen sind, sollte jede, auch noch so geringfügige Blasenentzündung unverzüglich tierärztlich behandelt werden. Hunde dürfen nie dürsten. Bei längeren Spaziergängen sollten Sie immer etwas Wasser mitnehmen und dem Hund von Zeit zu Zeit anbieten. Trockenfutter konzentriert den Urin und sollte, wenn überhaupt, nur mit Wasser oder Brühe aufgeweicht, verfüttert werden.

Gefahr für den Menschen

– Keine –

Harninkontinenz

➤ Ursachen

Unter Inkontinenz versteht man einen unwillkürlichen Harnabgang, der hauptsächlich bei kastrierten Hündinnen vorkommt. In diesen Fällen handelt es sich wahrscheinlich um eine hormonbedingte Funktionsstörung. Auffallend ist, dass vor allem Hunde großer Rassen sowie Tiere mit kurz kupierten Schwänzen und Hündinnen, denen bei der

Kastration die Gebärmutter mit entfernt wurde, davon betroffen sind. Eine Inkontinenz kann jedoch auch bei Erkrankungen des Rückenmarks (z.B. nach Verletzungen), des Gehirns oder des Blasenschließmuskels auftreten. Auch Bindegewebsschwäche mit Vorfall der Harnblase kann dafür verantwortlich sein. Im Zusammenhang mit einer schweren Blasenentzündung kann Harninkontinenz ein vorübergehendes Symptom sein.

➤ Ansteckung

Die Harninkontinenz ist nicht ansteckend.

➤ Verlauf

Das Tier ist nicht in der Lage den Harnabsatz zu kontrollieren. Es verliert tropfenweise Urin, besonders im Liegen und während des Schlafens.

➤ Tierärztliche Behandlung

Der Tierarzt wird durch eine Urinuntersuchung klären, ob eine Blasenentzündung vorliegt. Wenn eine Infektion mit krankmachenden Keimen besteht, werden Antibiotika eingesetzt. Liegt keine Blasenentzündung vor, hilft in den meisten Fällen eine Behandlung mit weiblichen Hormonen. Die Hunde erhalten zunächst als Einstiegstherapie 3 Hormoninjektionen. Bei guter Wirkung wird die Behandlung mit Tropfen oder Tabletten weitergeführt. Besteht die Harninkontinenz aufgrund Schließmuskel- oder Bin-

degewebsschwäche, führt häufig ein Medikament zum Erfolg, das auch bei Erkrankungen der Atemwege eingesetzt wird.

➤ Häusliche Behandlung

Inkontinente Hunde verlieren Urin nicht mit böser Absicht. Meist haben ältere Hunde, die ihr ganzes Leben lang niemals unsauber waren, ein schlechtes Gewissen, wenn sie den Urin auf dem Boden bemerken. Auch wenn die Verschmutzung der Wohnung für den Besitzer sicherlich unangenehm ist, wäre eine Bestrafung des Tieres nicht nur sinnlos, sondern auch seelisch grausam.

➤ Vorbeugung

Das Kupieren von Schwänzen sollte schon aus ethischen Gründen grundsätzlich unterlassen werden. Es empfiehlt sich Hündinnen frühzeitig zu kastrieren (siehe S. 26). Bei jungen Tieren ist die Gebärmutter in der Regel gesund und muss bei der Kastration nicht mit entfernt werden. Damit ist das Risiko für die Entstehung von Harninkontinenz nach der Kastration geringer.

Naturheilkunde

Es sind keine Präparate aus der Naturheilkunde gegen Harninkontinenz bei der Hündin bekannt.

Gefahr für den Menschen

– Keine –

FORTPFLANZUNGSORGANE

Scheinträchtigkeit

➤ Ursachen

Die Scheinträchtigkeit bei der Hündin ist keine Erkrankung. Es ist ein natürlicher Vorgang, der ursprünglich bei einem Wolfsrudel dazu diente, andere Welpen aufzuziehen. In einem Wolfrudel gebärt in der Regel nur die Alpha-Wölfin. Die anderen weiblichen Wölfe im Rudel säugen und betreuen die Welpen der Anführerin mit. Normalerweise wird die Hündin 4–6 Wochen nach der Läufigkeit mehr oder weniger auffällig scheinträchtig. Nach 10–15 Tagen vergeht dieser Zustand von selbst. Erst wenn die Scheinträchtigkeit länger als 3 Wochen anhält oder Entzündungen am Gesäuge auftreten, kann man von einem krankhaften Prozess sprechen. Hündinnen, die zur Verhinderung der Läufigkeit mit Hormonen behandelt wurden, können unabhängig von einer Läufigkeit zu jeder Zeit scheinträchtig werden.

➤ Ansteckung

Die Scheinträchtigkeit bei der Hündin ist nicht ansteckend.

➤ Verlauf

Das Verhalten der Hündin ist während der Scheinträchtigkeit verändert. Sie hat oft eine Abneigung das Haus zu verlassen, baut ein »Nest«, bemuttert imaginäre Welpen (z. B. Spielzeug) und verteidigt sie gegenüber dem Besitzer. Meist besteht Appetitlosigkeit ohne beängstigenden Gewichtsverlust. In vielen Fällen produziert das Gesäuge der Hündin Milch.

➤ Tierärztliche Behandlung

Bei einer Mastitis (Entzündung des Gesäuges) wird der Tierarzt Antibiotika injizieren. Bei ungewöhnlich langer Scheinträchtigkeit helfen Medikamente, welche das Hormon Prolaktin hemmen. Dieses Hormon, das im Gehirn gebildet wird, ist für die Entstehung der Scheinträchtigkeit verantwortlich. Eine Scheinträchtigkeit, die nicht länger als 2 Wochen anhält, muss nicht behandelt werden.

➤ Häusliche Behandlung

Der Besitzer kann die Symptome der Scheinträchtigkeit abmildern, indem er den Hund von seiner angeblichen »Pflicht der Welpenbetreuung« ablenkt. Viel Spazieren gehen und Entfernen des welpensimulierenden Spielzeugs hilft in vielen Fällen die Zeit der Scheinträchtigkeit abzukürzen. Das Gesäuge sollte täglich kontrolliert werden. Entstehen Schwellungen und Rötungen, empfiehlt es sich einen Tierarzt

Scheinträchtige Hündin »bemuttert« Stofftiere.

FORTPFLANZUNGSORGANE

Rötungen und Schwellungen eines oder mehrerer Gesäugekomplexe treten bei einer Mastitis auf.

aufzusuchen. Er entscheidet, ob eine antibiotikumpflichtige Gesäugeentzündung vorliegt. Meist genügen bei Schwellungen der Milchdrüsen Umschläge mit kaltem Wasser, um eventuelle Beschwerden zu lindern.

Naturheilkunde

Durch seine leicht ausschwemmende Wirkung hat die Anwendung von **Zinnkraut** *(Equisetum arvense)*, in der Botanik Ackerschachtelhalm genannt, auch bei Scheinträchtigkeit ihre Berechtigung. 2 Tassen Zinnkrauttee pro 10 kg Körpergewicht wird der Hündin abgekühlt über den Tag verteilt dem Futter zugesetzt. Schwellungen des Gesäuges gehen dadurch merklich zurück. Die Blätter von **Kohl** *(Brassica oleracea)* auf das angeschwollene Gesäuge der Hündin gelegt, vermindern die Spannung und lindern dadurch eventuelle Beschwerden.

Gefahr für den Menschen

– Keine –

▶ Vorbeugung

Die frühzeitige Kastration der Hündin (vor der ersten Läufigkeit) verhindert das Entstehen einer Scheinträchtigkeit. Hormone zur Verhinderung einer Läufigkeit sollten grundsätzlich nicht angewandt werden.

Gesäugetumoren

▶ Ursachen

Könnte man die Frage beantworten, wodurch Gesäugekrebs entsteht, hätte man sicherlich den Nobelpreis verdient. Eine einzige Ursache scheint Krebs nicht auszulösen. Die Krankheit ist ein multifaktorielles Geschehen, d.h. viele Einflüsse müssen zusammenkommen, bis Körperzellen entarten und sich als Krebszellen vermehren. Eine genetische Prädisposition (Veranlagung) ist für einige Hunderassen bewiesen. Zu ihnen gehören v.a. Boxer, Schäferhunde, Pudel und Dackel. Bei Hündinnen dieser Rassen treten gehäuft Tumoren im Gesäu-

ge auf. Auch hormonelle Faktoren können Gesäugekrebs auslösen. Hündinnen, die nicht kastriert werden, erkranken zu einem hohem Prozentsatz an Tumoren der Milchdrüsen. Bei Hündinnen, die nach der ersten Läufigkeit kastriert werden, ist der Prozentsatz der Erkrankungen deutlich geringer. Noch seltener tritt Gesäugekrebs bei solchen Hunden auf, die **vor der ersten Läufigkeit** kastriert werden. Die hormonelle Unterdrückung der Läufigkeit durch Injektionen oder Tabletten kann Gesäugekrebs auslösen.

▶ Ansteckung

Gesäugetumoren sind nicht ansteckend.

▶ Verlauf

Gesäugekrebs zeigt sich im Anfangsstadium als ein oder mehrere kleine Knoten in den Milchdrüsenkomplexen. Diese Knoten wachsen, können sich entzünden und aufbrechen. Dabei entstehen große, eitrige, nicht mehr heilende Wunden. Ob ein Tumor gut- oder bösartig ist, kann nur durch eine histologische (feingewebliche) Untersuchung geklärt werden. Bösartige Tumoren metastasieren (streuen) recht schnell in andere Organe, vorwiegend in die Lunge.

▶ Tierärztliche Behandlung

Solange die Tumoren des Gesäuges klein sind, verursachen sie keine Beschwerden. Sobald auch nur der kleinste Knoten entdeckt wird, sollte jedoch so schnell wie möglich operiert werden.

Wird der Gesäugekrebs im Frühstadium entdeckt und operiert (sofern es der Allgemeinzustand des Hundes zulässt), besteht eine große Chance auf völlige Heilung. Wird der Tumor erst im fortgeschrittenen Stadium entdeckt, sollte vor der Operation eine Röntgenaufnahme angefertigt werden. Bei bereits bestehenden Metastasen (Tochtergeschwulsten) in der Lunge ist eine Operation nicht mehr sinnvoll. Ist die Lunge jedoch tumorfrei, haben auch Hunde mit fortgeschrittenen Gesäugetumoren eine reelle Chance auf Gesundung. Betroffene unkastrierte Hündinnen sollten unbedingt (am besten zusammen mit der Tumoroperation) kastriert werden, um einem Wiederauftreten des Tumors (Rezidiv) vorzubeugen.

Nach einer Tumoroperation empfiehlt es sich die körpereigene Abwehr des Tieres medikamentös zu stärken. Dazu stehen dem Tierarzt viele Möglichkeiten zur Verfügung: Eigenblutbehandlungen, Paramunisierung (medikamentelle Stärkung der unspezifischen Abwehr) oder Enzymbehandlung. Welche Nachbehandlung für den Patienten geeignet ist, kann der Tierarzt nur im Einzelfall entscheiden.

➤ Häusliche Behandlung

Viele Wissenschaftler vermuten, dass eine psychische Komponente an der Entstehung von Krebs

beteiligt ist. Durch Stress (und das ist auch dauerhaftes Unglücklichsein) wird das Immunsystem negativ beeinflusst. Die körpereigenen Abwehrkräfte, speziell die natürlichen Krebskillerzellen (NK) sinken. Diese Killerzellen haben die Aufgabe einzelne im Körper auftretende entartete Zellen zu eliminieren. Sinkt die Zahl der natürlichen Killerzellen, besteht die Gefahr einer Geschwulstbildung.

Und hier beginnt die häusliche Behandlung. Achten Sie darauf, dass Ihr vierbeiniger Freund nicht dauerhaft einer für ihn unerträglichen und unausweichlichen Situation ausgesetzt ist. Beispiele für psychisch belastende und damit das Immunsystem schwächende Situationen sind:

1. Viele Stunden allein sein (bei berufstätigen Besitzern)
2. Langweile und Vereinsamung durch zuwenig Auslauf und Zuwendung

3. Erzwungenes Zusammenleben mit einem dominanten Artgenossen ohne Ausweichmöglichkeiten
4. Ständige Überforderung durch sinnlose Ausbildungen (Hundetrainingsplatz) oder dem Charakter des Hundes nicht entsprechende Aufgaben (ängstlicher Hund als Wachhund).

Es gibt sicherlich noch viele andere Beispiele für Situationen, in denen ein Hund unglücklich ist. Ein wirklicher Hundefreund wird nach Möglichkeit versuchen, seinem Tier ein glückliches und hundegerechtes Leben zu ermöglichen.

➤ Vorbeugung

Wie beim Menschen hat sich auch bei der Hündin die regelmäßige Krebsvorsorgeuntersuchung bewährt. Dabei wird das Gesäuge gründlich abgetastet. Der Besitzer eines Hundes kann dies beim »Bauchkraulen« immer

---

Naturheilkunde

Präparate aus der Naturheilkunde sind keine Alternative zur Operation. Nach einer erfolgreichen Entfernung der Geschwulst allerdings erfüllen sie ausgezeichnete Dienste bei der Stärkung des Immunsys-tems.

Roter Sonnenhut *(Echinacea purpurea)* ist als Fertigpräparat in Tropfenform erhältlich. 1 Tropfen pro kg Körpergewicht pro Tag sollten dem operierten Hund mehrere Wochen und Monate gegeben werden.

Die **Mistel** *(Viscum album)*, gut bekannt als Dekorationspflanze zu

Weihnachten, ist eine hervorragende Heilpflanze gegen Krebs. Sie wird auch in der Humanmedizin bei den unterschiedlichsten Geschwulstarten verwendet. Neben ihrer zytostatischen (krebszellenabtötenden) Eigenschaft stärkt sie gleichzeitig das Immunsystem und fördert die Bildung von natürlichen Killerzellen gegen Krebs.

Mistelpräparate gibt es als Injektionslösungen. Fragen Sie Ihren Tierarzt nach dieser pflanzlichen Therapiemöglichkeit.

FORTPFLANZUNGSORGANE

wieder, mindestens jedoch einmal im Monat durchführen. Einmal jährlich (beim Impftermin) sollte das Gesäuge vom Tierarzt kontrolliert werden. Schon kleinste Knötchen können so entdeckt und frühzeitig operiert werden. Alle Hündinnen, mit denen nicht gezüchtet wird, vor allem die weiblichen Tiere der gefährdeten Rassen (Schäferhund, Boxer, Pudel, Dackel), sollten vor der ersten Läufigkeit kastriert werden. Hormonbehandlungen zur Unterdrückung der Läufigkeit oder zur Verhinderung einer Trächtigkeit nach einem ungewollten Deckakt können Gesäugekrebs auslösen und sollten nach Möglichkeit unterbleiben.

Gefahr für den Menschen

– Keine –

Gebärmuttervereiterung

➤ Ursachen

Die medizinische Bezeichnung für Gebärmuttervereiterung ist **Pyometra.** Eine Pyometra entsteht häufig bei Hündinnen ab dem 6. Lebensjahr, aber auch jüngere Tiere können betroffen sein. Die Vagina (Scheide) des weiblichen Tieres ist nicht steril. Auf den Schleimhäuten der Vagina befinden sich Bakterien, die normalerweise von einem intakten Immunsystem unter Kontrolle

gehalten werden. Sind die körpereigenen Abwehrkräfte jedoch geschwächt (z. B. bei älteren Hündinnen, bei sonstigen Erkrankungen oder Stress) oder bei hormonellen Veränderungen (Läufigkeit, Einsatz von Hormonpräparaten) können sich die Bakterien vermehren, in die Gebärmutter eindringen und dort meist eitrige Entzündungen hervorrufen.

➤ Ansteckung

Die Pyometra selbst ist nicht von Hund zu Hund übertragbar. Manche Rüden haben jedoch einen Vorhautkatarr (siehe S. 118). Beim Deckakt mit einem solchen Rüden werden Eiterbakterien in die Scheide und Gebärmutter der Hündin eingebracht. Bei schlechter Abwehrlage kann sich daraufhin eine Pyometra entwickeln.

➤ Verlauf

Häufig tritt die Pyometra etwa 4–10 Wochen nach der Läufigkeit auf.
Eines der auffallenden Symptome ist vermehrter Durst. Die betroffenen Hündinnen trinken, je nach Größe, manchmal bis zu 2 Liter Wasser am Tag.
Sie sind schlapp und appetitlos. In vielen Fällen besteht ein eitriger, übel riechender Scheidenausfluss, der auch manchmal leicht blutig sein kann. Die Krankheitszeichen sind anfangs meist noch undeutlich. Im fortgeschrittenen Stadium dramatisiert sich

der Gesundheitszustand des Tieres. Es besteht Fieber und extreme Schwäche, wobei die Hündin nur mit Mühe laufen kann und oft mit den Hinterbeinen einbricht. Durch die massiven Eiteransammlungen in der Gebärmutter kommt es zu einer zunehmenden Vergiftung des gesamten Organismus (Sepsis). Die Nieren werden stark belastet. Im Endstadium einer unbehandelten Pyometra versagen meist die Nieren oder die Hündin stirbt im Schock.
In manchen Fällen, wenn das Immunsystem leistungsfähig genug ist, die Erreger erfolgreich zu bekämpfen, sind die Symptome mehrere Zyklen hindurch recht unauffällig und vergehen nach einiger Zeit wieder. Allerdings besteht bei Hunden, die an solchen latenten (unterschwelligen) Gebärmutterentzündungen erkranken, mit fortschreitendem Alter immer die Gefahr, dass aus der latenten eine lebensbedrohliche Pyometra wird. Latente Gebärmuttervereiterungen führen durch die Dauerbelastung der Filterorgane mit Eiterbakterien oft zu irreversiblen (nicht wieder gut zu machenden) Nierenschäden.

➤ Tierärztliche Behandlung

Das Mittel der Wahl bei einer Pyometra ist die schnellstmögliche Entfernung der erkrankten Gebärmutter. Vor, während und nach der Operation wird der Tierarzt den Kreislauf des Patienten mit Infusionen und Kreislauf-

präparaten stabilisieren. Antibiotika bekämpfen die von der Gebärmutter in den Organismus übergetretenen Bakterien.
Eine konservative (d.h. nicht chirurgische) Behandlung einer Pyometra wird heute nicht mehr empfohlen. Auch wenn in leichten Fällen durch hohe Antibiotikum-Gaben eine kurzfristige Heilung erreicht wird, erkrankt die so behandelte Hündin mit hoher Wahrscheinlichkeit im Laufe der nächsten Zyklen erneut. Dann allerdings ist sie wieder etwas älter, wodurch die Überlebens- und Heilungschancen bei einer ausgeprägten Gebärmuttervereiterung nicht besser werden.

➤ Häusliche Behandlung

Nach der Entfernung der entzündeten oder vereiterten Gebärmutter darf die Hündin, um keinen Narbenbruch zu riskieren, nicht springen oder mit anderen Hunden toben. Bis zum Fäden ziehen nach 10 Tagen besteht **Leinenzwang**.

➤ Vorbeugung

Die effektivste Vorbeugung gegen Gebärmuttererkrankungen ist die Kastration der Hündin, am besten vor der ersten Läufigkeit. Hormonpräparate zur Beeinflussung der Geschlechtsfunktion sind auf Grund der gesundheitlichen Risiken beim Hund nicht zu empfehlen.

> **Naturheilkunde**
>
> Die **Klette** *(Arctium lappa)* wird seit alters her wegen ihrer blutreinigenden Wirkung eingesetzt. Nach erfolgreicher Operation einer Gebärmuttervereiterung hilft die Tinktur aus der Kletten-Wurzel den Körper zu entgiften. Lassen Sie sich die Tinktur von Ihrem Apotheker anfertigen und geben Sie der Hündin 2 Wochen lang täglich 5 Tropfen pro 10 kg Körpergewicht in Wasser verdünnt.

> **Gefahr für den Menschen**
>
> Durch den eitrigen Scheidenausfluss kann es zu Verschmutzungen der Wohnung kommen. Das ist in der Regel kein ernstzunehmendes Gesundheitsrisiko für den Menschen. Für Menschen mit einem intakten Immunsystem besteht keine Gefahr. Allerdings sollten Personen mit Abwehrschwäche (Aidspatienten, Krebspatienten nach einer Chemotherapie) auf absolute Hygiene achten und mit den eitrigen Sekreten aus der Gebärmutter des Hundes nicht in Kontakt kommen.

Geburtstetanie

➤ Ursachen

Die Geburtstetanie oder auch **Eklampsie** ist ein multifaktorielles Geschehen, d.h. nicht nur eine Ursache sondern ein ganzer Komplex ist für das Entstehen der Erkrankung verantwortlich. Zwerg- und mittelgroße Hündinnen sind häufiger betroffen als Hunde größerer Rassen. Man vermutet zum einen eine genetische Disposition (Veranlagung), zum anderen eine Störung im Mineralstoffhaushalt sowie Ernährungsmängel als Auslöser der Tetanie. Je mehr Milch eine Hündin nach der Geburt produziert, desto größer ist die Gefahr an Eklampsie zu erkranken. Die Verabreichung hoher Kalziummengen während der Trächtigkeit erhöht das Risiko, dass während der Säugezeit Tetanie auftritt.

➤ Ansteckung

Die Geburtstetanie ist nicht ansteckend.

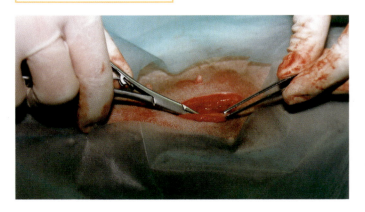

Die Kastration ist, wenn sie vor der ersten Läufigkeit durchgeführt wird, ein relativ kleiner Eingriff.

FORTPFLANZUNGSORGANE

➤ Verlauf

Die Eklampsie tritt meist am Anfang oder in der Mitte der Säugezeit (1–2 Tage bis 3 Wochen nach der Geburt) auf. Sie kündigt sich durch Unruhe, zunehmendes Hecheln, Speicheln und Muskelzittern an. Innerhalb weniger Stunden dramatisiert sich das Krankheitsbild. Es kommt zu Epilepsie ähnlichen Krämpfen, wobei die Hündin bei vollem Bewusstsein ist. Sie liegt dann in Seitenlage mit starr nach hinten gerichtetem Kopf, die Beine in Sägebockstellung. Die innere Körpertemperatur steigt bis auf 42 °C. Ohne Behandlung führt die Erkrankung meist nach kurzer Zeit zum Tod.

➤ Tierärztliche Behandlung

Die Hündin erhält eine Injektion von Kalziumboroglukonat langsam in die Vene, Traubenzuckerinfusionen sowie bei schweren Krämpfen Medikamente, die auch gegen Epilepsie eingesetzt werden. Die Therapie mit Kalziumboroglukonat muss bis zum Abstillen fortgesetzt werden, um ein erneutes Auftreten der Tetanie zu verhindern. Bis zur Besserung der Symptome müssen die Welpen von Hand aufgezogen werden. Danach dürfen sie wieder zur Mutter, sofern diese nicht zu stark geschwächt ist. Es wird heute nicht mehr empfohlen, die Welpen grundsätzlich abzusetzen, denn die psychische Belastung der Hündin durch das Fortnehmen der Jungen erhöht die Krampfbereitschaft und die Welpen werden ohne Mutterkontakt in ihrer Entwicklung beeinträchtigt.

➤ Häusliche Behandlung

Eine überstandene Geburtstetanie kann während der gesamten Säugezeit immer wieder aufflackern. Beobachten Sie die Hündin daher ganz genau. Schon leichtes Muskelzittern oder auffallende Unruhe können Anzeichen für eine erneute Tetanie sein. Stresssituationen und körperliche Belastung sollten der säugenden Hündin nicht zugemutet werden. Eine liebevolle Behandlung des Tieres ist wohl selbstverständlich.

➤ Vorbeugung

Risikopatienten sind Zwerg- und mittelgroße Hunde, Hündinnen bei denen nach vorangegangener Trächtigkeit bereits eine Geburtstetanie aufgetreten ist sowie Tiere, die besonders viel Milch geben. Bei solchen Hündinnen, sollten Sie schon vor einer geplanten Trächtigkeit ganz besonders auf vollwertige Ernährung und einen guten Gesundheitszustand achten. Kalzium in Tabletten- oder Pulverform darf während der Trächtigkeit nicht verabreicht werden. Es erhöht die Gefahr für die Hündin an Eklampsie zu erkranken.

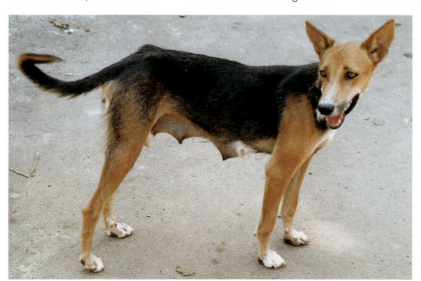

Je mehr Milch eine Hündin produziert, desto größer ist die Gefahr an Eklampsie zu erkranken.

Naturheilkunde

Die Geburtstetanie ist eine lebensbedrohliche Erkrankung und kann alleine mit Naturheilmitteln nicht behandelt werden. Krampfhemmende und beruhigende Präparate wie **Hopfen** *(Humulus lupulus)*, **Baldrian** *(Valeriana officinalis)* und **Passionsblume** *(Passiflora incarnata)* unterstützen jedoch die Wirkung des vom Tierarzt injizierten Kalziumboroglukonat. Lassen Sie sich von Ihrem Apotheker eine Tinktur aus allen 3 Pflanzen herstellen und geben Sie der Hündin während der gesamten Säugezeit täglich 5 Tropfen pro 10 kg Körpergewicht in Wasser verdünnt direkt in die Mundhöhle.

Gefahr für den Menschen

– Keine –

Vorhautkatarr

➤ Ursachen

Der Rüde schachtet bei Aufregung oder sexueller Erregung oder bei Angst häufig den Penis aus. Beim Zurückziehen in die relativ großvolumige Vorhaut können Bakterien von außen mit eingeschleppt werden und dort zu Entzündungen führen. Bei einem großen Prozentsatz der männlichen Hunde findet man chronische oder immer wieder auftretenden **Präputialkatarre** (Vorhautkatarr).

➤ Ansteckung

Ein Vorhautkatarr ist nicht von Rüde zu Rüde übertragbar. Beim Deckakt allerdings werden die Bakterien in den Genitaltrakt der Hündin gebracht. Das kann bei schwacher Immunabwehr der Hündin, für die Entstehung von schweren Entzündungen und Vereiterungen der Gebärmutter (Pyometra) verantwortlich sein.

➤ Verlauf

Es kommt zu Rötungen und Entzündungen des Penis sowie eitrig oder blutig-eitrigem Ausfluss. Die betroffenen Hunde sind in ihrem Allgemeinbefinden nicht gestört. Meist reinigen sich die Hunde durch Belecken selbst. In manchen Fällen kann der Ausfluss jedoch so stark sein, dass Teppiche oder Polstermöbel dadurch beschmutzt werden.

➤ Tierärztliche Behandlung

In den meisten Fällen helfen tägliche Spülungen mit einer speziellen Spülflüssigkeit, die der Tierarzt vorrätig hat. Bei dem relativ harmlosen Präputialkatarr wird die lokale Anwendung von Antibiotika heute nicht mehr empfohlen. Die Gefahr der Sensibilisierung durch die lokale Anwendung im Schleimhautbereich und einer dadurch eventuell entstehenden allergischen Reaktion ist zu groß. Zudem wird der Präputialkatarr bei Hunden, die dazu neigen, auch nach erfolgreicher Behandlung nach kurzer Zeit wieder auftreten. Die Belastung des Organismus durch ständige Antibiotikum-Anwendungen ist bei einer so harmlosen Störung nicht zu vertreten. Nur in besonders ausgeprägten Fällen sowie vor einem geplanten Deckakt zum Schutz der Hündin werden Antibiotika zur Beseitigung der bakteriellen Infektion in der Vorhaut angewendet.

➤ Häusliche Behandlung

Etwa 70–80 % aller Hunde haben hin und wieder einen Präputialkatarr ohne weitere Beschwerden. Damit die normalerweise leichte Entzündung nicht stärker wird, sollte man auch zu Hause Präputialspülungen durchführen (siehe S. 22). Im akuten Stadium wird das Präputium (Vorhaut) täglich einmal gespült,

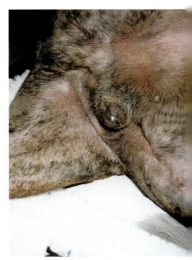

Ein Vorhautkatarr ist in der Regel harmlos.

danach zweimal in der Woche. Dazu geben Sie etwa 10 ml der Spülflüssigkeit in die Vorhaut, massieren sie kurz ein und lassen die Flüssigkeit nach unten wieder abfließen. Die meisten Hunde lassen sich diese Prozedur gerne gefallen.

➤ Vorbeugung

Vor allen in Zeiten, in denen in der Nachbarschaft Hündinnen läufig sind, schachtet der Rüde den Penis häufig aus. Es empfiehlt sich dann Vorhautspülungen vorbeugend zwei- bis dreimal in der Woche durchzuführen, um eingeschleppte Bakterien auszuschwemmen, bevor eine Entzündung entstehen kann.

Naturheilkunde

Vorhautspülungen können auch mit einem Tee aus den Blüten der **Ringelblume** *(Calendula officinalis)* durchgeführt werden. Die Ringelblume wirkt entzündungshemmend, bakterien- und pilzabtötend und fördert die Heilung bereits bestehender Reizungen der Präputialschleimhaut.

Gefahr für den Menschen

Für gesunde Menschen besteht keine Gefahr. Immungeschwächte Personen (z.B. Aidspatienten oder Krebspatienten nach einer Chemotherapie) sollten jedoch den Kontakt mit dem infizierten Präputialausfluss meiden.

Prostataerkrankungen

➤ Ursachen

Die Prostata ist eine akzessorische (anhängende) Geschlechtsdrüse. Sie produziert ein klares Sekret, das zusammen mit den Spermien beim Deckakt in den Geschlechtstrakt der Hündin abgegeben wird. Mit zunehmendem Alter vergrößert sich die Prostata beim Hund in der Regel, ohne dass Beschwerden auftreten. Wenn jedoch die Prostata eine bestimmte Größe überschreitet, spricht man von einer **Prostatahyperplasie** (übermäßige Vergrößerung der Prostata). Entzündungen an der akzessorischen Geschlechtsdrüse können bei Hunden jeden Alters auftreten. Allerdings sind ältere Tiere mit bereits vergrößerter Prostata häufiger betroffen. Eine Entzündung der Prostata wird in der medizinischen Fachsprache als **Prostatitis** bezeichnet.
Tumoren der Prostata sind glücklicherweise selten. Wenn sie jedoch auftreten, sind sie meist bösartig und neigen dazu schnell, häufig in die Knochen, zu metastasieren (streuen).

➤ Verlauf

Eine übermäßig vergrößerte Prostata drückt auf den Darm, wodurch eine Verstopfung entstehen kann. Die Patienten versuchen immer wieder erfolglos Kot abzusetzen. Durch das ständige Drücken kommt es bei längerem Krankheitsverlauf nicht selten zu Darmbrüchen (Perinealhernien).
Entzündungen der Prostata sind sehr schmerzhaft. Häufig bluten die betroffenen Tiere aus dem Penis, unabhängig vom Urinabsatz. Prostataentzündungen entstehen durch aufsteigende Infektionen aus den harnabführenden Wegen und treten zusammen mit einer Blasenentzündung auf. Prostatatumoren sind anfangs in der Regel symptomlos. Erst wenn sie eine bestimmte Größe überschritten haben, führen sie zu ähnlichen Problemen wie die gutartige Prostatahyperplasie. Die Unterscheidung, ob es sich um einen gutartigen oder bösartigen Prozess handelt, ist oft sehr schwierig.

➤ Tierärztliche Behandlung

Eine übermäßig vergrößerte Prostata bildet sich durch Hormoninjektionen zurück. Wenn die Wirkung der Hormongaben nachlässt, tritt das Problem meist nach einiger Zeit wieder auf. Dauerhafter Erfolg kann durch eine Kastration erreicht werden. Entzündungen der Prostata werden mit dafür geeigneten Antibiotika behandelt.
Die Behandlung von Prostatatumoren ist meist erfolglos. Eine operative Entfernung der entarteten Drüse wird beim Hund wegen der hohen Komplikationsrate nicht mehr empfohlen, zumal bei Entdeckung des

Tumors oft schon Metastasen (Tochterschwülste) in den Knochen entstanden sind.

➤ Häusliche Behandlung

Da Hunde mit gutartiger Prostatavergrößerung zur Verstopfung neigen, sollten sie, bis zum Wirkungseintritt der Hormonbehandlung, keine Knochen oder sonstigen koteindickenden Futtermittel erhalten. 1 Esslöffel Milchzucker oder konzentrierte Ballaststoffe in Pulverform (beim Tierarzt erhältlich) erleichtern den betroffenen Tieren den Kotabsatz.

Naturheilkunde

Die Weiße Taubnessel *(Lamium album)* wirkt verkleinernd auf gutartige Prostatavergrößerungen und beruhigend bei Entzündungen dieser Geschlechtsdrüse. Hunde, die zu Prostataproblemen neigen erhalten täglich einen Tee aus der Weißen Taubnessel unter das Futter gemischt. 1 Tasse pro 10 kg Körpergewicht ist ausreichend. Die Weiße Taubnessel kann als Dauertherapie auch vorbeugend bei älteren Rüden angewandt werden.

Gefahr für den Menschen

– Keine –

Kryptorchismus

➤ Ursachen

Kryptorchismus ist eine Entwicklungsstörung der männlichen Geschlechtsorgane, deren genaue Ursache nicht bekannt ist. Die Hoden des Hundes liegen vor seiner Geburt noch in der Bauchhöhle des Tieres. Normalerweise steigen sie etwa 4 Tage nach der Geburt ab und sind dann in den kleinen Hodensäckchen schon bald fühlbar. Tiere, bei denen ein oder sogar beide Hoden nicht absteigen, nennt man Kryptorchide. In Ausnahmefällen kann sich die Wanderung eines oder beider Hoden verzögern und erst nach Wochen, manchmal erst nach einigen Monaten abgeschlossen sein. Befinden sich die Hoden bis zur Geschlechtsreife noch immer nicht im Hodensack, ist es sehr unwahrscheinlich, dass sie noch absteigen.

➤ Ansteckung

Kryptorchismus ist nicht ansteckend.

➤ Verlauf

Hoden, die in der Bauchhöhle verbleiben, neigen zu krebsiger Entartung. Man vermutet, dass dieses erhöhte Hodenkrebsrisiko an der für Hoden zu hohen Temperatur in der Bauchhöhle liegt. Auch beim Kryptorchiden, dessen Hoden ja vorhanden sind, wenn auch nicht in der richtigen Lage, werden männliche Geschlechtshormone gebildet und in die Blutbahn abgegeben. Beim Eintritt der Geschlechtsreife verhalten sich diese Tiere genauso wie ihre »normalen« Artgenossen. Sie sind deckbereit und deckfähig.

Die Spermien, die in dem kryptochiden Hoden gebildet werden, sind allerdings in der Regel steril. Der Grund dafür ist auch hier die hohe Temperatur in der Bauchhöhle. Spermien benötigen, um zeugungsfähig zu bleiben, niedrigere Temperaturen, wie sie im Skrotum (Hodensack) vorliegen. Einseitige Kryptorchiden sind durch den abgestiegenen Hoden zeugungsfähig.

➤ Tierärztliche Behandlung

Spätestens nach dem 18. Lebensmonat sollten kryptorchide Hoden chirurgisch entfernt werden. Dazu bedarf es einer Bauchoperation, ähnlich wie beim weiblichen Tier. Von einem erfahrenen Tierarzt durchgeführt, ist diese Operation zwar etwas aufwendiger, jedoch nicht gefährlicher als eine normale Kastration.

➤ Häusliche Behandlung

Bis zum Erwachen aus der Narkose sollte der Patient beim Tierarzt verbleiben. Damit die Wunde problemlos heilt, darf der Hund 10 Tage nicht springen oder mit anderen Hunden toben. Am besten lassen Sie ihn bis zum Fäden ziehen nicht frei laufen.

➤ Vorbeugung

Die Veranlagung für Kryptorchismus ist erblich. Hunde mit einseitig nicht abgestiegenem Hoden sollten daher, auch wenn sie zeugungsfähig sind, grundsätzlich nicht zur Zucht verwendet werden.

FORTPFLANZUNGSORGANE **121**

Naturheilkunde

Es gibt keine Präparate aus der Naturheilkunde gegen Kryptorchismus. Die chirurgische Entfernung der »Bauchhöhlenhoden« ist die einzige sinnvolle Behandlung.

Gefahr für den Menschen

– Keine –

Hodentumoren

➤ Ursachen

Knotige Verhärtungen sowie ein- oder beidseitige Vergrößerungen der Hoden kommen vor allem bei älteren Rüden vor. Ob es sich dabei um gutartige oder bösartige Veränderungen handelt, kann nur eine histologische (feingewebliche) Untersuchung nach chirurgischer Entfernung des veränderten Geschlechtsorgans klären. Kryptorchide Hoden haben ein deutlich höheres Risiko krebsig zu entarten (siehe S. 120) als Hoden die normal abgestiegen sind.

➤ Ansteckung

Hodentumoren sind nicht ansteckend.

➤ Verlauf

Es gibt, je nachdem welcher Teil der Geschlechtsdrüsen betroffen ist, verschiedene Typen von Hodentumoren. Während Tumoren der **Leydigschen Zwischenzellen** und Seminome kaum körperliche Symptome hervorrufen und selten in andere Organe metastasieren (streuen), gehören die Sertolizelltumoren zu den besonders bösartigen Tumoren. Sie produzieren weibliche Hormone (Östrogene) und metastasieren häufiger. Ein Alarmzeichen für das Vorliegen eines östrogenproduzierenden Tumors ist das Verhalten anderer Rüden gegenüber dem Patienten. Sie betrachten ihn als Hündin; manche versuchen ihn »zu besteigen«. Im fortgeschrittenen Stadium fallen den betroffenen Hunden beidseitig symmetrisch am Bauch, an den Schenkeln und im Bereich des Afters die Haare aus, bis sie dort völlig kahl sind. Die Haut verfärbt sich meist dunkel und wirkt lederartig. Wenn die Krebserkrankung nicht behandelt wird, entstehen durch die Einwirkung der weiblichen Hormone auf den männlichen Organismus schwerste Blutbildveränderungen wie z. B. Anämie und Blutgerinnungsstörungen. Bei Vorliegen von Metastasen (vorwiegend in der Leber und der Lunge) kommen die Symptome der entsprechenden Organerkrankung hinzu.

➤ Tierärztliche Behandlung

Das Mittel der Wahl ist die chirurgische Entfernung **beider** Hoden, auch wenn nur ein Hoden betroffen sein sollte. Wenn noch keine Metastasen bestehen, was durch eine Röntgenaufnahme und Blutuntersuchung ausgeschlossen wird, besteht durch die Operation eine gute Chance auf völlige Gesundung.

➤ Häusliche Behandlung

Außer der Überwachung der Wundheilung nach der Tumoroperation ist keine weitere häusliche Behandlung des Patienten erforderlich.

➤ Vorbeugung

Bei Hunden ab dem 6. Lebensjahr sollten die Hoden regelmäßig (am besten beim Impftermin) vom Tierarzt auf Veränderungen abgetastet werden.

Naturheilkunde

Zusätzlich zu der operativen Entfernung der entarteten Hoden sollte die körpereigene Abwehr des Patienten gestärkt werden. 1 Tropfen pro kg Körpergewicht **Roter Sonnenhut** *(Echinacea purpurea)* sowie $1/4$ Teelöffel **Vitamin C** (Ascorbinsäure-Pulver) pro 10kg Körpergewicht täglich ins Futter fördern die Wundheilung nach der Operation und unterstützen die körpereigenen Abwehrkräfte bei ihrem Kampf gegen streuende Krebszellen.

Gefahr für den Menschen

– Keine –

BEWEGUNGSAPPARAT

Funktionsstörungen des Bewegungsapparates können vielfältige Ursachen haben. Von relativ harmlosen Prellungen und Verstauchungen über schwerwiegendere Fehlentwicklungen, Brüche, Infektionen, Entzündungen und Arthrosen bis hin zu Knochentumoren lassen sie sich in ihrem Erscheinungsbild oft nicht genau unterscheiden. Vielfach sind Röntgen- oder Ultraschalluntersuchungen notwendig, um eine exakte Diagnose stellen zu können. Hunde, welche Symptome zeigen, die auf eine Erkrankung des Bewegungsapparates hinweisen, müssen unverzüglich in tierärztliche Hände. Je früher eine Behandlung eingeleitet wird, desto größer ist die Chance auf Heilung. Werden Störungen des Bewegungsapparates »verschleppt«, entstehen nicht selten irreversible Schäden (z. B. Arthrosen an den Gelenken), welche die Lebensfreude des Hundes stark beeinträchtigen.

Dackellähme

> Ursachen

Die Dackellähme (Diskusprolaps) ist der »Supergau« eines häufig über Jahre bestehenden Bandscheibenschadens (Diskopathie). Es handelt sich um einen akuten Bandscheibenvorfall, der häufig bei Dackeln auftritt, wodurch die Erkrankung ihren Namen erhalten hat. Andere Hunderassen können jedoch auch von dieser Erkrankung betroffen sein. Ursache dieser akuten Notfallsituation ist eine degenerative Veränderung der Bandscheiben, die als Puffer zwischen den einzelnen Wirbeln der gesamten Wirbelsäule liegen. Die Bandscheiben bestehen aus einem relativ festen, aber elastischen Knorpelring (Anulus fibrosus) mit einem inneren weichen Kern (Nucleus pulposus). Ihre Aufgabe ist es, die Bewegungen der Wirbel gegeneinander abzufedern, ähnlich wie die Stoßdämpfer beim Auto.
Bei einigen Hunderassen kommt es bereits im Alter von 4–6 Jahren, manchmal auch früher, vermehrt zur Verkalkung der inneren weichen Substanz und zur Degeneration, Auffaserung und später zum Einreißen des festen Knorpelrings. Der innere Kern der Bandscheibe quillt nach außen vor (Bandscheibenvorfall) und drückt auf die Nervenbahnen, die aus dem Wirbelkanal austreten. Das führt zu starken Schmerzen und Lähmungen.
Zu den besonders häufig betroffenen Rassen gehören vor allem Dackel, Pekinese, Spaniel-Rassen, Pudel und Beagle. Bei den übrigen Rassen treten Bandscheibenprobleme, wenn überhaupt, erst ab einem Alter von 10 Jahren auf.

> Ansteckung

Dackellähme ist nicht ansteckend.

> Verlauf

Erste Anzeichen für einen Bandscheibenvorfall sind Schmerzen. Dem Besitzer fällt auf, dass der Hund z. B. keine Treppen steigen oder nicht ins Auto springen will. Die Patienten sitzen und gehen mit aufgekrümmtem Rücken und schreien häufig vor Schmerzen, wenn man versucht sie hochzuheben oder im Rückenbereich abzutasten. Der Gang ist steif und unsicher. Es kann auf Grund der Schmerzen oder Lähmungen der entsprechenden Nervenbahnen zum Verhalten von Kot und Urin kommen. Manchmal treten auch schlagartig Lähmungen ohne vorherige Ankündigung beim Hochspringen oder Treppenlaufen auf. Je nach Sitz des

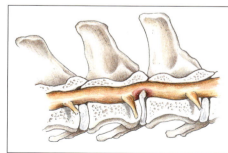

Ein Bandscheibenvorfall verursacht Schmerzen und Lähmungen.

BEWEGUNGSAPPARAT

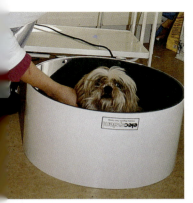

Die Magnetfeldtherapie wird seit Jahren mit Erfolg bei Gelenks- und Bandscheibenerkrankungen eingesetzt.

Bandscheibenvorfalls kann es zu Lähmungen der Hintergliedmaße (Lendenwirbelsäule) mit Nachschleifen der Hinterläufe oder Lähmungen der Vordergliedmaße (Halswirbelsäule) kommen.

➤ Tierärztliche Behandlung

Solange keine Lähmungen bestehen wird der Tierarzt konservativ, d.h. nicht chirurgisch behandeln. Entzündungshemmende, abschwellende und schmerzstillende Medikamente verhelfen in den meisten Fällen zu einer schnellen Besserung. Wenn Lähmungen auftreten, wird meist operiert. Da es sich bei einem Bandscheibenvorfall jedoch um ein komplexes Geschehen handelt, kann man nicht nach »Schema F« therapieren. Wann konservativ behandelt oder operiert wird, muss der Tierarzt nach Beurteilung der Röntgenaufnahmen, des Allgemeinzustandes des Hundes sowie dem Stadium des Bandscheibenvorfalls entscheiden.

➤ Häusliche Behandlung

Hunde mit akutem Bandscheibenvorfall dürfen nicht springen. Vor allem bei kleinen Hunden, die gerne auf dem Sofa oder im Bett liegen, sollte man dies ganz unterbinden oder Zwischenstufen in Form von Sitzkissen aufbauen. Tagen Sie den Patienten die Treppe hinauf und hinunter und vermeiden Sie lange Spaziergänge. Solange der akute Krankheitsschub anhält genügt ein kurzes »Gassi gehen« vor die Tür.

Naturheilkunde

Die **Magnetfeldtherapie** ist eine physikalische Behandlung, die besonders bei Bandscheiben- und Gelenkserkrankungen eine deutliche Besserung der Beschwerden bringt. Der Patient wird dazu in eine Röhre mit einem pulsierenden Magnetfeld gesetzt. Dadurch kommen seine Körperzellen in Schwingung, die Durchblutung auch tiefer Schichten des Körpers wird angeregt, der Abbau von Entzündungsprodukten gefördert. Die Muskulatur in der Umgebung der erkrankten Bandscheibe lockert sich, die Schmerzen werden gelindert. Hunde mit akuten Bandscheibenproblemen sollten mindestens 10 Behandlungen in Abständen von 2 Tagen erhalten.

Gefahr für den Menschen

– Keine –

Auf Grund der Schmerzen ist die Muskulatur um die Wirbelsäule extrem verspannt, was zusätzlich Schmerzen verursacht. Die Applikation von Wärme durch Rotlicht, Wärmflasche oder Wärmedecke wird von den Patienten mit Bandscheibenproblemen als sehr angenehm empfunden und gerne toleriert. Während der kalten Jahreszeit sollten die betroffenen Hunde einen Kälteschutz tragen (»Mäntelchen«).

➤ Vorbeugung

Besonders gefährdete Hunderassen sollten Bewegungen, welche die Abnutzung der Bandscheiben fördern, vermeiden. Dazu gehören z.B. Treppenlaufen, auf etwas springen (auf das Sofa, ins Bett, ins Auto), »Männchen machen«, sowie abruptes Stoppen beim Spielen mit einem Ball.

Hüftgelenksdysplasie (HD)

➤ Ursachen

Die Hüftgelenksdysplasie ist die häufigste Entwicklungsstörung des Bewegungsapparates unserer Hunde. Bei großwüchsigen Rassen sollen etwa 50% aller Hunde mehr oder weniger ausgeprägt davon betroffen sein. Die Hüftgelenksdysplasie, im Sprachgebrauch kurz HD genannt, ist nicht angeboren. Es handelt sich um eine Skeletterkrankung, die sich während der

Wachstumsphase entwickelt. Die Neigung dazu ist erblich bedingt. Falsche Ernährung und übermäßige, unsachgemäße Belastung (z.B. Hürdenspringen beim Hundetraining) können die erblich bedingte Veranlagung zur fehlerhaften Entwicklung der Hüftgelenke verstärken.
Es kommt zu einer Abflachung der Gelenkspfannen, wodurch der Kopf des Oberschenkels nicht genügend Halt findet. Die dadurch entstehende Instabilität der Gelenke führt zu fortschreitender Arthrose (Degeneration) der Hüftgelenke. Je nach Ausprägung der HD kann der Oberschenkelkopf aus der Gelenkspfanne herausrutschen (luxieren). Die HD kann ein- oder beidseitig auftreten.

➤ Ansteckung

Die Hüftgelenksdysplasie ist nicht ansteckend.

➤ Verlauf

Abhängig vom Grad der HD treten die ersten Beschwerden im Alter von 5–10 Monaten oder später auf. Die Patienten sind weniger aktiv und verweigern das Spielen mit Artgenossen; sie haben Schwierigkeiten beim Aufstehen und lahmen zeitweise. Wird das Hüftgelenk bei der Untersuchung passiv bewegt, erkennt man an der Abwehr des Hundes, dass er Schmerzen hat. Durch die Instabilität der Hüftgelenke schwankt die Hinterhand beim Gehen.

Die HD ist fortschreitend. Mit zunehmendem Alter verstärken sich die Arthrose und damit auch die Beschwerden. In ausgeprägten Fällen kann der Hund nicht mehr ohne Hilfe aufstehen.

➤ Tierärztliche Behandlung

Die Therapieziele bei der HD sind:
1. Aufhalten der Arthrose
2. Wiederherstellung und Erhaltung der Beweglichkeit
3. Beseitigung der Schmerzen.
Wie diese Ziele erreicht werden, hängt vom Alter des Hundes und vom Schweregrad der Hüftgelenksdysplasie ab. Bei der konservativen (nicht chirurgischen) Behandlung werden entzündungshemmende und schmerzstillende Medikamente injiziert oder als Tabletten verabreicht. Wenn trotz konservativer Behandlung weiter Schmerzen bestehen, sollte die HD operiert werden. Es gibt inzwischen verschiedene OP-Techniken, die eine schnelle

Typische Haltung bei schwerer Hüftgelenksdysplasie (HD).

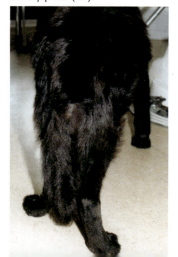

Auch bei Hunden kleiner und mittlerer Rassen können krankhafte Veränderungen der Hüftgelenke auftreten.

Schmerzbeseitigung und bestmögliche Funktionswiederherstellung des Gelenkes gewährleisten. Der Einsatz einer »künstlichen« Hüfte beim Hund ist inzwischen bereits eine Routineoperation in vielen chirurgisch orientierten Tierkliniken.
Welche Behandlungsmethode in Frage kommt kann der Tierarzt nur im Einzelfall anhand seiner Untersuchungsergebnisse klären.

➤ Häusliche Behandlung

Durch die Schmerzen in einem oder beiden Hüftgelenken verspannt sich die Muskulatur, was die Beschwerden des vierbeinigen Patienten noch verstärkt. Neben der Verabreichung der vom Tierarzt verordneten Medikamente helfen oft Wärmeapplikationen (Rotlichtbestrahlung, Wärmedecke), die Muskulatur zu entspannen. Der Hund sollte nicht auf kalten Böden liegen. Wenn er im Freien schläft, muss er einen kälteisolierten Schlafplatz haben.

BEWEGUNGSAPPARAT

Bewegung ist wichtig, um einer Versteifung der arthrotischen Hüftgelenke entgegenzuwirken. Allerdings ist nicht jede Art von Bewegung geeignet. Springen, Bergwandern oder längere übermäßige Belastung (z. B. neben dem Fahrrad herlaufen) können das Fortschreiten der Erkrankung begünstigen. Hunde sollten grundsätzlich keine meterhohen Hürden überspringen. Der Sinn dieser in vielen Hundevereinen noch geforderte »Ausbildungs«-Disziplin ist unklar. Sicher ist jedoch, dass sie die Gelenke des Hundes unnötig stark belastet. Ein empfehlenswertes Bewegungstraining, das den Hunden zudem noch Spaß macht ist der neue Hundesport »Agility«. Die dort geforderten Übungen kommen dem Bewegungsdrang der Hunde auf spielerische Weise entgegen. Zu übermäßiger Belastung der Gelenke und damit zu Gesundheitsstörungen kommt es bei Agility nicht.

➤ Vorbeugung

Die Veranlagung für Hüftgelenksdysplasie ist vererblich. Daher sollte mit Tieren, die Anzeichen für eine solche Fehlentwicklung haben, grundsätzlich nicht gezüchtet werden. Viele Zuchtverbände fordern daher von ihren Mitgliedern einen Nachweis, dass der Hund, mit dem gezüchtet werden soll, HD frei ist. Dazu ist eine Röntgenaufnahme der Hüftgelenke erforderlich. Um beim Röntgen eine exakte Lagerung zu erreichen, muss der

Naturheilkunde

Extrakte aus der neuseeländischen grünlippigen Zuchtmuschel enthalten Wirkstoffe, welche den Knorpelaufbau und die Regeneration erkrankter Gelenke fördern. Hunde mit schwerer HD, die über längere Zeit Präparate aus diesen Muschelextrakten erhalten, zeigen eine deutliche Besserung ihrer Beschwerden. Bei Tieren mit leichter Hüftgelenksdysplasie kann die regelmäßige Gabe von Muschelextrakten das Fortschreiten der Erkrankung verzögern. Medikamente aus Muschelextrakten erhalten Sie bei Ihrem Tierarzt.

Hund in Narkose. Bei der Beurteilung, ob eine HD vorliegt unterscheidet man 5 Grade:
– keine HD
– Übergangsstadium
– leichte HD
– mittlere HD
– schwere HD.

Während die mittlere und schwere HD schon beim jungen Hund

Am Röntgenbild kann der Tierarzt den Schweregrad einer HD erkennen.

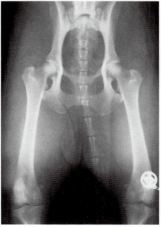

auf dem Röntgenbild gut zu diagnostizieren ist, kann man die leichte HD und die Übergangsform während der Wachstumsphase des Skeletts nicht deutlich erkennen. Eine sichere Beurteilung, ob ein Hund HD frei ist, ist daher erst ab dem 2. Lebensjahr möglich.

Die richtige Ernährung spielt bei der Entwicklung des Skelettes eine große Rolle. Vor allem das richtige Verhältnis von Kalzium zu Phosphat im Futter ist bedeutend (siehe S. 33). Eine unausgewogene Ernährung kann bei großwüchsigen Hunden mit entsprechender Veranlagung zu Krankheiten des Bewegungsapparates führen. Gesichert ist, dass zuviel Kalzium und Energie (Kalorien) Skelettveränderungen verursachen. Die Ernährung des wachsenden Hundes sollte daher seinem Bedarf angepasst werden, um Entwicklungsstörungen vorzubeugen.

Gefahr für den Menschen

– Keine –

Ellbogengelenksdysplasie

➤ Ursachen

Unter der Bezeichnung Ellbogengelenksdysplasie werden 3 Krankheiten zusammengefasst:
1. Isolierter Processus anconaeus

2. Abriss des Processus coronoideus
3. Osteochondrosis dissecans (OCD).

Die Entstehungsursache des **isolierten Processus anconaeus** ist ein verzögertes Längenwachstum eines Unterarmknochens (Elle). Das daraus entstehende Ungleichgewicht zwischen Elle und Speiche führt zu Spannungen im Ellbogengelenk. Ein Knochenstück (Processus anconaeus), das sich normalerweise bei Hunden erst zwischen der 16.–20. Lebenswoche mit dem Ellbogengelenk fest verbindet, wächst auf Grund der unnatürlichen Spannung nicht an und bleibt vom übrigen Knochen isoliert. Betroffen sind schnell wachsende Hunde großer Rassen, v.a. der Deutsche Schäferhund. Die Erkrankung kann ein- oder beidseitig auftreten.

Ursache eines Abrisses des **Processus coronoideus** ist ebenfalls eine Längenwachstumsstörung eines Unterarmknochens, diesmal der Speiche. Durch die entstehende Spannung im Ellbogengelenk wird der Processus coronoideus übermäßig stark belastet und reißt ab. Betroffen sind ebenfalls schnell wachsende Hunde großwüchsiger Rassen, v.a. Berner Sennenhund, Großer Schweizer Sennenhund, Rottweiler und Retriever.

Bei der **Osteochondrosis dissecans** (OCD) handelt es sich um eine Knorpelwachstumsstörung im Ellbogengelenk. Es kommt zur Verdickung des Gelenkknorpels, wodurch die Ernährung des Knorpels gestört ist und kleinste Teile absterben. Diese winzigen, auf dem Röntgenbild kaum erkennbaren abgestorbenen Knorpelschuppen verursachen massive Störungen der Gelenksfunktion.

Die OCD kommt auch im Schultergelenk vor. Betroffen sind schnell wachsende Hunde großer Rassen, v.a. Golden Retriever und Labrador Retriever.

➤ Ansteckung

Eine Ellbogengelenksdysplasie ist nicht ansteckend.

➤ Verlauf

Die krankhaften Veränderungen im Ellbogengelenk zeigen sich durch mehr oder weniger stark ausgeprägte Lahmheiten und teilweise charakteristische Stellung des betroffenen Beines nach der Seite. Die Patienten haben Schmerzen. Ohne Behandlung entsteht eine Arthrose (Degeneration) des betroffenen Gelenkes.

➤ Tierärztliche Behandlung

Jede der genannten Erkrankungen des Ellbogengelenkes muss chirurgisch behandelt werden. Der isolierte Processus anconaeus kann bei jungen Tieren, für einige Zeit mit einer Schraube am Knochen befestigt, anwachsen. Wird die Erkrankung erst im erwachsenen Alter diagnostiziert, wird das isolierte Knochenstück meist entfernt. Ebenso chirurgisch entfernt wird ein abgerissener Processus coronoideus sowie die Knorpelschuppen bei der OCD.

➤ Häusliche Behandlung

Neben dem Überwachen der Wundheilung nach der Operation ist keine häusliche Behandlung nötig. Nach 10 Tagen werden in der Regel die Fäden gezogen. 6–8 Wochen sollte das operierte Gelenk nicht übermäßig belastet werden.

➤ Vorbeugung

Die Veranlagung für Skelettentwicklungsstörungen, welche die Funktion des Ellbogengelenkes beeinträchtigen, sind erblich. Fehlernährung während der Wachstumszeit kann jedoch die Erkrankung auslösen. Vor allem zu viel Kalzium und Kalorien führen zu überschnellem Wachstum und damit zu Wachstumsstörungen. Eine ausgewogene Ernährung sowie der Ausschluss betroffener Hunde von der Zucht sind die einzigen Möglichkeiten der Vorbeugung gegen Ellbogengelenksdysplasien.

Naturheilkunde

Es gibt keine naturheilkundliche Behandlungsmöglichkeit der Ellbogengelenksdysplasie. Nur eine Operation führt zur Heilung.

Gefahr für den Menschen

– Keine –

INNERE HORMONDRÜSEN

1. SCHILDDRÜSE

Die Schilddrüse liegt vorne am Hals, unterhalb des Kehlkopfes und umfasst die Luftröhre halbkreisartig. Sie bildet Hormone, die in die Blutbahn abgegeben werden. Schilddrüsenhormone beeinflussen die Verbrennungsvorgänge von Kohlenhydraten, Fetten und Eiweißen und sind damit wesentlich am Stoffwechsel beteiligt. Sie fördern das Wachstum und die Skelettreife, beeinflussen die Herztätigkeit sowie die Reaktionsfähigkeit von Muskel- und Nervengewebe. Eine Erkrankung der Schilddrüse zieht daher andere Organe in Mitleidenschaft und hat Auswirkungen auf den gesamten Körper.

Schilddrüsenunterfunktion

➤ Ursachen

Bei der Schilddrüsenunterfunktion (Hypothyreose) besteht ein Mangel an Schilddrüsenhormonen auf Grund einer Minderleistung des Organs. Die Krankheit kann angeboren sein. Weitaus häufiger tritt sie jedoch bei Hunden ab dem 6. Lebensjahr auf. Grundsätzlich können alle Hunde erkranken. Vor allem Boxer, Gol-

den Retriever und Dobermann scheinen eine besondere Veranlagung für diese Erkrankung zu haben.

Die Entstehungsursachen der im erwachsenen Alter erworbenen Unterfunktion sind vielfältig. Entzündungen, Verletzungen (z. B. Quetschungen durch zu starken Zug am Halsband, Stachelhalsbänder) oder Tumoren können eine Störung des Organs auslösen. Eine Schilddrüsenunterfunktion kann auch auf Grund einer Autoimmunerkrankung entstehen. Dabei richtet sich die körpereigene Abwehr irrtümlich gegen eigenes Schilddrüsengewebe und zerstört es.

➤ Ansteckung

Die Hypothyreose ist nicht ansteckend.

➤ Verlauf

Wenn die Schilddrüsenunterfunktion angeboren ist, kommt es auf Grund des Hormonmangels zu unproportioniertem Zwergwuchs mit verkrümmten und verkürzten Gliedmaßen, zu kurzem Gesichtsschädel und sonstigen Skelettentwicklungsstörungen. Die betroffenen Hunde sind oft weniger intelligent als ihre gesunden Artgenossen.

Tritt die Unterfunktion der Hormondrüse bei erwachsenen Hunden auf, stellen sich die entsprechenden Krankheitszeichen erst

allmählich ein, sodass sie zunächst gerne übersehen werden. Die Patienten schlafen mehr als sonst, sind lethargisch, zeigen weniger Interesse am Spielen und Spazieren gehen, frieren leicht und sehen müde und traurig aus. Auffallend ist die große Fresslust, die nach kurzer Zeit zur Fettleibigkeit führt. Viele Hunde trinken auch vermehrt. Das Fell wird struppig, glanzlos und schütter. Oft sind die Tiere symmetrisch auf beiden Rumpfseiten völlig kahl. Die Haut ist trocken, schuppig und verfärbt sich dunkel. Werden die Patienten geschoren, wachsen die Haare nur langsam oder gar nicht nach. Neben diesen typischen Symptomen einer Schilddrüsenunterfunktion treten weitere unspezifische Krankheitszeichen durch die Hormonmangelsituation auf: z. B. Herzminderleistung, Sterilität, Reizbarkeit und Gelenkschmerzen, um nur einige zu nennen. Manchmal sind Reizbarkeit und Aggressivität die einzigen Anzeichen für eine Störung der Schilddrüsenfunktion. Bei unklaren Krankheitszeichen und Wesensveränderungen empfiehlt es sich daher immer auch einen Schilddrüsenfunktionstest vom Tierarzt durchführen zu lassen.

➤ Tierärztliche Behandlung

Die Diagnose wird anhand einer oder mehrerer Blutuntersuchungen gestellt. Die betroffenen Hunde erhalten die fehlenden Schilddrüsenhormone in Tablettenform, wodurch sich in der Regel der Gesundheitszustand innerhalb kurzer Zeit bessert und die Symptome verschwinden.

➤ Häusliche Behandlung

Hunde mit Schilddrüsenunterfunktion sind leicht wesensverändert. Der Missmut und die Reizbarkeit des Tieres können das Mensch-Hund-Verhältnis leicht trüben. Bis die medikamentöse Therapie anschlägt, sollten Sie für den vierbeinigen Patienten Verständnis und Geduld aufbringen. Die Wesensveränderung ist krankheitsbedingt und verschwindet durch die Medikamente recht schnell. Voraussetzung ist allerdings die regelmäßige Gabe der vom Tierarzt verordneten Präparate.

➤ Vorbeugung

Gegen eine angeborene Schilddrüsenunterfunktion kann man nicht vorbeugen. Da im späteren Alter Störungen der Schilddrüsenfunktion auch durch Verletzungen des Organs entstehen können, sollte man die empfindliche Halspartie des Hundes mit Vorsicht behandeln. Grundsätzlich abzulehnen ist das ruckartige Ziehen am Halsband als »Erziehungsmethode«. Hundeschulen, die solche gesundheitsgefährdenden »mittelalterlichen« Methoden noch anwenden, sollten Sie meiden. Ebenso abzulehnen sind Stachel- oder Würgehalsbänder aus Metall. Auch wenn der Zusammenhang noch nicht eindeutig bewiesen ist, so liegt der Verdacht doch nahe, dass die Anwendung von Zug und Druck auf ein so empfindliches Organ wie die Schilddrüse auf Dauer schädlich ist.
Schonender und damit tiergerechter sind Brustgeschirre, die es für jede Hundegröße zu kaufen gibt.

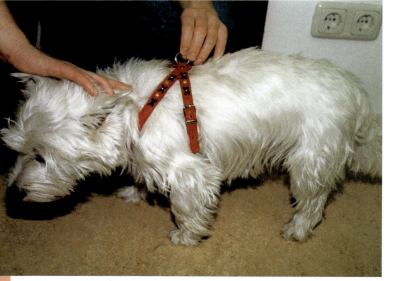

Ein Brustgeschirr ist schonender für die empfindliche Halspartie des Hundes als ein Halsband, das bei unsachgemäßer Handhabung auch Schilddrüsenschäden verursachen kann.

Naturheilkunde

Der **Blasentang** *(Fucus vesiculosis)* hat eine stimulierende Funktion auf die Schilddrüse. Er kann als Aufguss, als Tinktur sowie in Tabletten- oder Kapselform dem Hund verabreicht werden. Eine Tinktur lassen Sie sich am besten von Ihrem Apotheker anfertigen. Der Aufguss wird aus getrocknetem Blasentang durch Übergießen mit kochendem Wasser gewonnen. Nach 10 Minuten wird der Tang abgeseiht. Kapseln mit pulverisiertem Blasentang erhalten Sie in der Apotheke. Der schilddrüsenkranke Hund erhält entweder 1 Tasse abgekühlten Blasentangaufguss pro Tag ins Futter, 1 Kapsel mit pulverisiertem Tang oder 3 Tropfen Blasentang-Tinktur in Wasser verdünnt direkt in die Mundhöhle. Die Angaben beziehen sich immer auf 10 kg Körpergewicht. Wiegt der Hund weniger, wird die Dosis entsprechend reduziert, wiegt er mehr, wird sie erhöht.

Gefahr für den Menschen

– Keine –

INNERE HORMONDRÜSEN 129

Schilddrüsenüberfunktion

➤ Ursachen

Eine Überfunktion der Schilddrüse (Hyperthyreose) wird beim Hund sehr selten diagnostiziert. Die Ursache ist in fast allen auftretenden Fällen eine tumoröse Entartung des Organs, wobei Schilddrüsenhormone im Übermaß gebildet werden. Die Hyperthyreose tritt in der Regel nur bei älteren Hunden, vorwiegend bei Boxern, Golden Retrievern und Beaglen ab dem 8. Lebensjahr auf. In ganz seltenen Fällen finden man auch bei Junghunden eine nicht auf einen bösartigen Tumor zurückzuführende Schilddrüsenüberfunktion, die jedoch meist nach einiger Zeit spontan wieder verschwindet. Die Entstehungsursache dieser Junghund-Hyperthyreosen ist unbekannt.

➤ Ansteckung

Eine Hyperthyreose ist nicht ansteckend.

➤ Verlauf

Die betroffenen Hunde sind unruhig und nervös, hecheln ständig, setzen ungewöhnlich oft und viel Kot ab, schlafen wenig, trinken sehr viel und meiden Wärme. Sie verlieren trotz gutem Appetit rasch an Gewicht und magern »bis auf die Knochen« ab. Der Herzschlag ist krankhaft schnell (Tachykardie). Nicht selten bestehen Herzrhythmusstörungen.

➤ Tierärztliche Behandlung

Eine tumorbedingte Schilddrüsenüberfunktion kann nur durch die chirurgische Entfernung des Tumors geheilt werden.
Bei Junghunden mit Hyperthyreose wird bis zum spontanen Verschwinden der Erkrankung mit schilddrüsendämpfenden Medikamenten gearbeitet.

➤ Häusliche Behandlung

Neben der Überwachung der Wundheilung nach der operativen Schilddrüsenentfernung ist keine weitere häusliche Behandlung notwendig.

➤ Vorbeugung

Es gibt keine Vorbeugemaßnahmen gegen eine tumoröse Entartung der Schilddrüse.

> **Naturheilkunde**
>
> Ist eine Operation nicht möglich, kann eine Behandlung mit **Mistelpräparaten** *(Viscum album)* versucht werden. Extrakte aus der Mistel werden unter die Haut des Patienten gespritzt. Fragen Sie Ihren Tierarzt nach dieser pflanzlichen Behandlungsmöglichkeit.

> **Gefahr für den Menschen**
>
> – Keine –

2. NEBENNIEREN

Die beiden Nebennieren sitzen auf den oberen Polen der Nieren. Im Gegensatz zu den Nieren haben sie keine Filter- oder Ausscheidungsfunktion, sondern sind

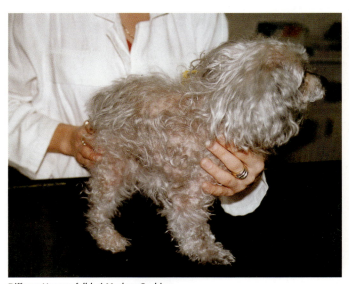

Diffuser Haarausfall bei Morbus Cushing.

INNERE HORMONDRÜSEN

Hormondrüsen. Man unterscheidet die helle Nebennierenrinde und das dunklere Nebennierenmark. Die dort gebildeten Hormone erfüllen viele Aufgaben im Organismus. Die Hormone des Nebennierenmarks (Adrenalin und Noradrenalin) wirken u. a. regulierend auf den Blutdruck. Die Hormone der Nebennierenrinde (Aldosteron, Glukokortikoide und Androgene) regulieren den Salz- und Wasserhaushalt des Körpers, die Verdauung, den Um- und Einbau von Nährstoffen in den Körper, den Energiehaushalt und die Geschlechtsfunktion. Es gibt unzählige Erkrankungen, die auf eine Störung der Nebennieren zurückzuführen sind. Sie alle vorzustellen würde den Rahmen diese Buches sprengen.

Morbus Cushing

➤ Ursachen

Eine der beim Hund am häufigsten diagnostizierte Funktionsstörung der Nebennierenrinde ist der Morbus Cushing oder das Cushing-Syndrom. Es handelt sich um eine chronische Überproduktion von kortisonartigen Hormonen in der Nebennierenrinde. Ursache ist entweder ein Tumor der Nebenniere selbst oder die tumoröse Entartung der ihr übergeschalteten Hormondrüse im Gehirn (Hypophyse). Die Erkrankung kommt gehäuft bei mittleren und kleinen Pudeln vor.

➤ Ansteckung

Morbus Cushing ist nicht ansteckend.

➤ Verlauf

Dem Besitzer fällt als erstes Symptom auf, dass der Patient sehr viel trinkt und immer hungrig ist. Er ist lethargisch und hechelt ständig. Bei längerem Bestehen der Erkrankung verändert sich der gesamte Körperbau und das Aussehen des Hundes. Es entsteht zunächst diffuser Haarausfall, dann haarlose Areale um die Ohren, an den seitlichen Bauchwänden, an den Flanken und Hinterbeinen. Der Kopf und die unteren Gliedmaßen bleiben von dem Haarausfall meist verschont. Der Rumpf des Hundes wird unproportional dick im Verhältnis zu den Gliedmaßen (Stammfettsucht). Es entwickelt sich ein Hängebauch. Durch das Überangebot an Kortison im Blut wird das Immunsystem geschwächt, wodurch die Entstehung von Hauterkrankungen, allgemeinen Infektionen und Wundheilungsstörungen begünstigt wird.

➤ Tierärztliche Behandlung

Der Tierarzt benötigt umfangreiche Laboruntersuchungen, um die Diagnose zu sichern. Die Behandlung des Morbus Cushing ist schwierig und führt in der Regel nicht zur Heilung. Wenn die operative Entfernung des Tumors nicht möglich ist, wird eine Therapie mit dem Medikament Lysodren versucht. Bei vielen Patienten kann damit eine lange Zeit Beschwerdefreiheit erreicht werden.

➤ Häusliche Behandlung

Die vom Tierarzt verordneten Medikamente müssen konsequent gegeben werden. Es handelt sich meist um eine lebenslange Therapie. Nach einiger Zeit, wenn die Behandlung Erfolg zeigt, nehmen die Patienten ab. Dann muss die Dosierung von Lysodren auf das neue Körpergewicht korrigiert werden. Manchmal treten Nebenwirkungen wie Durchfall, Erbrechen und Appetitlosigkeit auf. Auch dann kann eine Dosisanpassung notwendig sein. Bleiben Sie mit Ihrem Tierarzt in Kontakt. Der Gesundheitszustand und die Therapie eines Hundes mit Morbus Cushing sollte in regelmäßigen Abständen (anfangs einmal im Monat, später vierteljährlich) vom Tierarzt kontrolliert werden.

➤ Vorbeugung

Es gibt keine Vorbeugung gegen die Entstehung von Morbus Cushing.

Naturheilkunde

Eine Behandlung des Morbus Cushing mit Naturheilmitteln ist nicht möglich.

Gefahr für den Menschen

– Keine –

BRUSTORGANE

Die Brustorgane Herz und Lunge sind durch eine starke Muskelplatte (Zwerchfell) von den Bauchorganen getrennt. Durch ihre Lage und ihre Funktion sind Herz und Lunge eng miteinander verbunden. In der Lunge wird das Blut mit Sauerstoff angereichert und dann durch das Herz in den Körperkreislauf gepumpt.

Infektionen der Atemwege

➤ Ursachen

Alle Teile des Atemtraktes können erkranken. Die auslösenden Krankheitserreger sind in den meisten Fällen Viren. Neben relativ harmlosen Erkältungsviren können lebensbedrohliche Erkrankungen wie z.B. die Staupe Beschwerden des Atemtraktes verursachen. Auch wandernde Spulwurmlarven können die Atemwege reizen (siehe S. 88). Bakterien, die sich auf der vorgeschädigten Schleimhaut zusätzlich festsetzen, verschlimmern das Krankheitsbild.

Vielfach kommt es bei chronischer Vereiterung der Fangzähne zu Erkrankungen der Nase mit Niesen und Nasenausfluss. Die Scheidewand zwischen den Wurzeln der Fangzähnen und der Nasenhöhle ist sehr dünn und kann bei lang andauernden Entzündungen der Zahnwurzel durchbrechen.

➤ Ansteckung

Infektionen mit Viren und Bakterien sind in der Regel ansteckend. Ob ein Hund nach Kontakt mit einem, an einer Atemwegserkrankung leidenden Artgenossen ebenfalls erkrankt, hängt von den körpereigenen Abwehrkräften des Tieres ab. Die Anfälligkeit für Infektionen ist besonders hoch, wenn die Abwehr durch zusätzlich belastende Faktoren wie Kälte, Stress, chronische Erkrankungen oder Mangelernährung geschwächt wird. Manche Erkältungsviren können auch vom Menschen auf den Hund übertragen werden. Wenn also die ganze Familie schnupft, ist nicht selten auch der Hund erkrankt.

➤ Verlauf

Entzündungen der Nasenschleimhaut bezeichnet man als **Schnupfen**. Die erkrankten Hunde haben Nasenausfluss und niesen häufig. Wenn es sich bei den auslösenden Krankheitserregern um Viren handelt, ist der Nasenausfluss klar. Bakterien und Pilze verursachen einen trüben oder eitrigen Ausfluss. Bei starkem Infektionsdruck (viele Tiere sind erkrankt und stecken sich gegenseitig an) oder bei lang andauernden eitrigen Prozessen in der Nase (z.B. bei durchgebrochener Fangzahnvereiterung) und geschwächtem Allgemeinzustand kann sich die Entzündung der Nasenschleimhaut auf die unteren Atemwege ausdehnen. Ist

Infektionen der Atemwege treten in der kalten Jahreszeit bevorzugt auf.

auch der Kehlkopf mit den darin befindlichen Stimmbändern vom Krankheitsgeschehen betroffen, so leiden die Patienten unter Heiserkeit.

Die Mandeln (Tonsillen) im Rachen gehören zum körpereigenen Abwehrsystem und bilden einen »Verteidigungswall« gegen das Eindringen von Krankheitserregern. Bei Infektionen des oberen Atemtraktes (Katarr) sind sie häufig entzündet und geschwollen. Gesunde Mandeln sieht man beim Hund normalerweise nicht, da sie in kleinen Hauttaschen verborgen sind. Werden sie sichtbar, sind sie vergrößert und gereizt.

Typisches Symptom für eine **Mandelentzündung** (Tonsillitis) ist ein Husten, der mehr im oberen Bereich des Atemtraktes zu hören ist. Häufig würgen die Patienten beim Husten schaumigen Schleim aus, was mit Erbrechen verwechselt werden kann. Werden die Mandeln von den krankmachenden Erregern »überrannt«, kann sich die Infektion zu den Bronchien und der Lunge ausdehnen. Es kann eine **Bronchitis** und lebensbedrohende **Lungenentzündung** (Pneumonie) entstehen. In diesen Fällen besteht häufig hohes Fieber. Leitsymptome für Bronchitis und Lungenentzündung sind, je nach Stadium der Erkrankung, trockener oder rasselnder Husten und Atemnot. Da die genannten Symptome auch andere Ursachen haben können (z. B. eine

Herzerkrankung) sollte bei ihrem Auftreten immer ein Tierarzt zu Rate gezogen werden.

➤ Tierärztliche Behandlung

Um einer bakteriellen Zusatzinfektion und der lebensgefährlichen Ausdehnung der Entzündung auf die tieferen Atemwege vorzubeugen, wird der Tierarzt Antibiotika verabreichen. Medikamente, welche die körpereigene Abwehr stärken, sind hilfreich beim Kampf des Organismus gegen Krankheitserreger.

Bei einer Mandelentzündung hat sich das Auspinseln der Mandeln mit Jodglyzerin bewährt. Schleim- und hustenreizlösende sowie bronchienerweiternde Präparate lindern die Beschwerden des Patienten. Sind vereiterte Fangzähne am Krankheitsgeschehen beteiligt, müssen diese gezogen werden.

➤ Häusliche Behandlung

Ein Hund mit Atemwegserkrankung braucht Wärme. Hunde mit kurzem Fell sollten im Winter beim Spazierengehen Wärmeschutzkleidung tragen. Bei einer Mandelentzündung wirkt ein dicker Schal um den Hals Wunder. Er sollte bis zur Besserung der Symptome Tag und Nacht getragen werden. In manchen Großstädten ist das Tragen eines bunten Schals im Winter bei Hunden bereits eine Modeerscheinung, die vom gesundheitlichen Standpunkt sogar zu befürworten ist. Bei Bronchitis und

Lungenentzündung wird der Prießnitzumschlag mit Erfolg angewendet. Dazu wird ein in kaltes Wasser getauchtes Leinentuch ausgewrungen, dem kranken Hund um die Brust gelegt und mit Plastikfolie **dicht** abgedeckt. Das Ganze wird mit einer warmen Wolldecke umschlossen. Nach 3–4 Stunden wird die Wolldecke, die Plastikfolie und das Leinentuch abgenommen und der Hund trocken gerieben oder gefönt (siehe S. 23).

➤ Vorbeugung

Hunde mit kurzem Fell sollten niemals extremer Kälte ausgesetzt werden. Das Schwimmen in Seen und Flüssen während der kalten Jahreszeit sollten Sie Ihrem Hund nicht erlauben. Die Luftfeuchtigkeit in der Wohnung sollte nicht zu niedrig sein. Trockene Heizungsluft reizt die empfindliche Schleimhaut der Atemwege und öffnet damit Krankheitserregern Tür und Tor. Legen Sie häufig nasse Tücher auf die Heizkörper oder verwenden Sie Luftbefeuchter. Rauchen in geschlossenen Räumen schadet nicht nur dem Menschen, sondern ist auch für den Hund ein Gesundheitsrisiko. Hunde, die in Raucherhaushalten leben, leiden häufiger unter Atemwegserkrankungen als Hunde von Nichtrauchern. Die regelmäßige Zahnkontrolle durch den Tierarzt verhindert, dass Entzündungen und Zahnwurzelvereiterungen übersehen werden.

BRUSTORGANE 133

Bunte Halstücher sind hübsch und halten warm.

Naturheilkunde

Wie bei anderen durch Viren ausgelöste Erkrankungen, eignen sich Präparate aus der Naturheilkunde zur Stärkung des Immunsystems hervorragend als Therapie bei Atemwegserkrankungen. Neben Präparaten aus **Rotem Sonnenhut** *(Echinacea purpurea)* in Tropfenform wirkt ein Aufguss (Tee) aus **Huflattich** *(Tussilago farfara)* gegen Husten und Heiserkeit. Der erkrankte Hund erhält in der akuten Krankheitsphase dreimal täglich 1 Tropfen Echinacea purpura pro kg Körpergewicht in Wasser verdünnt direkt in die Mundhöhle sowie 1 Tasse Huflattich-Tee pro 10 kg Körpergewicht mit dem Futter vermischt.

Gefahr für den Menschen

Es gibt wenige »Erkältungsviren«, die sowohl Hunde als auch Menschen befallen können. Die Ansteckung von Mensch zu Hund ist dann in der Regel wesentlich häufiger als umgekehrt. Die am häufigsten angetroffenen Krankheitserreger bei Atemwegserkrankungen des Hundes sind jedoch nicht auf den Menschen übertragbar.

Trachealkollaps

➤ **Ursachen**

Es handelt sich um eine Verengung der Luftröhre durch Einsinken der Verbindungshäute zwischen den Knorpelringen. Die Ursache ist bisher nicht eindeutig geklärt. Man vermutet jedoch eine Schwäche der Ringknorpel. Betroffen sind ausschließlich Kleinsthundrassen, davon gehäuft Yorkshire Terrier, Chihuahua und Zwergpudel. Oft ist die Neigung zum Trachealkollaps vergesellschaftet mit einer Herzerkrankung.

➤ **Ansteckung**

Die Neigung zum Trachealkollaps ist nicht ansteckend.

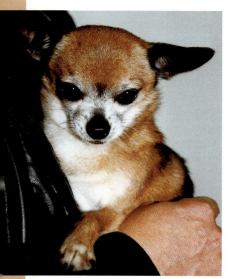

Der Trachialkollaps ist eine Erkrankung von Kleinsthunderassen.

➤ **Verlauf**

Es treten sporadisch, vor allem bei Aufregung, Anstrengung, plötzlichem Einatmen kalter Luft oder Aufnahme von kaltem Wasser oder Futter Husten und Atemnot auf. In ausgeprägten Fällen kann es zu kurzzeitigem Bewusstseinsverlust kommen. Der Husten ist in der Regel laut und trocken und vergeht nach ein paar Minuten wieder.

➤ **Tierärztliche Behandlung**

Die Versuche durch eine plastische Operation die schwachen Knorpelringe der Luftröhre durch Kunststoff zu ersetzen brachten meist nicht den erwünschten Erfolg. Heute wird der Trachealkollaps mit entzündungshemmenden und bronchienerweiternden Medikamenten behandelt.

➤ **Häusliche Behandlung**

Bei einen Anfall sollten Sie beruhigend auf den kleinen Patienten einwirken. Atemnot macht Angst, was die Symptome noch verstärkt. Nehmen Sie den kleinen Hund auf den Arm und sprechen Sie mit ruhiger Stimme mit ihm. In der Regel reicht das aus, um Husten und Atemnot zum verschwinden zu bringen. Bei längeren Anfällen hilft ein bronchienerweiterndes Zäpfchen. Sprechen Sie mit Ihrem Tierarzt. Er wird Ihnen das geeignete Präparat als Notfallmedikament gerne überlassen.

➤ **Vorbeugung**

Es empfiehlt sich bei Hunden mit der Neigung zum Trachealkollaps ein Brustgeschirr anzuziehen. Der Druck eines Halsbandes auf die Luftröhre kann einen Hustenanfall mit Atemnot auslösen.

Naturheilkunde
Es gibt keine Behandlungsmöglichkeiten aus der Naturheilkunde beim Trachealkollaps.

Gefahr für den Menschen
– Keine –

Lungenödem

➤ **Ursachen**

Bei einem Lungenödem tritt Flüssigkeit aus den Blutgefäßen des Atmungsapparates aus und sammelt sich in der Lunge und in den Bronchien. Die weitaus häufigste Ursache für die Entstehung eines Lungenödems ist eine Herzminderleistung. Das Herz als »Druck-Saug-Pumpe« kann dabei seine Aufgabe nicht mehr ausreichend erfüllen. Es kommt zu Stauungen im Herz-Lungen-Kreislauf mit »Wasser« in der Lunge (siehe auch S. 137). Eine Vergiftung mit Pflanzenschutzmitteln als Ursache eines Lungenödems ist möglich, aber relativ selten. Diese Gifte verursachen unter anderem eine Schwäche der

BRUSTORGANE 135

Blutgefäßwände. Dadurch diffundiert die Flüssigkeit aus dem Blut (nicht die roten und weißen Blutkörperchen) durch die Gefäßwand in die Lunge.

➤ Ansteckung

Ein Lungenödem ist nicht ansteckend.

➤ Verlauf

Typisches Zeichen für ein Lungenödem ist der Husten, anfangs vor allem nachts und in den frühen Morgenstunden, später auch tagsüber. Der Husten kann trocken bellend, aber auch feucht rasselnd sein. Es besteht zunächst leichte, später schwere Atemnot. Die Hunde sind unruhig und verändern ständig ihre Körperhaltung. Sie möchten sich nicht hinlegen, da durch die liegende Stellung der Brustkorb gedrückt und damit die Atmung noch stärker behindert wird. Es besteht oft **pumpende Flankenatmung**, d.h. die Atembewegungen die normalerweise gleichzeitig am Brustkorb und am Bauch zu beobachten sind, werden nur noch im Bauchbereich gesehen. Im lebensbedrohlichen Endstadium tritt aus der Nase und dem Mund leicht rötliche Flüssigkeit oder weißer bis rosaroter feinblasiger Schaum. Unbehandelt ersticken die Patienten.

➤ Tierärztliche Behandlung

Als Sofortmaßnahme erhält der Hund Sauerstoff sowie kreislaufstabilisierende, entwässernde und bronchienerweiternde Medikamente. Die Weiterbehandlung richtet sich nach der Ursache. Nach Überstehen der lebensbedrohlichen Phase ist in der Regel eine Dauerbehandlung des Hundes mit Medikamenten erforderlich.

➤ Häusliche Behandlung

Das Lungenödem ist eine akute Notfallsituation und sollte so schnell wie möglich durch einen Tierarzt behandelt werden. Reden Sie beruhigend mit dem kleinen Patienten und vermeiden Sie jede Hektik. Das Tier droht zu ersticken und hat Todesangst. Der Transport zum Tierarzt sollte so schonend wie möglich im Auto erfolgen. Auf keinen Fall darf der Hund zum Gehen gezwungen werden, auch nicht, wenn der Tierarzt nur um die Ecke wohnt. Drücken Sie beim Hochheben dem Patienten nicht auf den Brustkorb und zwingen Sie ihn nicht, sich hinzulegen, wenn er sitzen will. Öffnen Sie am besten alle Fenster im Auto, damit der Hund während des Transportes genügend Luft bekommt.

➤ Vorbeugung

Da es sich bei einem akuten Lungenödem häufig um den »Supergau« einer schweren Herzminderleistung handelt, ist die beste Vorbeugung die regelmäßige Gesundheitskontrolle durch den Tierarzt. Herzerkrankungen werden dadurch rechtzeitig erkannt und können behandelt werden, bevor es zu einem solchen Notfall kommt.

Naturheilkunde

Das Lungenödem ist eine akute Notfallsituation. Der Patient droht zu ersticken. Präparate aus der Naturheilkunde reichen zur Behandlung eines akuten Lungenödems nicht aus. Nur durch eine kompetente tierärztliche Behandlung kann das Leben des betroffenen Hundes gerettet werden.
Hunde, die auf Grund einer Herzerkrankung zu Stauungen in den Lungen neigen, sollten mit **Hirse** gefüttert werden. Hirse ist eine Getreideart, die den Körper sanft entwässert. Zusammen mit Fleisch, Milchprodukten oder Fisch wird Hirse von Hunden in der Regel gerne gegessen.

Gefahr für den Menschen

– Keine –

Tumoren des Atemtraktes

➤ Ursachen

Tumoren des Atemtraktes sind beim Hund hauptsächlich Metastasen (Tochterschwulste) aus bösartigen tumorösen Veränderungen anderer Organe. Besonders häufig findet man Lungenmetastasen bei Gesäugekrebs.

➤ Ansteckung

Tumoren des Atemtraktes werden nicht von Hund zu Hund übertragen.

BRUSTORGANE

➤ Verlauf

Husten, Müdigkeit auf Grund Sauerstoffmangels, Appetitlosigkeit, akute Atemnot bis hin zu Erstickungsanfällen stehen als Symptome im Vordergrund.

➤ Tierärztliche Behandlung

Die Chancen auf Heilung sind schlecht. Ob bei Tumoren unserer Haustiere ebenso wie beim Menschen Bestrahlungen mit harten Gammastrahlen oder Chemotherapie angewandt werden soll, darüber kann man sicherlich diskutieren. Die Möglichkeit es zu tun besteht durchaus. Man darf jedoch niemals das Ziel einer Behandlung beim Tier aus den Augen verlieren: Es gilt die Lebensfreude wiederherzustellen und zu erhalten. Ob dies bei der ungünstigen Prognose von Lungentumoren gelingt, ist fraglich.

Eine Behandlung, die durch ihre Nebenwirkungen den Patienten übermäßig, d.h. mehr als die Krankheit selbst, belastet, ist dann abzulehnen, wenn die Chancen auf Heilung so verschwindend gering sind, wie bei Tumoren der tiefen Atemwege. Bei Tumoren der Nase, des Kehlkopfs und der Luftröhre kann in manchen Fällen ein chirurgischer Eingriff zur Heilung führen.

➤ Häusliche Behandlung

Akute Atemnot und Erstickungsanfälle können plötzlich zu Hause auftreten. Neben einer

Telefonnummer, über die Sie Ihren Tierarzt oder eine Tierklinik jederzeit erreichen können, sollten Sie ein Notfallpräparat zum Spritzen oder als Zäpfchen zu Hause haben. Es gibt Medikamente, welche die Bronchien erweitern und bei Erstickungsanfällen dem Hund bis zum Erreichen eines Tierarztes Erleichterung verschaffen. Fragen Sie Ihren Tierarzt nach einem solchen Notfallpräparat.

➤ Vorbeugung

Außer einer gesunden, ausgewobenen Ernährung und hundegerechten Haltung gibt es unzählige

---

Naturheilkunde

Die Mistel *(Viscum album)*, eine bereits im Jahre 1920 von Rudolf Steiner vorgeschlagene Heilpflanze für die Onkologie (Krebsheilkunde), wird auch heute noch in der anthroposophischen Medizin gegen Tumorerkrankungen eingesetzt. Auch bei Hunden wird sie bei den verschiedensten Tumoren angewandt. Hauptsächlich wirkt das zu injizierende Fertigpräparat (Iscador) stärkend auf das Immunsystem. Zusätzlich hat die Mistel zytostatische (die Zellteilung hemmende) Eigenschaften und bewirkt eine geringere Vermehrung von Tumorzellen. Iscador sollte über einen längeren Zeitraum angewandt werden, wobei die Konzentration nach einem bestimmten Schema von Injektion zu Injektion gesteigert und später wieder verringert wird. Während der Behandlung kann Fieber auftreten, was erwünscht ist, denn auch Fieber hemmt das Tumorwachstum.

Vorbeugemaßnahmen gegen Krebs. Allen gemeinsam ist die stärkende Wirkung auf das Immunsystem. Hündinnen bestimmter Hunderassen (Pudel, Boxer, Schäferhund, Dackel) neigen ganz besonders dazu, an Gesäugekrebs zu erkranken. Weibliche Tiere grundsätzlich und Hündinnen der genannten Rassen insbesondere sollten, um dies zu verhindern, **vor der ersten Läufigkeit** kastriert werden (siehe S. 26 und 113).

Gefahr für den Menschen

– Keine –

Herzerkrankungen

➤ Ursachen

Herzkrankheiten werden bei Hunden immer häufiger diagnostiziert. Das liegt wohl daran, dass in den letzten Jahren ein größeres Augenmerk auf Vorsorgeuntersuchungen gelegt wird als früher.

Es gibt angeborene und erworbene Herzkrankheiten. Durch die Reiselust der Hundebesitzer werden in den letzten Jahren vermehrt Herzerkrankungen auf Grund des **Herzwurms** *(Dirofilaria immitis)* gesehen (siehe Reisekrankheiten, S. 52). Der Parasit lebt in der rechten Herzkammer oder in der Lungenarterie und verursacht massive Schäden.

BRUSTORGANE

➤ Ansteckung

Herzerkrankungen sind nicht ansteckend. Auch der Herzwurm wird nicht direkt von einem Hund zum anderen übertragen. Die Verbreitung des Herzwurms erfolgt in den Herkunftsländern dieses Parasiten über einen Zwischenwirt.

➤ Verlauf

Die Symptome sind unterschiedlich, je nachdem, welcher Teil des Herzens verändert ist. Zu Beginn sind sie für den Hundebesitzer oft nicht erkennbar. Wird in diesem Stadium eine Herzerkrankung durch Abhören des Organs vom Tierarzt festgestellt, stößt er nicht selten beim Tierbesitzer auf Unglauben. Der Hund sei munter und agil. Es seien zu Hause keine Anzeichen für eine Herzerkrankung zu sehen. Eine geringfügige Leistungsminderung wird auf das zunehmende Alter des Tieres geschoben.

Der Grund für diese anfängliche Diskrepanz zwischen einer bestehenden Herzerkrankung und fehlenden Symptomen liegt an der großen Kompensationsfähigkeit dieses Organs. Es arbeitet, um die Blutversorgung der Organe zu sichern, mehr als ein gesundes Herz. Da das Herz jedoch überwiegend aus Muskelgewebe besteht, führt diese vermehrte Arbeitsleistung zu schleichender Vergrößerung des Organs. Ab einer bestimmten Größe jedoch treten Probleme auf: Die Herzklappen schließen nicht mehr vollständig, die Pumpleistung des Herzens nimmt ab und die Blutversorgung des vergrößerten Herzmuskels durch die Herzkranzgefäße ist nicht mehr ausreichend gewährleistet. Da ein krankes Herz seine Funktion nicht mehr ausreichend erfüllen kann, kommt es zu Mangeldurchblutungen in den verschiedensten Organen. Es entstehen Schäden vor allem in den Nieren, der Leber und im fortgeschrittenen Stadium im Gehirn. Stauungen im Kreislauf führen zu Wasseransammlungen vor allem in der Lunge (siehe S. 134). Die betroffenen Hunde leiden unter schwerster Atemnot bis hin zu Erstickungsanfällen.

➤ Tierärztliche Behandlung

Der Tierarzt kann bei der Auskultation des Herzens (Abhören mit dem Stethoskop) Abnormitäten des Herzschlags, Nebengeräusche, Herzrhythmusstörungen oder Wasseransammlungen in der Lunge feststellen. Eine genauere Diagnose wird durch Röntgen, EKG und Ultraschall gestellt. Blutuntersuchungen sind erforderlich, um festzustellen, inwieweit bereits andere Organe am Krankheitsgeschehen beteiligt sind.

Die Therapie einer Herzerkrankung gehört in die Hände eines Spezialisten und ist je nach Art und Ausprägung der Störung und individuellem Krankheitsbild verschieden. Die verordneten Medikamente müssen lebenslang gegeben werden, auch wenn es dem Tier wieder besser geht. Da es sich bei vielen Herzkrankheiten um einen Organschaden handelt, der sich nicht mehr regenerieren kann, geht es dem Patienten ja nur deshalb besser, weil er die unterstützenden Medikamente erhält. Ein plötzliches Absetzen der Arzneimittel

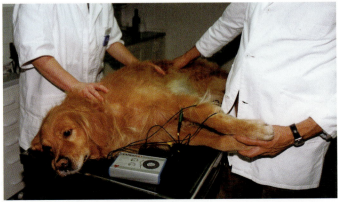

Bei Verdacht auf eine Herzerkrankung ist das EKG eine von mehreren Diagnosemöglichkeiten.

BRUSTORGANE

Anstrengende Bergtouren sind gefährlich für herzkranke Hunde.

kann fatale Folgen haben, unter Umständen sogar den Tod des Tieres verursachen.

> ### ➤ Häusliche Behandlung

Ein herzkranker Hund muss konsequent seine Medikamente einnehmen. Körperlicher und seelischer Stress belasten das Herz und sollten nach Möglichkeit von dem Patienten fern gehalten werden. Lange Urlaubsfahrten in heiße Länder mit dem Auto oder gar Flugreisen, anstrengende Bergtouren, aber auch die Unter-

Rad fahren mit einem herzkranken Hund ist Tierquälerei.

bringung in einer Tierpension sind je nach Stadium der Herzkrankheit nicht ungefährlich. Besprechen Sie sich daher mit Ihren Tierarzt bevor Sie Ihren Urlaub planen.

> ### ➤ Vorbeugung

Die Unsitte Hunde neben dem Fahrrad herlaufen zu lassen ist noch immer sehr verbreitet. Häufig wird dies auch noch an heißen Sommertagen den Tieren zugemutet. Hunde sind Rudeltiere und werden, um mit dem Rudel mitzuhalten, immer über ihre eigenen Grenzen gehen. Wird das Organ chronisch überfordert, entwickelt sich ein »Sportlerherz«, d. h. eine Vergrößerung des Herzmuskels. Latente Herzfehler oder Herzerkrankungen im Anfangsstadium verschlechtern sich dadurch rapide. Einem herzkranken Hund solche Leistungen abzuverlangen ist Tierquälerei. Regelmäßige Herzkontrolle durch den Tierarzt einmal im Jahr (beim Impftermin) helfen Herzkrankheiten im Frühstadium zu erkennen.

Naturheilkunde

Präparate aus der Naturheilkunde sind bei schweren Herzerkrankungen keine Alternative zu den vom Tierarzt verordneten Medikamenten, sondern lediglich eine Begleittherapie. Sie können keine herzentlastenden (z. B. ACE-Hemmer) oder herzunterstützenden Präparate (z. B. Digitalis) ersetzen. Zur Unterstützung, vor allem im Sommer bei schwülem Wetter, eignet sich **Weißdorn** *(Crataegus oxycantha* und *Crataegus monogyna)*. Sie erhalten Weißdorn in Tropfen- oder Tablettenform bei Ihrem Tierarzt. 1 Tropfen pro kg Körpergewicht oder 1 Tablette pro 10 kg Körpergewicht werden dem Hund täglich verabreicht. Im Anfangsstadium einer Herzerkrankung, wenn noch keine anderen Medikamente erforderlich sind, kann Weißdorn für einige Zeit die einzige Therapie sein. Viele Tierärzte verwenden die Heilpflanze bei diagnostizierten Herzerkrankungen im Frühstadium um die fortschreitende Verschlechterung des kranken Herzens hinauszuzögern.

Gefahr für den Menschen

– Keine –

SINNESORGANE

Erkrankungen der Augenlider

➤ Ursachen

Neben angeborenen Anomalien können **Verletzungen,** bakterielle **Infektionen, Milben, Pilze** und **Tumoren** zu Veränderungen der Augenlider führen. Bakterielle Infektionen entstehen meist aus unversorgten Verletzungen, die sich der Hund z. B. beim Durchstreifen von dornigen Büschen oder bei Raufereien zuzieht. Besteht Juckreiz an den entzündeten Augenlidern, verletzen sich die Tiere häufig durch Kratzen am Auge noch mehr.
Unter einem **Ektropium** versteht man die Auswärtsdrehung des unteren Lidrandes. Der dadurch unvollständige Lidschluss verursacht oft ständigen Tränenfluss und Entzündungen der Bindehaut. Ein Ektropium ist bei Hunden mit reichlich verschieblicher Kopfhaut oft angeboren (z. B. Basset, Bernhardiner, Spaniel), kann jedoch auch durch Vernarbungen nach einer Verletzung des Unterlides auftreten.
Das **Entropium** findet man häufig beim Chow Chow, bei deutschen Vorstehhunden, beim Rottweiler und beim Pudel. Es handelt sich dabei um ein Einwärtsrollen des unteren Lidrandes. Die dadurch ebenfalls einwärtsgedrehten Wimpern des Unterlides reizen die Augen und führen zu chronischen Entzündungen. Auch das Entropium kann angeboren oder durch Vernarbung des Unterlides nach einer Verletzung erworben sein.
Bei der **Trichiasis** handelt es sich um fehlgerichtete Wimpern im Ober- oder Unterlid, die ebenfalls zu Reizungen und chronischen Entzündungen der Augen führen können.
Gerstenkörner sind eitrige Entzündungen der Haarbalgdrüsen am äußeren Lidrand oder der Meibomschen Drüsen am inneren Lidrand. Sie treten bei Hunden mittleren Alters gehäuft auf.

Hagelkörner dagegen sind nichteitrige Talgansammlungen durch Verstopfung der Ausführungsgänge der Meibomschen Drüsen. Sie können durch ihre Größe und ihre Lage am inneren Lidrand die Augenhornhaut reizen.

➤ Ansteckung

In der Regel sind Augenlidverletzungen nicht von Hund zu Hund übertragbar. Ausnahmen sind Infektionen mit Pilzen oder Milben.

➤ Verlauf

Unversorgte Verletzungen können sich innerhalb weniger Stunden zu eitrigen Wunden entwickeln und sollten so früh wie möglich behandelt werden. Lidtu-

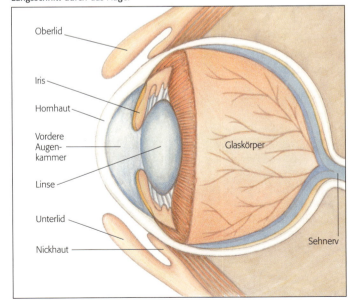

Längsschnitt durch das Auge.

Oberlid
Iris
Hornhaut
Vordere Augenkammer
Linse
Unterlid
Nickhaut
Glaskörper
Sehnerv

moren beim Hund sind selten. Meist sind es schwarze knotige Veränderungen, die relativ langsam wachsen. Ob sie gut oder bösartig sind, kann nur eine chirurgische Entfernung mit anschließend feingeweblicher Untersuchung klären. Hautpilze und Milben befallen in den seltensten Fällen nur die Augenlider. Meist ist die ganze Kopfregion oder der ganze Körper mitbetroffen. Ektropium und Entropium sowie fehlgerichtete Haare im Lidbereich führen zu chronischen Entzündungen der Augenbindehaut mit zunächst klarem, später oft eitrigem Augenausfluss. In vielen Fällen ist die Hornhaut des betroffenen Auges miterkrankt. Es entstehen Hornhauttrübungen und Geschwüre bis hin zum Durchbruch der Hornhaut mit Verlust des Auges.

➤ Tierärztliche Behandlung

Eitrige Lidverletzungen werden konservativ, d. h. mit Augensalben behandelt. Dabei ist die frühzeitige Therapie wichtig, um Vernarbungen der Augenlider zu verhindern.
Lidrandveränderungen wie Ektropium und Entropium werden, wenn sie starke Probleme machen, operativ reguliert. Fehlgerichtete Haare an den Lidern (Trichiasis) entfernt der Tierarzt durch Epilation. Dabei werden die Haarwurzeln elektrisch verödet. Beim Gerstenkorn hilft lokale Wärme und antibiotikumhaltige Augensalben. Heiße Augen-

kompressen werden von den Hunden in der Regel gerne toleriert (siehe S. 20). Hagelkörner werden vom Tierarzt unter lokaler Betäubung ausgedrückt und ebenfalls, um einer Entzündung vorzubeugen, antibiotisch versorgt. Wenn sie immer wieder neu auftreten, kann die Meibomsche Drüse auch durch Kälteeinwirkung (Kryochirurgie) verödet werden.

➤ Häusliche Behandlung

Häufig sind verletzte Augenlider mit Entzündungssekreten verklebt. Zu Hause werden die Augen mehrmals täglich mit heißem Wasser gereinigt. Eine vom Tierarzt verordnete Antibiotikum-Augensalbe muss mindestens 6 Tage konsequent angewandt werden, um die Bildung resistenter Keime zu verhindern. Jede weitere Therapie am Auge sollte grundsätzlich nur von einem Tierarzt durchgeführt werden.

Naturheilkunde

Schlecht heilende eitrige Wunden an den Lidrändern sprechen sehr gut auf **Ringelblume** *(Calendula officinalis)* an. Pressen Sie etwa 1–2 Minuten einen in heißen Ringelblumentee getränkten und danach wieder ausgedrückten Wattebausch auf das erkrankte Augenlid.
Vorsicht: Kompressen mit Kräutertee dürfen nicht angewandt werden, wenn das Auge selbst verletzt ist (auch kein Kamillentee!). Sie enthalten immer Schwebstoffe, welche die Augen zusätzlich reizen.

➤ Vorbeugung

Augenliderkrankungen kann man eigentlich nicht durch Vorbeugemaßnahmen verhindern. Lediglich eine Verschlimmerung einer Verletzung durch bakterielle Zusatzinfektion wird durch die sofortige Versorgung meist verhindert.

Gefahr für den Menschen

– Keine –

Erkrankungen der Bindehaut

➤ Ursachen

Bindehautentzündungen (Konjunktivitis) treten vor allem bei jungen Hunden auf. Bei Ektropium, Entropium, Trichiasis oder Lidtumoren ist die Konjunktivitis ein Leitsymptom (siehe S. 139). Ursachen sind Infektionserreger wie Viren, Bakterien, Chlamydien und Mycoplasmen. Auch Allergien oder Reizungen durch starken Zigarettenrauch können für Entzündungen der Augenbindehäute verantwortlich gemacht werden. Im Rahmen von systemischen (den ganzen Körper betreffenden) Viruserkrankungen wie z. B Zwingerhusten und Staupe tritt eine Konjunktivitis ebenfalls auf. Bei kleinen Hunderassen findet man häufig Verwachsungen oder Verklebungen des Tränen-Nasen-

SINNESORGANE 141

Kanals, wodurch die Tränenflüssigkeit nicht abfließen kann und über die Lidrand tropft. Solche Tiere sind ebenfalls sehr anfällig für Bindehautentzündungen. Im Sommer entstehen Reizungen der Augen nicht selten bei Hunden, die gerne aus dem Fenster eines fahrenden Autos schauen oder auf dem Rücksitz eines offenen Cabriolet mitfahren. Der Fahrtwind selbst sowie kleinste Fremdkörper, die in die Augen fliegen, verursachen häufig Probleme. Zusätzliche Infektionen mit Bakterien verschlimmern das Krankheitsbild.

➤ Ansteckung

Bindehautentzündungen, die durch Krankheitserreger hervorgerufen werden, können von Hund zu Hund, aber auch über Gegenstände, Futterschüssel oder Decken übertragen werden.

➤ Verlauf

Das Leitsymptom einer Konjunktivitis ist ein »rotes Auge« mit Augenausfluss, Juckreiz und Lichtüberempfindlichkeit. Bei Beteiligung von Bakterien am Krankheitsgeschehen wird der anfänglich klare Augenausfluss trübe.

➤ Tierärztliche Behandlung

Wenn eine Bindehautentzündung im Rahmen einer Allgemeinerkrankung auftritt, wird der Tierarzt nicht nur das Auge, sondern den »ganzen Hund« behandeln. Bei Beteiligung von Bakterien werden antibiotikumhaltige Augensalben eingesetzt. Einer Viruskonjunktivitis lässt sich durch Stärkung der körpereigenen Abwehrkräfte mit Paramunitätsinducern (siehe S. 35) und Vitamin C sowie virushemmende Augensalben beeinflussen. Bei Allergien sollte im günstigsten Fall die allergieauslösende Substanz aus dem Bereich des Patienten entfernt werden. Ist dies nicht möglich, so lässt sich bei starken Beschwerden der Einsatz von Kortison nicht vermeiden. Zigarettenrauch ist auch für Hunde und nicht nur für die Augen schädlich. In Räumen, wo Hunde leben, sollte daher nicht geraucht werden. Entropium, Ektropium, nach innen gebogene Augenwimpern (Trichiasis) sowie Lidtumoren sollten, vor allem dann wenn sie chronische Bindehautentzündungen hervorrufen, chirurgisch versorgt werden.

➤ Häusliche Behandlung

Antibiotikumhaltige Augensalben müssen mindestens 7 Tage verabreicht werden. Auch wenn vor Ablauf dieser Zeit die Symptome verschwinden, muss die Behandlung zu Hause fortgesetzt werden, um Rückfälle zu vermeiden. Eventuell übriggebliebene Salben sollten Sie Ihrem Tierarzt zurückgeben, damit er sie zum Sondermüll geben kann. Bitte heben Sie geöffnete Augensalben-Tuben oder Augentropfen nicht länger als 8 Tage auf. Sie werden durch die Außenluft bakteriell verunreinigt und richten beim erneutem Gebrauch mehr Schaden als Nutzen an.

Wird der Augenausfluss trübe, sind Bakterien am Krankheitsgeschehen beteiligt.

Bindehautentzündungen beeinträchtigen durch Juckreiz und Schmerzen die Lebensfreude des Patienten.

Bei einer Konjunktivitis hat sich eine heiße Augenkompresse vor der Verabreichung von Augensalbe sehr bewährt. (siehe S. 20)

> **Vorbeugung**

Unterbinden Sie das Hinausschauen aus dem Autofenster während der Fahrt und lassen Sie angeborene oder später entstandene Auslöser für Entzündungen der Bindehaut (z.B. Entropium, Ektropium) rechtzeitig von Ihrem Tierarzt behandeln. Bei Hunden mit Verstopfung oder Verwachsung des Tränen-Nasen-Kanals helfen ebenfalls die oben beschriebenen heißen Augenkompressen eine Konjunktivitis zu verhindern.

Naturheilkunde

Die Blätter des **Walnussbaums** *(Juglans regia)* wirken beruhigend auf eine entzündete Augenbindehaut. Lassen Sie sich von Ihrem Apotheker eine Tinktur aus Walnussblättern herstellen. 5 Tropfen mit $1/2$ Liter Wasser verdünnt ergeben eine Badelösung für die Augen. Tauchen Sie einen Wattebausch in die Badelösung und legen Sie ihn (ohne ihn vorher auszudrücken) auf die entzündeten Augen Ihres Hundes. Mit der herunterlaufenden Flüssigkeit werden Entzündungserreger aus dem Auge herausgespült.

Gefahr für den Menschen

– Keine –

Erkrankungen der Nickhaut

> **Ursachen**

Das Sichtbarwerden des dritten Augenlides (Nickhaut) beim Hund ist ein Zeichen für lokale Entzündungen der Nickhaut, aber auch für Infektions- und Nervenerkrankungen oder Schwächezustände.
Besonders bei großen Hunderassen (Dogge, Bernhardiner, Dobermann) findet man zuweilen ein **nach außen gerolltes drittes Augenlid**, was durch Reizung der Bindehaut zu Entzündungen und vermehrtem Tränenfluss führt. Diese Störung ist angeboren.
Eine »Kinderkrankheit« ist der **Follikelkatarr**. Es ist die häufigste Augenerkrankung bei jungen Hunden und verschwindet meist ab dem 2. Lebensjahr. Betroffen sind auch hier hauptsächlich großrassige Hunde.

> **Ansteckung**

Wenn eine den ganzen Körper betreffende Infektionskrankheit (z.B. Staupe) Ursache des Nickhautvorfalls ist, kann diese auf andere Hunde übertragen werden. Lokale Entzündungen sind in der Regel nicht ansteckend.

> **Verlauf**

Die knorpelige Membran, auch Nickhaut oder drittes Augenlid genannt, liegt normalerweise versteckt im inneren Augenwinkel. Bei den oben genannten Erkrankungen kann sie bis in die Mitte der Augen vorfallen und sie bis zur Hälfte verdecken. Der Follikelkatarrh ist gekennzeichnet durch glasige Knötchen auf der Innen- und Außenseite des dritten Augenlides sowie auf der Bindehaut. Die Nickhaut und die Augenbindehäute sind entzündet, deutlich geschwollen und haben ein himbeerartiges Aussehen.
Die Krankheit verschwindet meist spontan ab dem 2. Lebensjahr.

Das Sichtbarwerden des dritten Augenlides kann unterschiedliche Ursachen haben.

SINNESORGANE

➤ Tierärztliche Behandlung

Bei einer eingerollten Nickhaut wird der Teil, der dem Tier Probleme macht, chirurgisch entfernt. Der Follikelkatarr der Junghunde wird über längere Zeit (mindestens 14 Tage!) mit kortison- und antibiotikumhaltigen Augensalben behandelt. Bis zum Alter von 2 Jahren kommt es bei vielen Patienten häufig zu Rezidiven (Wiederauftreten der Krankheit). Danach tritt diese Augenkrankheit sehr selten auf.

➤ Häusliche Behandlung

Die häusliche Behandlung richtet sich nach der Grundkrankheit. Beim Follikelkatarr helfen täglich angewandte heiße Augenkompressen (siehe S. 20) zusätzlich zu der vom Tierarzt verordneten Augensalbe, die Beschwerden des Patienten mildern.

➤ Vorbeugung

Nicht möglich.

Naturheilkunde

Bei Entzündungen der Nickhaut helfen (wie bei der Bindehautentzündung) Waschungen der Augen mit einer in Wasser verdünnten Tinktur aus **Walnussblättern** *(Juglans regia)*. Die Tinktur wird vom Apotheker hergestellt.

Gefahr für den Menschen

– Keine –

Erkrankungen des Tränenapparates

➤ Ursachen

Unter Ephiphora, einem krankhaften **Tränenfluss** mit brauner Sekretrinne vom Augenwinkel bis in die Mitte des Gesichts, leiden viele Kleinstrassen (z. B. Zwergpudel, Yorkshire). Ursache ist hier eine Verengung des Tränen-Nasen-Kanals, bedingt durch die Zwergzucht. Verstopft der ohnehin enge Kanal oder verklebt er durch Entzündungsvorgänge, so fließt die Tränenflüssigkeit nicht mehr ab. Das betroffene Auge »läuft über«, wodurch die bereits erwähnte Sekretrinne entsteht.

➤ Ansteckung

Es besteht keine Ansteckungsgefahr für andere Hunde.

➤ Verlauf

Neben der unschönen Sekretrinne, können sich in der Augenbindehaut und auf der Haut unter der Sekretrinne Entzündungen bilden.

➤ Tierärztliche Behandlung

Handelt es sich nur um eine Verstopfung des Abflusskanals, so kann das Übel durch eine Spülung mit einer Sonde behandelt werden. Bei Verklebungen des Tränen-Nasen-Kanals wird das Hindernis mit der Sonde durchstoßen. Diese Behandlung ist in der Regel nur unter Narkose durchführbar. Oft muss diese Prozedur mehrmals wiederholt wer-

Eine bräunliche Sekretrinne findet man häufig bei Hunden mit Verstopfung des Tränen-Nasen-Kanals.

den, bis sich dauerhafter Erfolg zeigt. In vielen Fällen ist die Therapie jedoch nicht erfolgreich.

➤ Häusliche Behandlung

Augenkompressen mit einem in heißem Wasser (kein Kamillentee!) getränkten Wattebausch reinigen die Augen und die Sekretrinne. Eine übermäßige Verfärbung des Fells und Entzündungen der Haut durch überfließende Tränenflüssigkeit kann durch Einreiben mit Vaseline verhindert werden.

➤ Vorbeugung

Nicht möglich.

Naturheilkunde

Das Fell unter dem »überfließenden Auge« kann mit **Ringelblumensalbe** eingerieben werden. Das verhindert die Verfärbung des Fells, beugt Entzündungen vor und heilt bereits bestehende Irritationen der Haut.

Gefahr für den Menschen

– Keine –

Erkrankungen der Augenhornhaut

➤ Ursachen

Entzündliche und nichtentzündliche Veränderungen der Augenhornhaut (Kornea) werden häufig durch Verletzungen, Infektionserreger oder Allgemeinerkrankungen hervorgerufen.
Rassenspezifische Entzündungen der Augenhornhaut findet man beim Schäferhund (**Schäferhundkeratitis**), beim Boxer (**Boxerkeratitis**) sowie beim Dackel (**Dackelkeratitis**). Auch andere Hunderassen können, wenn auch nicht so häufig, erkranken. Es handelt sich bei dieser rassenspezifischen Augenerkrankung um eine Autoimmunerkrankung. Dabei erkennt das Immunsystem die Augenhornhaut nicht als körpereigene Substanz und bekämpft sie wie einen Fremdkörper.

Mit einer fluoreszierenden Flüssigkeit werden Hornhautveränderungen sichtbar gemacht.

Als Folge von **mangelnder Tränenflüssigkeitsbildung** (»trockenes Auge«) entstehen ebenfalls schwerste Entzündungen der Augenhornhaut.

➤ Ansteckung

Sind Infektionserreger für Hornhautveränderungen verantwortlich, können diese auf andere Hunde übertragen werden und dort eventuell ebenfalls Hornhautveränderungen hervorrufen.

➤ Verlauf

Korneaerkrankungen sind sehr schmerzhaft. Das Leitsymptom dieser Augenkrankheit ist die Hornhauttrübung. Die Sehfähigkeit ist behindert. Im fortgeschrittenen Stadium, vor allem bei bakterieller Zusatzinfektion, kann die Kornea durchbrechen, was häufig den Verlust des Auges zur Folge hat.

➤ Tierärztliche Behandlung

Zur Untersuchung der Kornea tropft der Tierarzt eine fluoreszierende Flüssigkeit in das erkrankte Auge. Hornhautaufrauungen oder Geschwüre werden dadurch gelblich fluoreszierend angefärbt und sind bei Lichteinfall deutlich zu sehen. Antibiotikumhaltige Augensalben müssen dann mehrmals täglich verabreicht werden. Bei ausgeprägten Hornhautveränderungen oder durchgebrochener Hornhaut hilft nur eine Operation, um das Auge zu retten.
Mit Hilfe des Schirmer-Testes wird die Produktion der Tränenflüssigkeit kontrolliert. Ein Teststäbchen wird dazu in die Bindehaut des Auges gelegt und nach 2 Minuten das Ergebnis auf einer Tabelle abgelesen. Ist zu wenig Tränenflüssigkeit vorhanden, besteht die Therapie in der Verabreichung von Tränenflüssigkeitsersatz in Tropfenform. Die Tropfen müssen mehrmals täglich angewendet werden.
Bei der autoimmun-bedingten Keratitis (Augenhornhautentzündung) müssen nach Abheilung der akuten Erkrankung antibiotikum- und kortisonhaltige Augensalben lebenslang vorbeugend angewandt werden, um ein Wiederaufflackern (Rezidiv) der Augenkrankheit zu verhindern.

➤ Häusliche Behandlung

Zu Hause muss die vom Tierarzt verordnete Salbe (oder Tropfen) konsequent in die erkrankten Augen eingebracht werden. Tränenflüssigkeits-Ersatz oder die bei der autoimmun-bedingten Keratitis verordneten Medikamente müssen lebenslang verabreicht werden.

➤ Vorbeugung

Nicht möglich.

Naturheilkunde

Es sind keine Präparate aus der Naturheilkunde bekannt, die eine Erkrankung der Augenhornhaut wirksam bekämpfen.

Gefahr für den Menschen

– Keine –

SINNESORGANE

Grüner Star

➤ Ursachen

Das Glaukom, im Volksmund Grüner Star genannt, ist eine **Notfallsituation** und erfordert sofortiges Handeln, um dem betroffenen Hund das Augenlicht zu erhalten. Es handelt sich um eine Behinderung des Augenkammerwasser-Abflusses mit Erhöhung des Augeninnendrucks.

➤ Ansteckung

Es besteht keine Ansteckungsgefahr für andere Hunde.

➤ Verlauf

Das betroffene Auge ist gerötet und fühlt sich prall an. Die Tiere leiden durch den Druck auf den Sehnerv starke Schmerzen und können innerhalb weniger Stunden erblinden. Das Verhalten der betroffenen Hunde ist durch die Schmerzen verändert. Je nach Charakter sind sie aggressiv oder verkriechen sich. Sie lehnen Nahrung und Flüssigkeit ab, sind unruhig und drücken den Kopf gegen Polstermöbel oder die Beine des Besitzers. Jede Verhaltensänderung des Hundes, die auf Schmerzen schließen lässt, in Verbindung mit Rötung eines oder beider Augen, sollte immer Anlass genug sein, einen Tierarzt zu konsultieren (auch nachts!).

➤ Tierärztliche Behandlung

Mit speziellen Augentropfen, die den Kammerwinkel erweitern, kann der Augendruck in manchen Fällen kontrolliert werden. Bei fortgeschrittenem Glaukom hilft meist nur ein chirurgischer Eingriff.

➤ Häusliche Behandlung

Augentropfen zur Behandlung eines Glaukoms müssen nach tierärztlicher Verordnung konsequent eingeträufelt werden. Bei Verhaltensänderungen des Tieres oder Veränderungen am Auge sollten Sie nicht warten, sondern sofort Ihren Tierarzt aufsuchen.

➤ Vorbeugung

Nicht möglich.

Naturheilkunde
Keine Behandlung möglich.

Gefahr für den Menschen
– Keine –

Grauer Star

➤ Ursachen

Durchblutungsstörungen auf Grund einer Minderleistung des Herzens sind oft die Ursachen für eine schleichende Trübung der Augenlinse (Katarakt oder Grauer Star), die mit zunehmendem Alter auftritt.
Beim Pudel gibt es eine erblich bedingte Linsentrübung, die sich ebenfalls schleichend über Jahre entwickelt.
Katarakte beim Hund werden häufig im Zusammenhang mit Diabetes mellitus gesehen.

➤ Ansteckung

Es besteht keine Ansteckungsgefahr für andere Hunde.

➤ Verlauf

Mit zunehmender Trübung der Augenlinse wird die Sehkraft beeinträchtigt.

➤ Tierärztliche Behandlung

Wenn keine Erkrankung wie z. B. Diabetes mellitus vorliegt, und das Auge gesund ist, kann die trübe Linse chirurgisch entfernt werden. Die Implantation von Kunststofflinsen wie in der Humanmedizin wird auch beim Hund inzwischen erfolgreich durchgeführt. Nach Heilung der Operationswunde ist die Funktion des Auges wieder vollständig hergestellt. Allerdings ist eine solche Operation einem Fachtierarzt für Augenheilkunde vorbehalten. In einer »normalen« Tierarztpraxis wird sie sicher nicht durchgeführt

Die Trübung der Augenlinse beim Grauen Star entwickelt sich meist schleichend.

werden können. Fachtierärzte für Augenheilkunde sind in fast jeder Großstadt zu finden. Wenden Sie sich am besten an die Tierärztekammer (siehe Anhang S. 157). Dort erfahren Sie die Adressen von Spezialisten in Ihrer Nähe. Bei Durchblutungsstörungen auf Grund einer Minderleistung des Herzens oder Diabetes mellitus muss die Grundkrankheit behandelt werden.

> ### Häusliche Behandlung

Nicht möglich.

Naturheilkunde

Es gibt keine Präparate aus der Naturheilkunde gegen den Grauen Star.

Gefahr für den Menschen

– Keine –

Schielen hat beim Hund meist ernst zu nehmende Ursachen.

Schielen

> ### Ursachen

Wenn der Blickwinkel eines oder beider Augen vom normalen abweicht, spricht man vom Schielen (Strabismus). Ursache des Schielens sind meist raumfordernde Prozesse (Tumor) hinter dem Auge.

> ### Ansteckung

Schielen ist nicht ansteckend.

> ### Verlauf

Anfangs ist das Schielen das einzige sichtbare Symptom. Mit dem Wachstum des Tumors entstehen jedoch oft Schmerzen, die zu Verhaltensänderungen des Hundes führen. Ein aufmerksamer Besitzer wird schnell merken, dass mit seinem Tier etwas nicht in Ordnung ist und einen Tierarzt aufsuchen.

> ### Tierärztliche Behandlung

Tumoren hinter dem Auge müssen chirurgisch entfernt werden. Nur in den seltensten Fällen ist das betroffene Auge zu retten.

> ### Häusliche Behandlung

Nicht möglich.

Naturheilkunde

Es gibt keine Präparate aus der Naturheilkunde gegen das Schielen.

Gefahr für den Menschen

– Keine –

Verhaltensabweichungen und Verhaltensstörungen beim Hund sind fast ausschließlich auf menschliches Fehlverhalten zurückzuführen. Viele so genannte Verhaltensstörungen sind keine, sondern beruhen vor allem auf Missverständnissen zwischen Mensch und Tier auf Grund gravierender Unkenntnis über die Biologie und Psychologie des Hundes. In Kiel gibt es einen Lehrstuhl für Verhaltenskunde und Verhaltenstherapie beim Hund sowie dort ausgebildete **Fachtierärzte und Fachtierärztinnen für Verhaltenstherapie.** Der Vorstand des Lehrstuhls ist Frau Prof. Dr. Dorit Feddersen-Petersen. Bei Problemen mit Ihrem vierbeinigen Freund helfen Ihnen die Tierärztekammern der einzelnen Bundesländer (siehe Anhang) gerne bei der Suche nach einem in Deutschland zugelassenen Fachtierarzt aus dieser Fakultät.

Nachfolgend eine Auswahl von Verhaltensproblemen sowie Vermeidungs- und Lösungsvorschläge, die der Biologie und Psychologie des Hundes entsprechen:

> ### Stubenreinheit bei Hundewelpen

Wölfe und Wildhunde verunreinigen niemals ihre Schlafplätze. Dieses angeborene Sauberkeitsverhalten, das bei unseren Haushunden ebenfalls vorhanden ist, macht sie zu geeigneten Wohngenossen des Menschen. Auch

VERHALTENSPROBLEME BEIM HUND

Welpen setzen niemals Kot oder Urin dort ab, wo sie schlafen (sofern sie nicht erkrankt sind). Das Stubenreinheitstraining baut auf dieses angeborene, von den Vorfahren überlieferte Verhalten auf. Nun ist eine Wohnung aber nicht überall Schlafplatz, sodass der kleine Welpe erst einmal **verstehen** muss, dass die **ganze** Wohnung von seinen Ausscheidungen frei bleiben soll. Eine Bestrafung z.B. mit einer zusammengerollten Zeitung oder gar das Hineinstupsen mit der Nase in die Ausscheidungen sind nicht nur unsinnig sondern aus der Sicht des Welpen ein unberechtigter und unberechenbarer Angriff des Besitzers. Ein so behandeltes Tier verliert das Grundvertrauen zum Menschen, wird unsicher, scheu und dadurch sicher nicht stubenrein. Die sich entwickelnde Angst vor der unberechenbaren Reaktion seines Besitzers wird vielfach als »Schuldbewusstsein« des Hundes fehlgedeutet. In Wahrheit kann er den Zusammenhang zwischen Ausscheidung und der Reaktion seines Besitzers nicht verstehen. Aus seiner Sicht hat er keinen Fehler gemacht – der Schlafplatz ist ja schließlich sauber. Folgendes Vorgehen hat sich bewährt:

❐ Wenn sie bemerken, dass der kleine Hund unruhig wird und in der Wohnung einen Platz sucht, um sein »Geschäft« zu verrichten, unterbrechen Sie sein Tun durch ein lautes Geräusch (z.B. in die

Hände klatschen, laut Pfeifen, mit dem Fuß aufstampfen). Ihr Verhalten sollte den Welpen nicht erschrecken oder ihm Angst machen. Es genügt, wenn er kurz von seinem Vorhaben abgelenkt wird. Nehmen Sie ihn auf den Arm oder an die Leine und führen Sie das Tier **sofort** nach draußen. Setzt es dann Kot oder Urin ab, wird es dafür überschwänglich gelobt. Um diese Regel befolgen zu können, müssen Sie den kleinen Hund ständig im Auge behalten. Es empfiehlt sich das Tier nicht alleine zu lassen. Es sollte sich immer im gleichen Zimmer aufhalten wie Sie selbst.

❐ Welpen verspüren den Drang sich zu lösen meist nach dem Schlafen, nach dem Fressen und nach dem Spielen. Gehen Sie nach den genannten Tätigkeiten sofort mit Ihrem kleinen Freund nach draußen, damit er gar nicht auf die Idee kommt, dass er sich auch in der Wohnung lösen könnte.

❐ Nachts sollte der Hund in Ihrem Schlafzimmer ganz in Ihrer Reichweite schlafen. Auf keinen Fall darf er alleine in einen Raum eingesperrt werden oder frei in der ganzen Wohnung herumlaufen. Es ist wichtig, dass sie auf die geringste Unruhe des Tieres hin sofort reagieren und ihn nach draußen auf seinen Kot- und Urinplatz bringen. Es dauert in der Regel nur wenige Nächte, bis sich der Hund von selbst meldet, wenn er einen Drang verspürt.

Vergessen Sie nicht, ihn zu loben, auch dann nicht, wenn sie selbst in der Nacht aus dem Schlaf gerissen wurden und nicht in Lobesstimmung sind. Je konsequenter Sie sich verhalten, desto schneller wird der Welpe stubenrein. Wenn Sie einen festen Schlaf haben und die anfangs recht undeutlichen Versuche Ihres Hundes sich bemerkbar zu machen nicht hören, empfiehlt es sich das Tier in die Nähe Ihres Bettes in einen kleinen »Laufstall« zu setzen. Dazu eignen sich z.B. genügend große Flugboxen oder ein selbstgebauter Laufstall aus Kompostgittern (im Baumarkt oder Gartencenter erhältlich). Der Welpe, der seinen Schlafplatz nicht aus eigener Kraft verlassen kann, wird sich dann deutlicher melden, wenn er »muss«. Binden Sie den Hund nicht mit der Leine z.B. an den Bettpfosten fest. Es besteht die Gefahr, dass er sich stranguliert. Durch die negative Erfahrung an der Leine angebunden zu sein und sich nicht frei bewegen zu dürfen, können Probleme bei der Leinenführung am Tag entstehen.

❐ Ein weiterer wichtiger Punkt beim Stubenreinheitstraining ist die Zeit, die Sie Ihrem Hund geben, um sein »Geschäft« zu machen. Häufig sind die Eindrücke in der Außenwelt für den kleinen Hund so überwältigend interessant, dass er völlig vergisst, warum er eigentlich draußen ist. Der Besitzer geht mit ihm spazieren, er schnüffelt hier und da, ist ganz aufgeregt und setzt weder Kot noch Urin ab. Kaum zu Hause angekommen, setzt der Hund sich hin. Er tut dies nicht, um seinen Besitzer zu »tyrannisieren«, wie oft behauptet, sondern, weil er draußen zu stark abgelenkt war und erst durch die vertraute Umgebung wieder auf seinen Kot- und Urindrang aufmerksam wird. Gehen Sie daher mit dem Hund zunächst immer an den **gleichen** Platz ganz in der Nähe Ihrer Wohnung. Bleiben Sie solange an dem Platz, bis es dem Welpen langweilig wird und er sich an sein eigentliches Vorhaben (Kot und Urin absetzten) erinnert. Das erfordert manchmal etwas Geduld, da ja noch alles neu und interessant ist. Loben Sie ihn, wenn er sein »Geschäft« macht und beginnen Sie erst dann den Abenteuerspaziergang.

❏ Auch wenn der Welpe grundsätzlich verstanden hat, was Sie von ihm wollen, d.h. dass er nur außerhalb der Wohnung seine Ausscheidungen verrichten darf, kann anfangs doch zwischendurch noch einmal ein »Malheur« passieren. Schimpfen und vor allem schreien Sie nicht mit dem Tier. In einem Wolfsrudel ist der lauteste Wolf immer der schwächste und unterlegenste. Um von Ihrem Hund ernstgenommen zu werden, sollten Sie ihn mit einer liebevollen Überlegenheit behandeln. Sagen Sie, **wenn Sie ihn auf frischer Tat ertappen**, mit ruhigem, aber bestimmtem Ton z.B. »nein« und bringen Sie den Hund sofort nach draußen. Wenn Sie die Verschmutzung der Wohnung erst später bemerken, hat eine Rüge keinen Sinn mehr. Der Hund kann sein falsches Verhalten und ihre Verärgerung darüber im nachhinein nicht mehr verknüpfen. Sollte die Unsauberkeit sich häufiger wiederholen, müssen Sie das Training erneut beginnen und noch konsequenter vorgehen.

➤ Anspringen von Menschen

Hunde sind wie ihre Vorfahren bestrebt ranghöhere Partner freundlich zu begrüßen. Sie tun dies, indem sie sich gegenseitig Mundwinkel und Lippen lecken. Der Mensch als Sozialpartner unserer Haushunde wird nach »altem Hundebrauch« ebenso begrüßt. Um dies tun zu können, versucht der Hund das Gesicht zu erreichen und springt den

Nach »altem Hundebrauch« wird ein Sozialpartner begrüßt.

geliebten Menschen an. Vielfach wird empfohlen einem Hund, der so etwas tut, auf die Zehen zu treten, um es ihm abzugewöhnen. Das ist nicht tierschutzgerecht und für den Hund nicht nachvollziehbar. Sein überaus freundliches Verhalten wird durch Schmerz bestraft! Das vorhandene Vertrauensverhältnis zum Menschen wird durch solchen Unsinn gestört.

Um das Anspringen auf Dauer zu unterbinden, muss man dem Hund die Möglichkeit einer anderen hundegerechten Begrüßung bieten. Es empfiehlt sich, das freundliche Ritual vom Mund auf die Hand umzukonditionieren. Dazu gehen Sie, sobald der Hund auf sie zugeht, in die Hocke und strecken ihm die Hand zur Kontaktaufnahme entgegen. Nach einiger Zeit wird er verstehen, wie man Menschen begrüßt und das Anspringen auch bei Fremden unterlassen.

➤ Übermäßiges Ziehen an der Leine

Die Leine ist für den Welpen oft mit negativen Erfahrungen verbunden. Sie ist eine Einschränkung seiner Bewegungsfreiheit, er wird gezogen, um weiterzulaufen, wenn er gar nicht will, er wird dort fortgezogen, wo es interessant ist und er muss den schwerfälligen Menschen hinter sich herziehen, wenn er irgendwo hin will.

Es wird empfohlen, den Welpen zunächst an einer langen Leine

VERHALTENSPROBLEME BEIM HUND

Gemeinsames Gehen mit und ohne Leine muss erlernt werden.

oder ganz ohne Leine zu lehren Ihnen zu folgen oder neben Ihnen zu gehen. Reden Sie mit ihm, rufen Sie ihn und geben Sie akustische Zeichen, nach denen sich der Hund orientieren kann. Erst wenn der Hund das **gemeinsame** Gehen mit seinem Besitzer gelernt hat, kann die Leine zum Einsatz kommen. Der Hund wird dann nach dem Anleinen nicht mehr ziehen, da er ja gewohnt ist, **mit** seinem Besitzer zu gehen.

> Was tun, wenn der Hund »Rudelführer« sein will.

Einen festen Platz in der Rangordnung eines Rudels (in der Familie) ist die Voraussetzung, dass ein Hund sich geborgen fühlt. Unklare Verhältnisse durch inkonsequente Behandlung geben dem Hund das Gefühl von Unsicherheit. Je nach Charakter wird er ängstlich oder aggressiv reagieren.

Die meisten Hunde akzeptieren ihre Rangordnung innerhalb der Familie ohne Probleme, sodass eine freundliche, aggressionsfreie Beziehung zwischen Mensch und Hund entstehen kann.
Ganz wenige Hunde werden als so genannte »Kopfhunde« geboren. Sie zeigen schon mit wenigen Wochen ein Dominanzverhalten gegenüber den Geschwistern und später dem Besitzer gegenüber. Auf dem Untersuchungstisch des Tierarztes lassen sich die kleinen, kaum 8 Wochen alten Hunde kaum untersuchen, knurren oder beißen sogar, wenn man sie festhält.
Hier ist es wichtig, gleich von Anfang an zu reagieren und dem Hund seinen Platz zuzuweisen. Das Dominanzgebaren eines jungen »Kopfhundes« wirkt anfangs oft recht putzig und wird nicht selten aus diesem Grunde durch den Besitzer noch verstärkt. Behält das Tier jedoch als

erwachsener Hund seine Vormachtstellung in der Familie, wird er zum Haustyrann.
Um einem dominanten Hund seinen Platz zuzuweisen werden folgende Verhaltensregeln empfohlen:

❒ Drücken Sie ab und zu mit der flachen Hand in Höhe der Schulterblätter auf den Rücken des Hundes. Sie imitieren damit das Dominanzverhalten eines ranghöheren Hundes im Rudel, der dem rangniedrigeren das Kinn auf den Rücken presst.
❒ Setzen Sie sich immer mal wieder auf die Lieblingsplätze Ihres Hundes und fordern Sie ihn auf, diese zu verlassen.
❒ Lassen Sie dem Hund niemals den Vortritt z. B. wenn Sie durch eine Tür gehen.
❒ Unterbrechen Sie das Spiel mit Ihrem Hund sofort, wenn er beim Spielen zu grob wird.
❒ Spielen Sie keine »Zerr- oder Stockabjagsspiele« mit dem dominanten Hund. Sie fördern das Konkurrenzverhalten. Geeigneter sind Apportierspiele.
❒ Verlangen Sie von Ihrem Hund, dass er alles, was er im Mund hat (auch Knochen oder anderes Futter) auf Kommando loslässt.
❒ Wälzen Sie den Hund schon im Welpenalter beim Spiel manchmal auf den Rücken und halten ihn in dieser Position kurzfristig fest.
❒ Schreien Sie niemals mit Ihrem Hund. Manche Hundebesitzer, die ein besonders gutes

VERHALTENSPROBLEME BEIM HUND

Verhältnis zu Ihren Tieren haben, flüstern sogar mit ihnen. Lautes Schreien (wie es auf manchen »Hundeausbildungsplätzen« zu hören ist) signalisiert dem Hund die **Unter**legenheit seines Besitzers. Nur besonders unsichere und ängstliche Hunde versuchen sich durch lautes Bellen durchzusetzen. Ein ranghöherer Hund wird sich gegenüber einem rangniedrigeren niemals so verhalten. Er bewegt sich ruhig und gelassen. Oft kann er sich mit einem Blick allein Respekt verschaffen. Seien Sie im Umgang mit Ihrem Hund ebenso ruhig und gelassen und reden Sie mit einem ruhigen, überlegenen, aber liebevollen Ton mit ihm.

Hunde, die nicht als »Kopfhunde« geboren werden, streben **von sich aus** eine rangniedrige Position in der Familie an und sind weit weniger problematisch. Dennoch werden auch diese Hunde durch »unterwürfiges«, d.h. der Rangordnung nicht entsprechendes Verhalten ihrer menschlichen Rudelführer zutiefst verunsichert. Um sich sicher und geborgen zu fühlen, brauchen sie einen festen Platz in der Rangordnung. Nimmt der zweibeinige Führer seine Rolle nicht an, fühlt sich der Hund genötigt die Führerposition (einer muss es ja schließlich tun) einzunehmen und ist damit hoffnungslos überfordert.

➤ Aufreiten

Manche männliche Welpen und Junghunde reiten beim Menschen und hier häufig bei Kindern auf. Es handelt sich dabei um ein spielerisches Sexualverhalten, das meist mit dem Erwachsenwerden des Hundes verschwindet. In der Regel genügt es, dieses unerwünschte und lästige Verhalten mit einem konsequenten »nein« zu unterbrechen und den Hund wegzuschicken. Beim erwachsenen Hund ist das Aufreiten auch eine Dominanzgebärde, die Sie grundsätzlich nicht dulden sollten. In den seltensten Fällen handelt es sich um eine hormonell bedingte Hypersexualität, die eine Hormonbehandlung oder sogar eine Kastration erforderlich macht.

➤ Aggressivität

Die Mehrzahl aggressiver Verhaltensstörungen beim Hund sind auf mangelnde Sozialkontakte zu Artgenossen und zum Menschen in der Entwicklungs- und Prägungsphase zurückzuführen. Der Hund, ursprünglich ein Rudeltier, benötigt, um psychisch gesund zu bleiben, den engen Kontakt zu Sozialpartnern. **Im Welpenverband lernt er die für den Umgang mit Artgenossen so wichtigen Verhaltensregeln spielerisch.** Wird er von dort zu früh weggenommen, führt das häufig zu Fehlverhalten bei Kontakten mit anderen Hunden und damit zu Konflikten.

Ebenso problematisch ist die in den letzten Jahren vielerorts gesehene Massenzucht von Rassehunden in Kellern, stillgelegten Schweineställen oder Scheunen. Die Welpen haben in ihrer Prägungsphase so gut wie keinen Kontakt zum Menschen. Diese Tiere sind dann in ihrem späteren Leben nur bedingt in der Lage Menschen als Sozialpartner zu akzeptieren.

Wird ein Hund in seiner Entwicklungs- und Prägungsphase isoliert gehalten (Zwingerhaltung), kommt es ebenso zu einer unzureichenden Bindungsfähigkeit an den Menschen. Die Mehrzahl der Unfälle mit aggressiven Hunden

Die Rituale im Umgang mit Artgenossen können nur durch Kontakt mit anderen Hunden erlernt werden.

VERHALTENSPROBLEME BEIM HUND

ist auf eine solche menschengemachte Bindungsunfähigkeit der Tiere zurückzuführen. Leider sind es häufig Halter bestimmter großer Hunderassen, die ihre Hunde menschenisoliert halten, um dadurch besonders gute »Wachhunde« zu erhalten. Selten werden diese Tiere gestreichelt oder freundlich mit ihnen gesprochen. Obwohl das Spiel mit dem Sozialpartner eine entscheidende Rolle für die Entwicklung einer gesunden Hundepsyche hat, wird mit diesen Tieren so gut wie nie gespielt. Auf Hundeplätzen bekommen sie, wenn sie nicht den Vorstellungen ihrer Besitzer entsprechen, »Druck« zu spüren. In Extremfällen werden sie »scharf« gemacht. Aus einem selbstsicheren Welpen wird so ein sozial unsicherer, unterwürfiger und schließlich aggressiver Hund. **Für Rudeltiere wie der Hund ist Alleinsein etwas völlig Artwidriges.**

Eine weitere Einschränkung des artgerechten Hundelebens sind Forderungen wie Leinenzwang, Maulkorbzwang, Anbinden von Hunden auf nicht eingefriedeten Grundstücken. Mit diesen eigentlich zum Schutz des Menschen geforderten Maßnahmen wird gerade das Gegenteil erreicht. Wenn ein soziales Lebewesen keine Möglichkeit mehr hat das Grundbedürfnis nach Kontakt auszuleben, wird es zwangsläufig Neurosen entwickeln, die dann im Umgang mit dem Menschen oder Artgenossen zu wirklich gefährlichen Situationen führen können.

Maulkorbzwang ist eine Einschränkung artgerechten Hundelebens.

Ebenso wichtig wie die Sozialkontakte, ist für den Hund die **frühzeitige Auseinandersetzung mit verschiedenen Umweltsituationen.** Hunde, die ausschließlich im Zwinger gehalten und nur ab und zu auf den »Ausbildungsplatz« gebracht werden, sind nicht fähig sich an wechselnde Umwelteinflüsse anzupassen. Sie werden schreckhaft, scheu und unberechenbar.

Nur in selten Fällen sind Organerkrankungen (Schilddrüsenunterfunktion, Gehirnerkrankungen, Altersseniltität) für Verhaltensstörungen des Hundes verantwortlich. Verhaltensabweichungen und psychische Störungen des Hundes sind fast ausschließlich auf menschliches Fehlverhalten zurückzuführen.

Wenn Sie sich entschließen einen Welpen aufzunehmen sollten Sie folgende Punkte beachten:

❒ Kaufen Sie niemals einen Hund in einem Tiergeschäft oder in einer Massenzuchtanlage.

❒ Der Hund sollte nicht zu früh (nicht vor der 10. Lebenswoche) aus dem Welpenverband herausgenommen werden.

❒ Die Welpen sollten von Anfang an ausreichend Kontakt mit Menschen haben. Bevorzugen Sie Privatzüchter, welche die Hündin und die Welpen in ihrem Wohnbereich halten.

❒ Nehmen Sie den Welpen als »Rudelmitglied« zu sich und ihrer Familie auf.

❒ Zwingerhaltung ist nicht artgerecht und sollte, auch zum Schutz des Menschen, gesetzlich verboten werden.

❒ Bieten Sie Ihrem Hund ausreichende Möglichkeiten zum Kontakt mit Artgenossen. In vielen Städten werden Welpenspielstunden angeboten, bei denen Junghunde gleichen Alters in kleinen Gruppen das richtige Sozialverhalten mit Artgenossen spielerisch üben können.

❒ Spielen Sie mit Ihrem Hund. Geben Sie ihm genügend viel Zuwendung, Streicheleinheiten und Liebe. Achten Sie ihn als Lebewesen mit eigener Persönlichkeit.

❒ Sollten dennoch Probleme auftreten, lassen Sie sich von Fachtierärzten für Verhaltenstherapie beraten.

SINNESORGANE

Entzündungen des äußeren Gehörgangs

➤ Ursachen

Ursachen für Entzündungen des äußeren Gehörgangs sind Milben, Bakterien, Pilze und Fremdkörper.

➤ Ansteckung

Ohrmilben können durch direkten Kontakt von Hund zu Hund sowie über Decken und Pflegeutensilien (Bürsten) übertragen werden.

➤ Verlauf

Ohrmilben können Hunde jeden Alters befallen. Meist sind jedoch junge Hunde betroffen. Das Ohr wehrt sich durch vermehrte Ohrenschmalzproduktion, wodurch normalerweise einzelne Milben absterben. Lediglich bei geschwächten, sehr jungen oder auch sehr alten Tieren kommt es zu Massenbefall mit Ohrmilben und den daraus entstehenden Störungen. Erstes Anzeichen ist Juckreiz. Der Hund kratzt sich ständig an den Ohren und schüttelt den Kopf. Typisch für Milbenbefall ist die dunkelbraune bis schwarze Farbe und die trockene, krümelige Beschaffenheit des Ohrenschmalzes.

Zusätzliche Infektionen mit Bakterien und Pilzen führen zu schweren Entzündungen, die sich, wenn sie nicht behandelt werden, bis ins Mittelohr ausdehnen können.

Es müssen jedoch nicht immer Milben sein, die zu Entzündungen des äußeren Gehörgangs führen. Vor allem im Sommer, wenn die Hunde gerne in Flüssen oder Seen baden, findet der Tierarzt häufig durch Bakterien verursachte Ohrentzündungen.

Wenn Hunde über Wiesen streifen verfangen sich nicht selten Grasgrannen im Ohr und verursachen schwere Entzündungen. Grasgrannen haben Widerhaken. Dadurch können sie vom Hund nicht durch Schütteln des Kopfes aus dem Ohr geschleudert werden. Ständiges Kopfschütteln und Kratzen am Ohr sind auch hier die Leitsymptome.

➤ Tierärztliche Behandlung

Der Tierarzt wird zunächst das Ohr gründlich reinigen und danach ein Präparat hineinträufeln, welches die Krankheitserreger (Parasiten, Bakterien, Pilze) abtötet. Fremdkörper wie z. B. Grasgrannen werden mit einer speziellen Ohrzange entfernt. Bei manchen Hunden ist dafür eine Kurznarkose erforderlich.

Bei chronischer Ohrentzündung entnimmt der Tierarzt zunächst einen Abstrich aus dem erkrankten Ohr. Eine bakterielle Untersuchung des Abstrichs mit Anfertigung eines Antibiogramms gibt Auskunft über die Art des Erregers und darüber welches Medikament noch wirksam ist. Dadurch ist eine gezieltere Behandlung möglich.

➤ Häusliche Behandlung

Die Ohrbehandlung muss zu Hause noch mindestens 6 Tage weitergeführt werden. Das flüssige Medikament wird einmal täglich in die Ohren getropft. Sparen Sie nicht dabei. Die Ohren müssen randvoll gefüllt werden

Ohrenentzündungen können durch Parasiten, Bakterien, Pilze und Fremdkörper verursacht werden.

SINNESORGANE

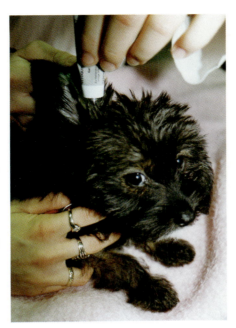

Die Behandlung einer Ohrenentzündung muss mindestens 7 Tage konsequent durchgeführt werden.

(siehe auch S. 22). Das Präparat wird mit kreisenden Bewegungen bis zum Trommelfell massiert, damit auch tiefsitzende Erreger erreicht werden. Putzen Sie die Ohrmuscheln des Hundes nach der Behandlung nur außen mit einem Papiertaschentuch leicht ab. **Gehen Sie niemals mit einem Wattestäbchen in den Gehörgang!** Sie drücken dadurch Entzündungsprodukte tief in das Ohr und verschlimmern nur das Krankheitsbild. Nach einer Woche sollten Sie den Patienten erneut dem Tierarzt zur Kontrolle vorstellen. Manchmal kann es erforderlich sein, die Therapie noch ein paar Tage zu verlängern, damit die Ohrerkrankung völlig abheilt.

➤ Vorbeugung

Ein- bis zweimal pro Jahr, im Rahmen einer allgemeinen Gesundheitskontrolle, sollte auch mit einem Otoskop in die Ohren geschaut werden, um eventuell beginnende Entzündungen im Anfangsstadium erkennen und behandeln zu können.

Naturheilkunde

Tiere mit massivem Parasitenbefall und immer wieder auftretenden Ohrentzündungen sind in ihrer körpereigenen Abwehr geschwächt, sonst könnten sich die Erreger gar nicht erst in diesem Mengen vermehren. Zusätzlich zu der lokalen Ohrbehandlung empfiehlt sich daher, die Abwehrkräfte mit Präparaten aus der Naturheilkunde zu stärken. Dazu eignet sich **Roter Sonnenhut** *(Echinacea purpurea).* Die Tinktur aus der Heilpflanze kann dem Hund mit dem Futter (1 Tropfen pro kg Körpergewicht am Tag) verabreicht werden.

Gefahr für den Menschen

– Keine –

Mittelohrentzündung

➤ Ursachen

Chronische und unbehandelte Entzündungen des äußeren Gehörgangs sowie aufsteigende Infektionen aus dem Nasen-Rachen-Raum können sich auf das Mittelohr ausdehnen.

➤ Ansteckung

Die Erreger, die für die Entzündung verantwortlich sind, können auf andere Hunde übertragen werden und dort eventuell ebenfalls eine Mittelohrentzündung hervorrufen.

➤ Verlauf

Eine Mittelohrentzündung ist sehr schmerzhaft. Typisches Symptom ist das Schiefhalten des Kopfes nach der Seite des erkrankten Ohres. Das Allgemeinbefinden des Hundes ist gestört. Häufig besteht Fieber.

Der Tierarzt kontrolliert mit einem Otoskop den Gehörgang.

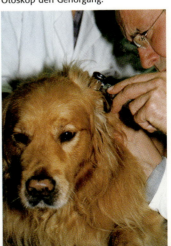

SINNESORGANE

➤ Tierärztliche Behandlung

Der Tierarzt wird hochdosiert und über längere Zeit Antibiotika verabreichen, um eine vollständige Heilung zu erreichen. Bei verschleppter Erkrankung kann die Entzündung chronisch werden und in Schüben immer wieder aufflackern.

➤ Häusliche Behandlung

In manchen Fällen kann die Applikation von Wärme (Rotlicht) auf das erkrankte Ohr heilsam sein. Bei eitrigen Prozessen verschlimmert Wärme jedoch die Entzündung. Daher ist es unbedingt erforderlich, dass Sie sich mit Ihrem Tierarzt beraten, ob mit Wärme behandelt werden darf.

➤ Vorbeugung

Entzündungen des äußeren Gehörgangs sollten immer recht-

Naturheilkunde

Zusätzlich zur Antibiotikumbehandlung sollten auch hier mit **Rotem Sonnenhut** *(Echinacea purpurea)* die Selbstheilungskräfte des Körpers gestärkt werden. 1 Tropfen pro kg Körpergewicht am Tag zusammen mit $1/4$ Teelöffel Vitamin-C-Pulver pro 10 kg Körpergewicht werden dem Hund mit dem Futter verabreicht.
Vorsicht: Hunden mit der Neigung zu Kalziumoxalat-, Zystin- und Urat-Blasensteinen darf kein Vitamin C gegeben werden. Vitamin C säuert den Urin an, was diese Blasenstein-Erkrankungen verschlimmert. Echinacea purpurea kann auch bei solchen Patienten ohne Bedenken angewandt werden.

zeitig behandelt werden, um eine Verschleppung ins Mittelohr zu vermeiden.

Gefahr für den Menschen

– Keine –

Taubheit

➤ Ursachen

Neben angeborener Taubheit (bei Dalmatinern, verschiedenen Terrier-Arten und Border-Collies) kann durch Durchblutungsstörungen auf Grund einer Herzminderleistung, auf Grund Arzneimittelvergiftungen, aufsteigenden Entzündungen aus dem Mittelohr, extremem explosionsartigem Lärm (z.B. Abschießen eines Knallkörpers neben dem Hund) oder Schädelverletzungen die Hörfähigkeit verloren gehen.

➤ Ansteckung

Taubheit ist nicht ansteckend.

➤ Verlauf

Dem Besitzer fällt auf, dass der Hund z.B. auf Klingelzeichen an der Tür oder auf Zurufen nicht mehr reagiert. Häufig wird das veränderte Verhalten des Tieres erst nach Tagen bemerkt, sodass eine sofortige Notfallbehandlung des »Hörsturzes« und damit die eventuelle Rettung der Hörfähigkeit kaum möglich ist.

➤ Tierärztliche Behandlung

Die Therapie richtet sich nach der Grundkrankheit. Nicht immer gelingt es, die auslösende Ursache herauszufinden.

➤ Häusliche Behandlung

Außer einer verständnisvollen Behandlung des zunächst noch etwas orientierungslosen tauben Hundes sollten die vom Tierarzt verordneten Medikamente konsequent verabreicht werden. Auch wenn die Taubheit bestehen bleibt, kommen die betroffenen Hunde nach kurzer Zeit mit dieser Behinderung gut zurecht. Nur im Straßenverkehr sollten die Hunde an der Leine geführt werden, da sie herankommende Fahrzeuge nicht hören können.

➤ Vorbeugung

Regelmäßige Gesundheitskontrollen, vor allem die Kontrolle der Herzfunktion, hilft Durchblutungsstörungen rechtzeitig, bevor die Hörfähigkeit verloren geht, zu erkennen und zu behandeln. Hunde mit angeborener Taubheit sollten von der Zucht ausgeschlossen werden, um eine Weitervererbung dieser Behinderung zu vermeiden.

Naturheilkunde

Präparate aus der Naturheilkunde gegen Taubheit sind nicht bekannt.

Gefahr für den Menschen

– Keine –

NERVENSYSTEM

Epilepsie

➤ Ursachen

Bei Kleinpudelrassen, Zwerg-
schnauzern, Beagles und Collies
findet man gehäuft eine angeborene Neigung zu epileptischen
Anfällen. Die Ursache für die Entstehung dieser Anfälle ist nicht
bekannt. Man vermutet eine
Gehirnfunktionsstörung bei diesen Tieren. Die ersten Anfälle
beginnen meist im zweiten
Lebensjahr.
Epileptische Anfälle können auch
im Zusammenhang mit Gehirnerkrankungen (z. B. Gehirntumoren,
Gehirnhautentzündungen, Staupe, Gehirnverletzungen, nach
Unfällen) und anderen Organkrankheiten (z. B. Leberversagen)
auftreten. In diesen Fällen ist die
Epilepsie keine eigenständige
Erkrankung sondern lediglich ein
Symptom für die verschiedensten
Störungen.

➤ Ansteckung

Sofern Krankheitserreger für die
Epilepsie verantwortlich sind,
können diese auf andere Hunde
übertragen werden und dort
eventuell ebenfalls epileptische
Anfälle verursachen.

➤ Verlauf

Der typische epileptische Anfall
beginnt plötzlich. Manchmal kann
man kurz vorher im Verhalten
des Hundes Anzeichen für einen
beginnenden Krampfanfall feststellen, wie z. B. »Aufhorchen«,
»Fliegenschnappen«, Unruhe. In
vielen Fällen kommen die
Krämpfe jedoch »wie aus heite-
rem Himmel«. Der Hund fällt hin,
wobei er oft aufschreit. Der Körper des Tieres verkrampft sich
zunächst. Nach wenigen Sekunden beginnen die eigentlichen
rhythmischen Krämpfe, wobei
der Patient mit den Gliedmaßen
rudert, Speichel zu Schaum kaut,
manchmal jammernde Laute aus-
stößt und Kot und Urin absetzt.
Häufig ist der Patient ohne
Bewusstsein. Ein solcher Anfall
dauert meist nur wenige Minuten,
kann jedoch auch mehr als eine
viertel Stunde bis Stunden dauern. Dauert der Anfall länger oder
vergeht er ohne Therapie gar
nicht mehr, spricht man vom **Status epilepticus.** Nach dem Anfall
ist der Hund zunächst noch ori-
entierungslos und nicht ansprech-
bar. In der Regel erholt er sich
nach kurzer Zeit. Auffallend ist,
dass Hunde nach einem epileptischen Anfall sofort viel trinken
und einen Heißhunger haben.
Nicht immer tritt die Epilepsie mit
den beschriebenen typischen
Symptomen auf. Die Anfälle können auch leichter sein, der Patient bei Bewusstsein, die Krämpfe
nicht so stark. Auch Erscheinungsformen, bei denen der
Hund anfallsweise im Kreis he-
rumläuft oder nur leichte Zuckun-
gen am Kopf oder an den Gliedmaßen zeigt, zählen zur Epilepsie.

➤ Tierärztliche Behandlung

Um einen Hund aus einem epileptischen Anfall »herauszuho-
len«, spritzt der Tierarzt Valium.
Das ist das Mittel der Wahl bei
akuter Epilepsie. Vor allem dann,
wenn mehrere Anfälle kurz hintereinander auftreten, ein Anfall
längere Zeit anhält oder gar nicht
mehr aufhört, kann die Injektion
von Valium lebensrettend sein.
Danach muss nach den Ursachen der Epilepsie geforscht werden. Die Behandlung richtet sich
nach der Grundkrankheit. Oft ist
es notwendig über längere Zeit,
manchmal auch lebenslang, Arzneimittel, die krampfhemmend
wirken (Antiepileptika) zu verabreichen. Jeder Patient muss auf
die richtige Dosis dieser Medikamente individuell eingestellt werden.

➤ Häusliche Behandlung

Trotz medikamentöser Behandlung kann es dennoch hin und
wieder zu Anfällen kommen.
Damit sich der Hund nicht verletzt, sollten Sie ihn festhalten.
Aber Vorsicht: Epileptiker entwickeln während eines Anfalls
große Kräfte. Sie wissen nicht
was sie tun, erkennen Ihren
Besitzer nicht und sind meist in
Panik. Achten Sie darauf, dass Sie
der Hund nicht beißen kann.
Legen sie vorsichtig eine Decke

über den krampfenden Hund und reden Sie beruhigend auf das Tier ein. Manchmal hilft es, leise ein ruhiges Lied zu singen, um den Anfall zu verkürzen. Das klingt zwar für manche Leser sicherlich etwas befremdend, meiner Erfahrung nach reagieren jedoch Tiere und Hunde insbesondere sehr positiv auf Singen. Für den Fall, dass ein epileptischer Anfall länger als 2 Minuten andauert oder mehrere Anfälle hintereinander auftreten, sollten Sie Valium-Zäpfchen als Notfallmedikament zu Hause haben. Sprechen Sie mit Ihrem Tierarzt. Er wird Ihnen die Zäpfchen gerne überlassen.

Wenn der Hund auf Antiepileptika eingestellt ist, dürfen diese Medikamente nicht abrupt abgesetzt werden. Es entstehen sonst schwerste Entzugsanfälle, die dem kleinen Patienten das Leben kosten können. Soll das krampfhemmende Präparat nicht mehr verabreicht werden, muss es unter tierärztlicher Kontrolle langsam »ausgeschlichen« werden.

➤ Vorbeugung

Außer einer regelmäßigen Gesundheitskontrolle durch den Tierarzt gibt es keine Vorbeugemaßnahmen gegen Epilepsie. Hunde mit angeborener Epilepsie sollten, um die Erkrankung nicht weiterzuvererben, von der Zucht ausgeschlossen werden.

Naturheilkunde

Unterstützend zur tierärztlichen Behandlung wirkt die **Passionsblume** *(Passiflora incarnata)* krampflösend und beruhigend auf das Gehirn. Sie kann dem Hund als Dauertherapie täglich in Form von Tee oder Tabletten gegeben werden. 2 Teelöffel Passionsblume werden mit 1 Tasse kochendem Wasser übergossen und 10 Minuten ziehen gelassen. Nach dem Absieben und Abkühlen wird die Flüssigkeit über den Tag verteilt unter das Futter gemischt. Tabletten aus Passionsblume erhalten Sie in der Apotheke. Pro 10 kg Körpergewicht können zweimal 1 Tablette verabreicht werden.

Gefahr für den Menschen

– Keine –

Schlusswort

Die Anerkennung des Hundes als eigenständige Persönlichkeit mit Recht auf medizinische Versorgung ist ein ethisches Muss. Jeder, der einige Zeit mit einem Hund zusammengelebt hat, wird ihn als Freund, als treuen Begleiter und als Familienmitglied schätzen und achten. Finanzielle Aspekte dürfen bei der Erhaltung oder Wiederherstellung der Gesundheit eines Tieres keine Rolle spielen. Es gibt Tierkrankenversicherungen, die, rechtzeitig abgeschlossen, Tierarztkosten weitgehend übernehmen. Schon bei der Anschaffung eines Tieres müssen eventuelle Kosten wegen Krankheit mit einkalkuliert werden. Wenn man sich das nicht leisten kann, sollte man kein Tier halten.

Irgendwann einmal muss man Abschied von seinem Hausgenossen nehmen. Jeder, der mit seinem Hund eng verbunden ist, wünscht sich, dass dieser Zeitpunkt so lange wie möglich hinausgeschoben werden kann. Eine schmerzlose und angstfreie Tötung im Endstadium einer unheilbaren Krankheit sowie bei irreparablen Verletzungen und Verstümmelungen ist ein Akt des Tierschutzes. Das Einschläfern eines gesunden Tieres bzw. eines Hundes, der geheilt oder gerettet werden kann, z. B. aus finanziellen Gründen, ist erfreulicherweise in Deutschland verboten. Die Entscheidung, wann der richtige Zeitpunkt gekommen ist, fällt umso schwerer, je mehr man ein Tier mit Recht auf Leben, Unversehrtheit und eigenen Willen achtet. Ein Kriterium, nach dem man seine Entscheidung treffen kann, ist die Lebensfreude des Tieres. Solange sie erhalten ist oder die Chance besteht, sie wieder herstellen zu können, sollte man das Leben des kranken Hundes erhalten. Regelmäßige Maßnahmen wie Spritzen (z. B. Insulin) oder Infusionen zur Verlängerung des Lebens sind dabei aus tierschützerischer Sicht durchaus zu vertreten.

REGISTER

Ist der Hund gestorben oder wurde eingeschläfert, können Sie ihn auf dem eigenen Grundstück begraben, vorausgesetzt, das Grundstück liegt nicht in einem Wasserschutzgebiet oder das Vergraben erfolgt nicht in unmittelbarer Nähe öffentlicher Wege und Plätze. Wenn Sie das Tier zur Tierkörperbeseitigung bringen, wird es mit Schlachtabfällen und anderen toten Tieren zusammen verbrannt und verwertet. Das ist nicht jedermanns Sache. Manche örtlichen Tierschutzvereine unterhalten daher einen Tierfriedhof oder führen Einzelverbrennungen von Haustieren durch. Die Asche kann der Besitzer, wenn er will, in einer Urne mit nach Hause nehmen.
Wie man sich entscheidet, hängt sicherlich auch von der persönlichen Einstellung zum Tod ab. Dass es jedoch heute die genannten unterschiedlichen Möglichkeiten gibt, zeigt wie sehr der Hund dem Menschen nahe steht.

REGISTER

Fett gedruckte Seitenzahlen bezeichnen den Hauptverweis

Äthylenglykol 103
Aggressivität 150
Allergie 53, **69**
Analbeutel 25
Analbeutelentzündung 95
Analtumoren 97
Augen 18, **139**
Augenhornhaut 144
Augenkompresse 20
Augenlider 139
Aujeszkysche Krankheit 31, **43**
Autoimmunerkrankungen 69

Babesiose 49
Baden **19**, 62
Bandwürmer 31, 55, **87**
Bauchspeicheldrüsen-

entzündung 99
Bindehautentzündung 140
Bisswunden 16
Blasenentzündung 107
Blasensteine 109
Blutstillung 17
Blutuntersuchung 27
Borreliose 27, **47**, 57
Botulismus 103
Bronchitis 132
Boxerkeratitis 144
BSE 21

Cheyletiellosis 62

Dackelkeratitis 144
Dackellähme 122
Darmverschluss 93
Deckakt 10
Demodikose 59

Diabetes mellitus 100
Dirofilariose **52**, 136
Drittes Augenlid 142
Duftdrüse 25
Durchfall 91, **92**
Durst (vermehrt) 105

Ehrlichiose 51
Eier 32
Eingabe von Flüssigkeiten 20
Eisprung 10
EKG 137
Eklampsie 116
Ektropium 139
Ellbogendysplasie 125
Entropium 139
Entwurmung **89**, 26
Epilepsie 155
Epiphora 143
Epulis 84
Erbrechen 34, 45, **84**
Ernährung 28, **30**
Ernährungsfehler 73
Erste Hilfe 14

Fellpflege 19, **23**
Fette 32
Fieber 13
Fisch 32
Flöhe 53
Flohallergie **53**, 69
Follikelkatarr 142

Gebärmuttervereiterung 115
Gebiss 12
Geburt 12
Geburtstetanie 116
Gehirnerkrankungen 155
Gelbsucht 49
Gesäugetumoren 113
Geschlechtsorgane 25
Geschlechtsreife 9
Gerstenkorn 139
Gewichtskontrolle 25
Giardia 90
Grauer Star 145
Grüner Star 145

Haarlinge 65

REGISTER

Hagelkorn 139
Hakenwürmer 88
Hartballenkrankheit 35
Harninkontinenz 111
Haut 24
Hautmilben **59**, 61, 62
Hautpilze 66
Hauttumoren 75
Herbstgrasmilben 64
Hepatitis 27, **37**, 97
Herzerkrankungen 27, **136**
Herzwurm **52**, 136
Hitzschlag 15
Hoden 25
Hodentumor 74, **121**
Hüftgelenksdysplasie (HD) 123
Hyperthyreose 129
Hypothyreose 127

Innereien 31
Impfung 27
Insulin 101

Kälteschutz 24
Kakao 103
Kalziumoxalatsteine 109
Kapillarfüllungszeit (KFZ) 14
Karies 83
Kastration **26**, 74, 116
Knoblauch 103
Körpergewicht 13
Körpertemperatur 13
Konjunktivitis 140
Kontaktallergie 69
Kotuntersuchung 26
Krallenschneiden **21**, 24
Kreislaufversagen 14
Kryptorchismus 25, **120**
Kupieren **26**, 111

Läufigkeit 9
Läuse 58
Lebenserwartung 8
Leberentzündung 37, **97**
Leberzirrhose 98
Leishmaniose 50
Leptospirose 27, **44**
Lösungsmittel 103
Lungenentzündung 132

Lungenödem 134
Lungentumor 135
Lyme-Borreliose **47**, 57
Magendrehung 86
Magnetfeldtherapie 123
Mandelentzündung 132
Microsporie 66
Milchprodukte 32
Mineralstoffe 33
Mittelohrentzündung 153
Morbus Cushing 130

Nahrungsmittelallergie 69
Nebennieren 129
Nickhaut 142
Nierenversagen 105
Nikotin 103

Ohren 18, 22
Ohrmilben 152
Ohrreinigung 22
Osteochondrosis dissecans
   (OCD) 126

Pankreas 99
Pansen 31
Parvovirose 27, **45**
Pemphigus 69
Perianalfistel 96
Persistierende Milchzähne 80
Präputialkatarr 118
Processus anconaeus 126
Processus coronoideus 126
Prostata 119
Pyometra 115

Räude 61
Reisekrankheiten 49

Salmonellen 31, 32, 70
Selbstschutz 14
Spulwürmer 70, **88**

Schäferhundkeratitis 144
Scheinträchtigkeit 10, **112**
Schielen 146
Schilddrüsenüberfunktion 129
Schilddrüsenunterfunktion 74,
   127

Schnupfen 131
Schock 14

Status epilepticus 155
Staupe 27, **34**
Staupegebiss 35
Stromunfall 17
Struvitsteine 109
Stubenreinheit 147

Tabletteneingabe 20
Taubheit 154
Tollwut 27, **41**, 70
Trachealkollaps 134
Trächtigkeit 10
Tränenfluss 143
Trichiasis 139
Trichophytie 66

Untertemperatur 13
Uratsteine 109
Urolithiasis 109

Verbrennungen 15
Vergiftungen 103
Verhaltensprobleme 147
Verstopfung 93
Vorhautkatarr 118
Vorhautspülung 22
Vulva 25

Wehen 12
Wiegen 25
Wolfskrallen 22, **24**
Würmer 87
Wunden 16

Zähne **12**, 77
Zahnpflege **18**, 79
Zahnstabilität 18
Zahnstein 77
Zahnwechsel 12
Zecken 47, **56**
Zeckenparalyse 57
Zuchtreife 9
Zuckerkrankheit 100
Zwiebel 103
Zwingerhusten 27, **39**
Zystinsteine 109

NÜTZLICHE ADRESSEN

TASSO
Haustierzentralregister
Frankfurter Straße 20
65795 Hattersheim
Tel.: 06190 932214
Fax: 06190 5967
eMail: tasso@tiernotruf.org

**Landestierärztekammer
Baden-Württemberg**
Plieninger Str. 73
70567 Stuttgart
Tel.: 0711 72286320
      0711 7289913
Fax: 0711 7228632-20

Bayerische Landestierärztekammer
Theatinerstr. 42/II
80333 München
Tel.: 089 219908 – 0
Fax: 089 219908 – 33

Tierärztekammer Berlin
Königin-Luise-Str.96
14195 Berlin
Tel.: 030 3121875
Fax: 030 312602

**Landestierärztekammer
Brandenburg**
Wildbahn
15236 Frankfurt (Oder) –
Markendorf
Tel.: 0335 5217750
Fax: 0335 5217752

Tierärztekammer Bremen
c/o Landesuntersuchungsamt
St.-Jürgen-Str.
28205 Bremen
Tel.: 0421 3618106
Fax: 0421 3618225

Tierärztekammer Hamburg
Lagerstr. 36
20537 Hamburg
Tel.: 040 4391623
Fax: 040 43250577

Landestierärztekammer Hessen
Bahnhofstr. 13
65527 Niedernhausen
Tel.: 06127 9075 – 0
Fax: 06127 9075 – 23

**Landestierärztekammer
Mecklenburg-Vorpommern**
Griebnitzer Weg 2
18196 Dummerstorf
Tel.: 038208 60541
Fax: 038208 60541

**Tierärztekammer
Niedersachsen**
Postfach 690239
30611 Hannover

Tel.: 0511 555091
Fax: 0511 550297

Tierärztekammer Nordrhein
Postfach 100723
47884 Kempen
Tel.: 02152 205580
Fax: 02152 20558 – 50

**Tierärztekammer
Westfalen–Lippe**
Goebenstr. 50
48151 Münster
Tel.: 0251 53594 – 0
Fax: 0251 53594 – 24

**Landestierärztekammer
Rheinland-Pfalz**
Im Weiherhölzchen 15
56727 Mayen
Tel.: 02651 1004
Fax: 0251 76443

**Tierärztekammer
Saarland**
Henri-Dunant-Weg 7
66564 Ottweiler
Tel.: 06824 700118
Fax: 06824 6640

**Landestierärztekammer
Sachsen**
Schützenhöhe 16 –18
01099 Dresden
Tel.: 0351 8267 – 200
Fax: 0351 8267 – 202

**Tierärztekammer
Sachsen-Anhalt**
Postfach 201226
06013 Halle (Saale)
Tel.: 0345 5600554
      0345 5643309
Fax: 0345 5755817

**Tierärztekammer
Schleswig-Holstein**
Hamburger Str. 99a
25746 Heide (Holstein)
Tel.: 0481 5642
Fax: 0481 88335

**Landestierärztekammer
Thüringen**
Erfurterstr. 23
99423 Weimar
Tel.: 03643 904653
Fax: 03643 904656

Bundestierärztekammer Bonn
Oxfordstr. 10
53111 Bonn

Giftnot-Zentralen in Deutschland

Informationszentrale gegen Vergiftungen
53113 Bonn
Tel.: 0228/287 – 3211
      0228/287 – 3333

**Landesberatungsstelle für Vergiftungser-
scheinungen**
14050 Berlin
Tel.: 030/19240

Beratungsstelle bei Vergiftungen
55131 Mainz
Tel.: 06131/19240

Giftinformationszentrum
37075 Göttingen
Tel.: 0551/19240

Klinik für Kinder- und Jugendmedizin
66421 Homburg/Saar
Tel.: 06841/19240

Informationszentrale für Vergiftungen
79106 Freiburg
Tel.: 0761/19240
      0761/270 – 4361

Toxikologische Intensivstation
90419 Nürnberg
Tel.: 0911/398 – 2451

Tierrettung München
(24 Std. erreichbar bei Notfällen)
Tel.: 01805-843773

**Gemeinsames Giftinformationszentrum
der Länder Mecklenburg-Vorpommern,
Sachsen, Sachsen-Anhalt und Thüringen**
99098 Erfurt
Tel.: 0361/730 – 730
      0361/730 – 7311

Tierschutz

Deutscher Tierschutzbund e.V.
Baumschulallee 15
53115 Bonn
Tel.: 02228 – 631005/7
Fax: 0228 – 631264

Bundesverband Tierschutz
Dr. Boschheidgen-Str. 20
47447 Moers
Tel.: 02841 – 25244/6
Fax: 02841 – 26236

**Zentralverband der Österreichischen Tier-
schutzvereine & Wiener Tierschutzverein**
Khlesplatz 6
A – 1120 Wien
Tel.: 01 – 8047774

**STS – Schweizer Tierschutz
Zentralsekretariat**
Birsfelderstr. 45
Ch – 4052 Basel
Tel.: 061 – 3112110

So bleibt Ihr Hund fit und gesund

Katharina von der Leyen
Braver Hund!
Viel Spaß beim Lesen und Üben: Hunde spielend leicht erziehen mit täglichen 10-minütigen Kurzlektionen; das Basiswissen zur Hundeerziehung mit Illustrationen, die humorvoll die beschriebenen Situationen visualisieren.

Rolf Spangenberg
Aus Dr. Spangenbergs Tiersprechstunde: Fragen und Antworten rund um den Hund
Praxisorientierte Antworten auf alle wichtigen Fragen zur Hundehaltung mit über 250 Beispielen; Ernährung, Pflege, Impfungen, Gesundheit und vieles mehr.

Bruce Fogle
Hunde kennen und verstehen
Hunde verstehen wie nie zuvor: liebenswerter und informativer Bildband, der faszinierende Einblicke in Leben, Verhalten, »Sprache« und Rituale der Hunde bietet.

Katharina von der Leyen
Stadthunde – Hundeleben in der Stadt
Lesevergnügen pur – und der erste Ratgeber, der Hunde stadttauglich macht: wie Hunde angstfrei, verkehrssicher und nervenstark werden; gutes Benehmen in Parks, Geschäften, Restaurants, Taxis usw.; geeignete Hunderassen, Welpenerziehung, Ernährung, Pflege, Gesundheit.

Gaby Haag
Das koche ich meinem Hund
Gesundes Hundefutter selbst zubereiten: Über 40 einfache, schnelle Rezepte als Ersatz für Fertigfutter – oder zur Ergänzung; Ernährungsgrundlagen, Zutaten, Zubereitung.

Bruce Fogle
Naturgemäße Hundehaltung
Erziehung im Einklang mit den natürlichen Verhaltensweisen, Pflegemaßnahmen, Ernährung, Gesundheitsvorsorge, schonende Behandlung von Krankheiten, viele alternative Heilmethoden.

Im BLV Verlag finden Sie Bücher zu den Themen: Garten und Zimmerpflanzen • Natur • Heimtiere • Jagd und Angeln • Pferde und Reiten • Sport und Fitness • Wandern und Alpinismus • Essen und Trinken

Ausführliche Informationen erhalten Sie bei:
**BLV Verlagsgesellschaft mbH • Postfach 40 03 20 • 80703 München
Tel. 089 / 12 70 5-0 • Fax 089 / 12 70 5-543 • http://www.blv.de**